青年法学学术著作
资助出版项目

青年法学学术著作
资助出版项目

股权众筹法律问题研究

Research on Legal Problems of Equity Crowdfunding

杨硕 著

法律出版社
LAW PRESS·CHINA

青年法学学术著作出版基金资助出版说明

法律出版社作为全国规模最大的法律专业出版机构，一直秉承“为人民传播法律”的理念，与学术界共同推动法学研究的繁荣与发展。2018年5月，法律出版社设立青年法学学术著作出版基金，用于资助法学学术著作出版和奖励优秀法学图书，旨在支持优秀法学学术著作出版，扶持具有较大潜力的青年学者。

经过法律出版社学术委员会委员推荐、专家匿名评审和法律出版社编辑委员会评审，共有7部作品获得法律出版社首届(2018年)青年法学学术出版基金资助。

期待更多年轻法律人的优秀学术作品！

法律出版社

2019年5月

目录

导 论

一、研究缘起

（一）选题背景

自1990年上海、深圳证券交易所建立以来，我国资本市场已有20余年历史，经历了从无到有、从小到大、从区域到全国的发展过程，完成了西方资本市场400余年的变革。在此期间，政府进行了股权分置改革、提高上市公司质量、证券公司综合治理、大力发展机构投资者、完善资本市场法制等一系列综合性改革，逐步形成了具有中国特色的社会主义资本市场体系。[1] 然而，每次信息技术的革新和大规模运用，都深刻改变着金融作为信息密集型行业的面貌，近年来电子商务、云计算、大数据等新兴技术的兴起，也必然将再次改变金融生活的样态。[2] 因此，我国资本市场也必须面对和适应新规则。互联网信息技术最新成果与金融行业深度融合，能够极大推动金融行业组织效率提升、实现金融服务普惠性的要求，有效缓解金融抑制，促进金融

---

〔1〕 中国证券监督管理委员会编著：《中国资本市场二十年》，中信出版社2012年版，序言。

〔2〕 中国人民银行金融研究所：《新金融时代》，中信出版社2015年版，序言。

组织多元化发展，降低金融供给和需求之间因信息不对称产生的代理成本。然而在社会尽享互联网迅猛发展成果之时，各种问题和制度弊病也纷至沓来。由于法律未能提供体系化的制度规范和监管措施，导致市场上各种违规经营、无序竞争、同质竞争问题凸显，P2P 平台倒闭、e 租宝集资诈骗等问题的出现，不断引发人们对互联网金融监管及法律规制的再度审慎思考，业界、学界各方观点莫衷一是。

党中央、国务院高度重视互联网金融的规范化发展。2015 年 3 月，李克强总理在政府工作报告中首次提出实施"互联网 +"行动计划；7 月，国务院《关于积极推进"互联网 +"行动的指导意见》正式出台，将"'互联网 +'普惠金融"作为 11 项重点行动之一。同年 7 月，经过党中央、国务院批准，中国人民银行等十部委联合印发了《关于促进互联网金融健康发展的指导意见》，按照"鼓励创新、防范风险、趋利避害、健康发展"的总要求，提出一系列支持互联网金融发展的新举措。随着国内互联网技术的发展和普及，各类互联网金融模式（包括众筹）从发达国家传入中国，并迅速成为企业募集资金的新模式。众筹行业在我国迅速发展主要有如下两个原因：其一，金融抑制现象在我国仍十分普遍，小微企业实体经济需要新型融资模式以缓解传统信贷配给主导下的供给不足问题；其二，金融创新必须接受法律约束，为给金融创新提供足够空间，监管政策亦须不断调整以控制合理的限度。[1]

众筹一般是指融资者为某一项目或目标进行筹资，利用互联网渠道进行宣传推介，此种融资模式出现的标志性事件是美国 2008 年成立的综合类众筹平台，以及 2009 年专门为创意方案融资设立的平台网站 Kickstarter。根据融资者提供的产品和投资者参与目的不同，可以将众筹分为四大类：奖励

〔1〕 中国人民银行金融研究所：《新金融时代》，中信出版社 2015 年版，第 39～69 页。

型众筹、捐赠众筹、债权众筹、股权众筹。[1] 2011 年众筹模式正式进入我国,主要表现为 P2P(债权众筹)模式,之后奖励型众筹模式(商品众筹或产品众筹)也迅速发展。2014 年,股权众筹模式在国内异军突起,将来或许能够成为我国多层次资本市场的重要组成部分。

美国不仅是各类众筹的发源地,其颁布的《初创企业推动法案》(Jump-start Our Business Startups Act,2012 年 4 月颁布,以下简称《JOBS 法案》)及《众筹条例》(Crowdfunding Regulation,2015 年 10 月颁布)更是股权众筹规则设计的国际范本,世界著名的法与金融学者 LLSV 所提出的著名命题——"对外部投资者的法律保护程度会决定一国证券市场的强弱",[2] 也被上述两部法规所印证。那么,它们为美国资本市场带来了什么?《众筹条例》对《JOBS 法案》第三章豁免部分进行细化,具体体现在豁免条件、对发行人规制、对中介机构规制等方面,是美国股权众筹立法的最终规则。美国证券交易委员会(Securities and Exchange Commission,SEC)在《众筹条例》征求意见稿公布后,广泛征集各方意见并对部分规则进行修正,但美国学界批判和质疑声音却从未停止。这也是本书将着重讨论的问题。

与此同时,股权众筹在中国的发展亦势如破竹。根据《2015 年中国股权众筹行业发展报告》数据显示,截至 2015 年 7 月底,国内共有 113 家平台开展股权众筹业务,其中在 2014 年和 2015 年 1 月至 7 月上线的平台分别为 57 和 38 家,占总数的 84.1%,各平台交易量从 0 至 2 亿元以上不等,交易量突

---

[1] 此处需要进行如下几点说明:(1)本书将《JOBS 法案》第三章创设的全新公开发行豁免制度称为"公募股权众筹",而将《JOBS 法案》第二章基于传统私募发行衍生出的股权众筹称为"私募股权众筹"。目前我国官方将这种私募股权众筹称为"互联网非公开股权融资"。(2)本书所称"股权众筹"泛指两者,并在需要特别说明时,则分别采用"公募股权众筹"及"私募股权众筹"的称谓进行区分。

[2] LLSV 是 La Porta,Lopez-de-Silanes,Shleifer,Vichny 四位美国经济学家的合称,由于其经常共同署名发表文章,故称为 LLSV。其关于法律与证券市场发展的观点总结参见 La Porta,Lopez-de-Silanes,Shleifer,"The Economic Consequences of Legal Origins",46 *Journal of Economic Literature*,2008。

破5000万元以上的平台就有23家。[1] 股权众筹作为初创企业融资需求和投资者投资需求的连接点,在中国的发展仍处于萌芽阶段,如何吸取美国《众筹条例》的立法经验,并结合我国现有《公司法》《证券法》规则,有选择地参考和借鉴以完善我国股权众筹立法,则是本书研究目的之所在。

贯穿本书写作的核心思路如下:

第一,探析股权众筹的发展逻辑及生命力基础。囿于资本市场既有的体系架构,各国股权众筹规则虽在基本逻辑结构层面上具有一致性,但细节制度却千差万别。美国资本市场长期发展历史决定《JOBS法案》作用在于开放中产阶级投资途径,重启美国资本市场。但这一定位及规则体系构成是否契合我国资本市场需求?本书尝试以规范分析方法,探讨美国《JOBS法案》的逻辑架构及规则演进过程,并结合我国资本市场的实际情况,探析相关制度的构建路径。

第二,合理安排各方参与主体之间的权利、义务和责任。股权众筹涉及三方主体——发行人、投资者、中介平台,立法应合理安排各方权利、义务及责任,在实现初创企业"创业、创新、创富"探索精神的同时,丰富中产阶级投资方式,实现投资者权益保障与融资效率的平衡。

第三,公募与私募股权众筹二分法模式的制度需求。二分法模式是我国监管政策的官方态度,也是本书展开后续论证的逻辑起点。传统公司法研究重点集中在上市公司,对初创企业关注不足。公募股权众筹中初创企业与上市公司相比,呈现出更高的风险[2]及未来发展的不确定性,其在

---

[1] 《2015年中国股权众筹行业发展报告》(2015年8月,由上海交通大学互联网金融研究所和北京京北金融信息服务有限公司联合发布),载众筹之家:http://www.zczj.com/news/2015-08-06/content_3296.html,最后访问日期:2016年3月14日。

[2] 本书参照Burtion G. Malkiel对风险的定义:风险是收益的离散程度,即投资风险是预期的证券收益不能实现的概率,特别是投资者所持证券价格下跌的概率。学术界曾经一度接受这样一种观点:对于投资者而言,风险是与无法实现预期证券收益的概率密切相关的,是未来收益可能出现的波动率或离散度的一种自然量度。故而,金融风险通常被定义为收益的方差或标准差。参见Malkiel, Burton G., *A Random Walk Down Wall Street: The Time-tested Strategy for Successful Investing*, W. W. Norton & Company, 2007。

企业内外部治理结构及监管约束机制方面均有别于大规模公司，传统公司及证券法理论固然可以应用于初创企业和股权众筹，但其是否有更为独特的制度需求？公募股权众筹究竟是 James Surowiecki 笔下群体智慧[1]（the wisdom of crowds）的理性集体行动（rational herding）抑或是勒庞（Gustave Le Bon）笔下乌合之众[2]的盲从？私募股权众筹的本质在于利用网络突破了传统天使/风险投资的地理限制因素，实现了传统私募发行的线上运营，那么应如何修改我国现有《私募股权众筹融资管理办法（试行）（征求意见稿）》（以下简称《私募股权众筹融资管理办法》），才能够使其满足这一本质变化的实际需求？

第四，我国股权众筹投资者救济路径调整。我国股权众筹第一案[3]的判决结果，凸显出因立法滞后导致司法应对金融创新时的规则掣肘。由于《证券法》对证券定义范围过窄，导致投资合同并不能纳入证券的概念之中，进而在实践中只能以《合同法》规则进行裁判。故，本书写作的另一条逻辑线即探析股权众筹投资者的《证券法》司法救济路径。

（二）选题意义及价值

本书选题的意义在于探求我国股权众筹发展的规制路径。股权众筹涉及初创企业融资、公司治理、证券发行、证券投资者保护及金融监管等诸多方面问题，需要将其置于互联网金融背景下进行考察。尽管世界范围内股权众筹尚处于起步阶段，但其以灵活多样的模式为初创企业提供了新的融资渠道和发展机遇，建立该制度能够缓解我国当下以间接融资为主导的金融抑制困境，加速初创企业发展。故以《JOBS 法案》及《众筹条例》的经验

---

〔1〕 James Surowiecki, *The Wisdom of Crowds*, Anchor Books, 2005.

〔2〕 ［法］吉斯塔夫·勒庞：《乌合之众：大众心理研究》，戴光年译，新世界出版社 2010 年版。

〔3〕 北京诺米多餐饮管理有限责任公司与北京飞度网络科技有限公司居间合同纠纷上诉案，（2015）一中民（商）终字第 09220 号。

为样本,对比考察我国相关制度创设过程中症结点,具有特殊的理论和实践意义。

在学理层面,股权众筹研究能够深化《证券法》相关制度的学理认识,有助于厘清证券发行效率与投资者保护之间的价值位序,基于证券法基础理论考察豁免发行、强制信息披露、合格投资者制度在股权众筹中的变化及适用标准。公司融资是《公司法》的永恒话题,股权众筹作为公司融资模式之一,其与传统天使/风险投资有类似之处,但国内学者并未就性质区别与规则适用达成共识,故各类融资方式之间的关联与区分也有较大的学理探讨空间。但无论何种融资模式,市场准入、信息披露、市场监管、司法裁判等规则的最终目的都应以维护投资者权益及社会公共利益为核心。[1] 所以,开展股权众筹研究能够重新审视我国现行《公司法》《证券法》规则,从多维视角审视个人利益与公共利益之间的冲突与平衡策略。

在实践层面,股权众筹是主板市场、中小板市场、创业板市场、新三板市场及区域性股权交易市场的延伸,是我国多层次资本市场的重要组成部分,也被定义为未来我国"新五板"市场。据推算,在2020年,我国将有20万户小微企业需要通过证券市场融资,其数量远超过现行资本市场的服务能力,[2]因此,需将股权众筹作为传统金融补充,与新三板市场进行对接,形成覆盖大型、中型、初创小微企业的资本市场体系,以满足不同规模企业的融资需求。当下中小企业融资难、融资贵已经成为不争的事实,股权众筹发展能够优化市场结构,缓解间接金融市场的风险过度集聚问题,正确引导民间资本流动,培育市场创新意识,实现"大众创业、万众创新"的目标要求。股权众筹不同于传统公司制的最大特点在于其不仅是资金众筹、资本众筹,更

[1] 《证券法》第1条:"为了规范证券发行和交易行为,保护投资者的合法权益,维护社会经济秩序和社会公共利益,促进社会主义市场经济的发展,制定本法。"

[2] 中国人民银行金融研究所:《新金融时代》,中信出版社2015年版,第39~69页。

主要的是资源众筹、人脉众筹、市场众筹、营销众筹、管理众筹。股权众筹能够实现真正的资源整合,更加符合创业者与中小企业发展的需要,真正解决他们的痛点。正如学者所言,股权众筹在某种意义上,可能成为人类历史上继股份制之后最伟大的制度发明。[1]

二、相关研究评述

国内学者关于股权众筹的研究大致可以分为如下几个阶段:第一阶段,《JOBS 法案》公布以后,学者针对其内容进行解读并反思我国股权众筹发展存在的法律障碍;第二阶段,中国证券业协会于 2014 年 12 月发布《私募股权众筹融资管理办法》后,学者针对该意见稿内容展开了一系列讨论;第三阶段,人民银行等十部委在 2015 年 7 月 18 日发布的《关于促进互联网金融健康发展的指导意见》中确定公募与私募股权众筹的二分法模式后,学界研究重点逐渐转向股权众筹具体制度。从文献分布年份来看,我国学者对大众筹概念(包括债权众筹以及奖励众筹)关注较早,而真正开始严格区分并独立研究股权众筹应始于 2012 年,即美国《JOBS 法案》公布之后。笔者将收集到与股权众筹研究直接相关的文献内容,按照如下五点逐一展开综述。

(一)股权众筹性质与定位

1. 众筹的分类

众筹一般是指融资方为某一项目或目的进行筹资,利用互联网渠道进行宣传,此种融资模式确立的标志性事件是美国 2008 年成立的综合类众筹平台,以及 2009 年专门为创意方案筹资的网站 Kickstarter。2011 年众筹模式正式进入我国,并主要表现为 P2P 模式,之后奖励型众筹模式(商品众筹或产品众筹)也迅速发展。国内外学者已基本就众筹分类达成统一

---

〔1〕 杨东:《开启财富管理新模式》,载《中国金融》2015 年第 16 期。

共识。[1] 根据融资者提供的产品和投资者参与的目的，可以将众筹分为四大类：奖励型众筹、捐赠众筹、债权众筹、股权众筹。第一，奖励众筹。奖励型众筹也称为商品众筹或产品众筹，投资者根据融资方对潜在产品和服务的介绍，按照合同约定为项目提供融资支持，待项目成功以后可以获得相应的产品或服务作为回报。第二，捐赠众筹。捐赠众筹是指投资者对公司、个人或者公益事业项目进行无偿捐赠，而现阶段我国公益事业发展和公民慈善意识与国外相比尚有差异，故而捐赠众筹暂时未在我国有实质性发展。第三，债权众筹。债权众筹是通过获得公司或者项目债权，在未来一定时间内回收本金和利息，近两年褒贬不一的互联网金融 P2P 便属于债权众筹。第四，股权众筹。股权众筹是通过互联网平台，向众多投资者销售股权或类似股权权益份额的一种融资方式，发行人出让一定比例的股权来换取众多参与者的资金支持，以解决创业项目早期的资金问题。

2. 我国股权众筹的定位

党中央、国务院高度重视互联网金融发展，这对明确股权众筹的中国定位起到了极大推进作用。相关政策出台及学者论述倾向于将股权众筹作为“新五板”，纳入我国多层次资本市场。(见图 1)[2]

---

[1] 持以上观点的国外学者有：(1) Bradford, C. Steven, “Crowdfunding and The Federal Securities Laws”, 1 *Columbia Business Law Review* (2012), pp. 10 – 27; (2) Hazen, Thomas Lee, “Crowdfunding or Fraudfunding-Social Networks and the Securities Laws-Why the Specially Tailored Exemption Must Be Conditioned on Meaningful Disclosure”, 1735 *North Carolina Law Review* (2012), pp. 1736 – 1738。

持以上观点的国内学者有：(1) 彭冰：《股权众筹的法律构建》，载《财经法学》2015 年第 3 期；(2) 杨东、苏伦嘎：《股权众筹平台的运营模式及风险防范》，载《国家检察官学院学报》2014 年第 4 期；(3) 袁康：《互联网时代公众小额集资的构造与监管——以美国 JOBS 法案为借鉴》，载《证券市场导报》2013 年第 6 期。

[2] 持以上观点的学者有：(1) 杨东：《股权众筹现状与趋势》，载《中国经济信息》2016 年第 5 期；(2) 中国人民银行金融研究所：《新金融时代》，中信出版社 2015 年版，第 76 ~ 82 页；(3) 王守仁：《股权众筹的定位与模式》，载《中国金融》2015 年第 3 期；(4) 安邦坤：《股权众筹在多层次资本市场中的定位概论》，载《现代管理科学》2015 年第 2 期。

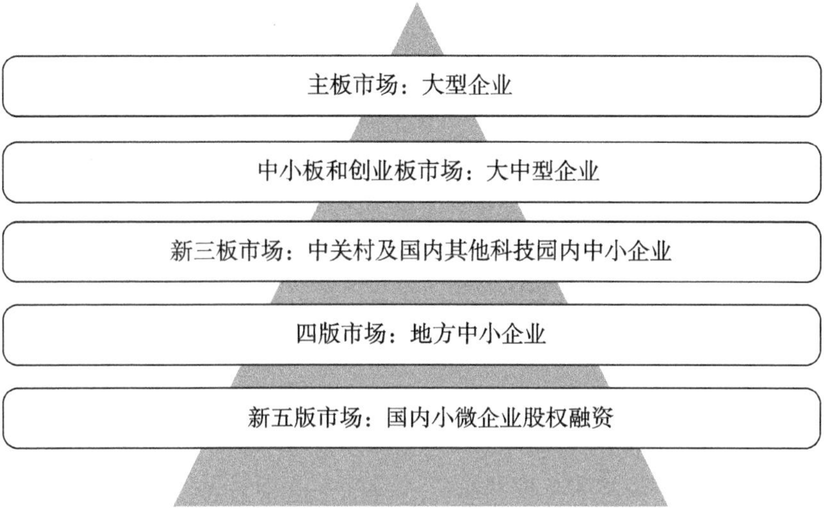

图 1　股权众筹市场定位

（二）股权众筹基本理论

1. 股权众筹的法律构造

对于股权众筹的法律构造，学者从如下几个方面进行了论述。[1] 股权众筹模式的核心思想体现在“众”多的投资者，通过互联网平台的无界性，可以在短时间内聚集数量庞大的参与者；而每位投资人的投资额度可以很低，有利于通过分散化的方式降低融资风险。[2] 在进一步解释具体制度之前，需要对股权众筹的基本法律构造进行解析。

（1）发行人。股权众筹是否构成证券发行，融资者是否属于发行人，是研究股权众筹法律构造首先需要回应的问题。袁康及万国华[3] 通过考察美国联邦最高法院在 Howey 案中提出的“投资合同”检验标准：①投入资金；

---

〔1〕 袁康：《众筹融资的法律分析与制度回应——基于互联网金融模式的前瞻》，载《证券法律评论》2014 年第 1 期。

〔2〕 杨东、刘磊：《论我国股权众筹监管的困局与出路——以〈证券法〉修改为背景》，载《中国政法大学学报》2015 年第 3 期。

〔3〕 万国华、王才伟：《论我国股权众筹的证券法属性》，载《理论月刊》2016 年第 1 期。

②以获得利润为目的;③用于共同事业;④利润来自他人努力,[1]论证了股权众筹融资的证券发行属性,应当接受我国《证券法》的调整规制。

(2)中介平台。中介平台在股权众筹融资过程中起着撮合交易、项目推荐和提供交易场所的作用,在某种程度上与证券经纪商、投资顾问和交易所有相似之处。《JOBS 法案》规定中介平台可以为经纪商或依据法案注册的集资门户。笔者认为,国内学者在探讨中介平台的功能时,未能从各国立法体系角度进行考察,进而导致在给出平台定位、性质及功能建议时,笼统地将各类规则混同使用。

(3)投资者。股权众筹投资者基于对投资回报的预期,将资金有偿提供给发行人使用,并取得相应的利息收入或投资权益。相比于传统天使/风险投资,股权众筹投资者往往资金实力有限、风险承受能力有限、投资知识有限、信息获取能力有限,是投资者群体中最为脆弱的部分。

发行人、中介平台、投资者三个要素共同构成了股权众筹的基本框架。发行人方面的研究主要是为股权众筹寻找《证券法》之合法地位;各国对于中介平台的规定均有不同,对其功能限制和责任规制则是本书研究的重点;此外,不同类型股权众筹投资者性质、准入标准、治理规则及退出规则亦是笔者关注的重点。

2. 信息披露制度的反思

雷华顺[2]提出了众筹融资信息失灵制度矫正路径的选择。首先,权利义务重新分配。具体内容包括:强制性增加信息优势方的信息披露义务,包括适当披露和分级披露;政府直接向信息劣势者提供信息支持,建立全国统一的信用信息平台,打破“信息孤岛”,实现信息共享,强化对隐瞒和欺诈者惩处;强化众筹融资平台责任,严格众筹平台的市场准入,强化众筹融资平台的监管职能。其次,完善制度设计。具体包括:冷静期制度设计和资金第

---

[1] SEC v. W. J. Howey Co. ,328 U. S. 293(1946).

[2] 雷华顺:《众筹融资信息披露问题探析》,载《开放导报》2015 年第 2 期。

三方托管机制。

信息披露制度作为证券投资者保护的黄金法则,在股权众筹中也莫能除外。但高标准信息披露要求已遭到美国学者的普遍质疑,其所带来的高成本已经超越初创企业的承受能力,通过互联网社交媒体信息监督以及股权众筹平台自律是否能够减少信息不对称问题仍有待探讨。

(三)公募与私募股权众筹

截至2015年7月底,国内共有113家股权众筹平台开展业务,但证监会在2015年8月7日发布的《中国证监会致函各地方政府规范通过互联网开展股权融资活动》中进步一强调了股权众筹的定义,并且表达了清理不符合标准平台的强势态度。[1] 目前除已经取得公募股权众筹试点资格的平台外,市面上打着股权众筹旗号的融资平台必须按照《私募投资基金监督管理暂行办法》的要求接受监管。证监会在2016年1月召开的新闻发布会上,对"股权众筹的监管细则进展情况如何?预计何时正式发布?股权众筹试点工作有无相关安排?"等问题的回应仍是:"中国人民银行等十部委联合制定的《关于促进互联网金融健康发展的指导意见》发布后,证监会正在稳步推进股权众筹融资试点各项准备工作。股权众筹融资试点监管规则正在研究制定中。"2016年4月,国内已取得公募股权众筹试点资格平台有京东东家(2015年3月31日)、深圳前海普惠众筹交易股份有限公司(2015年3月31日)与蚂蚁达客(2015年6月12日)。这三家股权众筹平台中蚂蚁达客还未

---

〔1〕 根据《公司法》《证券法》等有关规定,未经国务院证券监督管理机构批准,任何单位和个人都不得向不特定对象发行证券、向特定对象发行证券累计不得超过200人,非公开发行证券不得采用广告、公开劝诱和变相公开方式。中国证监会正在研究制定通过互联网进行非公开股权融资的监管规定。根据《证券投资基金法》《私募投资基金监督管理暂行办法》等有关规定,私募基金管理人不得向合格投资者之外的单位和个人募集资金,不得向不特定对象宣传推介,合格投资者累计不得超过200人,合格投资者的标准应符合《私募投资基金监督管理暂行办法》的规定。参见《中国证监会致函各地方政府规范通过互联网开展股权融资活动》,载中国证监会网:http://www.csrc.gov.cn/pub/newsite/zjhxwfb/xwdd/201508/t20150807_282509.html,最后访问日期:2016年5月2日。

正式上线，京东东家已经上线，但只提供私募股权融资服务，深圳前海普惠众筹交易股份有限公司未正式运营，现有平台为"平安众+"，目前只提供公益众筹服务与非公开股权融资服务。[1] 股权众筹在我国资本市场定位已初步确定，基于其具有的"互联网+"特性，未来发展过程中可能直接跳过四板市场，实现与三板市场的对接。此外，监管规则和监管态度亦逐步明晰公募股权众筹与私募股权众筹的区别。

对《私募股权众筹融资管理办法》，学者的批判多于肯定。批判观点多是基于其违背股权众筹的基本属性之要求。例如杨东认为，在我国现行《证券法》框架下，将股权众筹严格限定在私募范围内，虽然合乎立法，却与众筹"融资者众"的精髓相逆。但法律必须得到尊重，在《证券法》未修改之前，意见稿的相关规定已经是在现有法律、法规基础上最大可能的制度创新，应该给予积极评价和高度认可。但是，从未来发展和最大限度鼓励创新的角度，从落实国务院和李克强总理提出的"全面创业、万众创新""创客、众筹、众包""发展股权众筹，服务三农等小微企业"等精神来说，意见稿可能会起到适得其反的效果，需要反思[2]。考虑到《证券法》正在全面修改的酝酿时期，证券发行制度必然会做出较大调整，这一规定可以理解为制度变更时期的过渡性规定。

学者的赞同观点多从私募角度提出规则修正建议。彭冰[3]认为在不改变现有证券公开发行条件和程序的情况下，股权众筹只能通过私募的方式开展，其多人小额的特征无法得到完全展现。正在征求意见的《私募股权众筹融资管理办法》只是一种权宜之计。中国目前正在进行的《证券法》修改，需要考虑股权众筹这种新兴事物，设置符合中国实践需求的股权众筹豁

---

〔1〕《互联网众筹行业系列报告3：股权众筹2016，股权众筹异彩纷呈之年》，载腾讯财经：http://finance.qq.com/a/20160407/051278.htm，最后访问日期：2016年5月2日。

〔2〕杨东：《股权众筹应宽进严管》，载《上海证券报》2014年12月24日，第A01版。

〔3〕彭冰：《股权众筹的法律构建》，载《财经法学》2015年第3期。

免模式,体现多人小额和信息公开交流这两个基本原则。具体规则涉及融资金额和投资金额的限制、简化但合理的信息披露要求、加重的虚假陈述法律责任、促进众筹网站履行自律监管职责等问题;在众筹网站的职责定位以及投资基金的运用方面,不能照搬美国《JOBS 法案》,而要考虑到学者的批评建议,制定符合中国现实需求的规则。

刘明[1]认为,现行私募融资发行规则中的公开宣传禁令,将可能成为制约私募股权众筹健康发展最主要的制度"瓶颈"。美国《JOBS 法案》解除了私募融资中的公开宣传禁令,转而选择以投融资主体资格为中心进行风险监管。我国可借鉴此种监管思路,通过设置公开宣传行为的安全港规则,允许私募股权众筹融资者在履行合格投资者验证义务的前提下,以符合法律规定的形式和内容,向潜在投资者进行公开宣传。

彭冰及刘明两位教授提出的私募股权众筹建议,进一步明晰了两类股权众筹制度之间的差异,明确将通过互联网开展私募融资作为股权众筹的一种形态,构建区别于公募股权众筹的另一套制度。

(四)域外股权众筹制度比较

1. 美国股权众筹规则

美国股权众筹规则由 2012 年 4 月颁布的《JOBS 法案》及 2015 年 10 月出台的《众筹条例》共同构成。《众筹条例》对《JOBS 法案》创设的豁免规则进行细化,具体体现在豁免条件、对发行人规制、对中介机构规制等方面,是美国公募股权众筹立法的最终规则,其基于《JOBS 法案》第三章授权内容制定,并修正了部分与对美国 1933 年《证券法》存在冲突的规则。《众筹条例》制定历经 3 年,其中难点是如何在投资者保护和降低企业融资成本之间求取最佳平衡。本书第三章中将详细阐述《JOBS 法案》及《众筹条例》的规则构成。

---

[1] 刘明:《论私募股权众筹中公开宣传规则的调整路径——兼评〈私募股权众筹融资管理办法(试行)〉》,载《法学家》2015 年第 5 期。

2. 其他域外股权众筹的制度研究

目前国内学者对股权众筹的研究多基于《JOBS 法案》，对其他国家股权众筹制度评介资料尚少。[1]

第一，英国股权众筹规则。2013 年 10 月 24 日，为保护金融消费者权益，推动众筹行业有效竞争，英国金融行为监管局（Financial Conduct Authority，FCA）发布了《关于众筹平台和其他相似活动的规范行为征求意见报告》，[2]提出若干规范众筹业务监管建议。2014 年 3 月 6 日，FCA 发布了《关于网络众筹和通过其他方式推介不易变现证券的监管规则》（PS14/4），[3]于 2014 年 4 月 1 日起正式施行。PS14/4 将众筹融资区分为借贷众筹（loan-based crowdfunding）和投资众筹（investment-based crowdfunding），并规定了相应的监管措施。与美国相比，英国股权众筹采用了不同的规制逻辑，本书第二章第二节将详细阐释二者的区别。

第二，韩国股权众筹规则。2013 年 6 月 12 日，韩国 10 位国会议员联合提议修改关于资本市场与金融投资业的法律，新增了投资型众筹制度法案，并提交国会审议。在经过 16 次审议后，该法于 2015 年 7 月 6 日由韩国国会正式通过，并在 2015 年 7 月 24 日正式公布。从韩国《资本市场法》的内容来看，许多规定的基本理念和具体内容与美国《JOBS 法案》是相同或相似的，但又具有本国的鲜明特色。韩国立足本国国情，坚持自身法律体系的统一，

---

〔1〕 目前国内相关文献有：(1) 冯果、袁康：《境外资本市场股权众筹立法动态述评》，载《金融法苑》2014 年第 2 期；(2) 毛智琪、杨东：《日本众筹融资立法新动态及借鉴》，载《证券市场导报》2015 年第 4 期；(3) 樊云慧：《股权众筹平台监管的国际比较》，载《法学》2015 年第 4 期；(4) 董新义：《韩国投资型众筹法律制度及其借鉴》，载《证券市场导报》2016 年第 2 期。

〔2〕 *The FCA's Regulatory Aproach to Crowdfunding and Similar Activities*, CP13/3, FCA, https://www.fca.org.uk/publications/policy-statements/cp13 – 3 – fca's-regulatory-approach-crowdfunding-over-internet-and，最后访问日期：2016 年 3 月 6 日。

〔3〕 *The FCA's Regulatory Approach to Crowdfunding over the Intemet and the Promotion of Non-readily Realisable Securities by Other Media*, PS14/4, FCA, https://www.fca.org.uk/publications/policy-statements/ps14 – 4 – fca's-regulatory-approach-crowdfunding-over-internet-and，最后访问日期：2016 年 3 月 6 日。

在既有《资本市场法》大框架范围内,在消化和吸收美国等国家股权众筹法律制度的基础上,根据本国法律语境对投资型众筹法律制度进行了重新设计。

韩国股权众筹规则制定的启示主要有以下三个方面:其一,由于证券发行分为公开发行和非公开发行,证券投资基金也有公开募集和非公开募集,因此,股权众筹的类型也应当分为互联网公开发行证券和互联网非公开发行证券两种类型,这就是俗称的公募型众筹和私募型众筹。这种分类在韩国《资本市场法》关于"互联网小额投资中介"定义中也有所体现。其二,对于通过网络进行的小额证券募集(公募股权众筹),免于提交证券申报书等资料,但《资本市场法》并未完全豁免发行人的信息披露义务。其三,将投资者分为一般投资者、所得收入等达到一定条件的投资者以及专业投资者三类,立法没有限制最后一类主体的投资额度。

第三,日本股权众筹规则。2013 年 6 月,日本金融审议会在《关于新兴成长产业风险管理办法的部会》基础上,探讨了对新兴成长产业风险管理的规制方法。例如,通过减轻程序负担的方式,以提升首次公开发行效率,改善信息披露制度,加强上市企业融资灵活性。特别是在促进新兴成长产业的风险管理方面,金融审议会从充实金融中介机能的角度出发,对众筹这种新型融资模式展开了激烈的讨论。2014 年 3 月 14 日,《金融商品交易法等部分修改法案》被正式提交国会,同年 5 月 23 日获准通过,并于 5 月 30 日正式对外公布。该法案可以说是对《关于新兴成长产业风险管理办法的部会》提出制度改革的具体化方案。该法案的改革主要体现在如下几方面:其一,由于日本《金融商品交易法》对开展股权众筹业务平台提出较高的注册标准,导致股权众筹融资在日本发展缓慢。因此,放宽平台准入成为改革首要任务。其二,为强化投资保护,要求平台对初创企业的事业内容进行审核。其三,完善平台管理和内容机制。

总结国内学者对其他国家股权众筹制度的研究可以发现,各国股权众筹制度设计的基本架构与《JOBS 法案》基本一致,核心区别是根据本国原有法律制度及金融监管体系各有侧重的调整。

(五)我国股权众筹发展障碍

关于股权众筹法律移植的制度障碍问题,学者已经进行了较为充分的探讨,并且基本形成一致意见。笔者通过梳理后认为,在我国现行法律体系下,股权众筹移植过程中可能面临两大方面障碍,即现行法律制度及投资有效保护。

1. 现行《证券法》《公司法》及相关法律制度的障碍。第一,股东人数与公开发行。股权众筹依托互联网平台,通过股份售让的方式进行融资,其本质与股份发行无异。如果将股权众筹融资界定为非公开发行证券行为,必须确保投资人的特定性或仅在 200 人范围内融资。第二,触碰“非法集资”红线。现行《刑法》第 179 条明文规定了“擅自发行股票、公司、企业债券罪”。而根据最高人民法院《关于审理非法集资刑事案件具体应用法律若干问题的解释》第 6 条的规定,擅自发行股票或公司、企业债券罪犯罪构成的客观方面是未经批准、变相发行或超过人数限制,但对“向社会不特定对象发行、以转让股权等方式变相发行股票”的解释仍存在争议。第三,资金管理障碍。股权众筹融资中所筹资金的管理与划拨主要由股权众筹平台负责,但根据《非金融机构支付服务管理办法》第 2 条规定,这种依托网络在投融资双方之间转移货币资金的行为可能会被认定为第三方支付。而且,这种行为也可能会触犯《刑法》第 176 条非法吸收公众存款罪。

2. 投资者保护的障碍。尽管证券市场对投资者保护现状尚不乐观,但随着资本市场的不断发展,我国已经形成了以《证券法》为纲领的证券市场投资者保护规则体系。这一体系以规范发行人、上市公司、中介机构的信息披露义务及法律责任为主体框架,基本涵盖了传统证券业务领域的各个环节。但股权众筹的出现,对这一体系提出了更加严峻的挑战。第一,股权众筹客观上影响到不特定投资者的利益,由于无法归入《证券法》上股票公开发行范畴,因此缺少要求发行人承担证券违法责任的基础。第二,股权众筹兼具了投资风险高和投资者专业程度低且风险承受能力弱的特点,[1]对投资保护的需求更加强烈。第三,当前互联网金融投资者保护问题已经引起了监管部门的足够重视,但面对这种红日初升的新金融形态时,如何在投资者利益保护与鼓励金融创新两个目标之间平衡,也成为困扰监管部门的难题。第四,投资合同欺诈的风险。我国股权众筹多采用"领投+跟投"的投资方式,即由有经验的专业投资者作为领投人,普通投资者在领投人筛选后的项目中跟进投资。这种引导性投资机制在监管缺失的情形下为领投人与发行人恶意串通提供了空间,无形中提高了欺诈风险。

三、本书研究概述

(一)研究结构安排

本书以美国《JOBS法案》和《众筹条例》的法律体系为参考对象,从公募和私募两条路径剖析股权众筹规则的结构和功能,通过综合运用比较和规范分析方法,探寻二者差异的本质根源,剖析我国股权众筹研究及监管规则设计偏差,从市场现状和立法需求角度出发,提出从现有二分法到公募股权众筹、O2O(Online to Offline)型公募股权众筹以及私募股权众筹三分法的改革方案和完善对策。

本书除导论和结论外,共分五章:

第一章"股权众筹的基本原理"。本章首先对众筹的概念、分类及基本原理进行解读。股权众筹源自众包和奖励型众筹,由于所筹内容为股权,故又具有证券发行的特殊属性。其次,分析"互联网+"时代股权众筹立法的

[1] SEC认为公募股权众筹发行人一般为初创企业,较一般企业而言投资风险更高,主要体现为破产率高、欺诈风险高和流动性低。SEC一份研究报告显示,1980年至1999年风投投资的约16,000家公司中,近1/3的公司已经倒闭。2004年至2010年,2000家得到100万美元以上风险投资的公司中,近3/4的公司破产。

基础及必要性。互联网技术发展已经对我国传统金融垄断形成挑战,小企业融资和中产阶级投资的双重需求催生了股权众筹这一新型融资模式,为应对中国式"野蛮生长"的互联网金融市场态势,监管政策明确将股权众筹作为新五板市场,以实现普惠金融发展目标。

第二章"公募与私募股权众筹的二分法模式"。本章首先对《JOBS 法案》中公募股权众筹(《JOBS 法案》第三章)和私募股权众筹(《JOBS 法案》第二章)的二分法模式进行解读,此种分类方法是我国监管政策的官方态度,也是本书展开后续论证的逻辑起点。其次,两种模式在解决信息不对称和代理成本方面具有相同的内在逻辑,也因各自面临的核心困境不同,衍生出两套相似但有区别的规则体系。公募股权众筹的核心困境在于解决投资者非理性决策行为,由于该市场中投资者成熟度较低,导致传统信息披露制度无法发挥原本价值功能,故而在制度设计中加入群体智慧理论思维,通过多元化主体构成来平衡个体认知的局限性,形成对发行人较为客观、真实的评价结果,以此解决信息不对称问题。私募股权众筹的本质是通过网络突破了传统天使/风险投资的地理限制因素,在降低运营成本的同时吸引更多投资者,因此私募股权众筹基本沿用传统私募发行规则体系,通过修正部分规则以适应互联网环境需求。本章试图表达这样一个观点:两类股权众筹各自的规则体系是内在逻辑需求的外化,具有专属性特点,不可将其作为股权众筹的通用制度笼统而论。

第三章"公募股权众筹规则的分析与功能解释"。公募股权众筹在国内尚处于理论探讨阶段尚无立法资料可供参考,故本章首先全面梳理了《JOBS 法案》第三章以及《众筹条例》的豁免规则、发行规则、中介规则、集资门户额外规则以及其他规定五个方面的内容,并阐释美国证券交易委员会对部分规则进行修正调整的理由。其次,进一步讨论学界目前争议较大的信息披露制度和群体智慧理论两个问题。在信息披露制度方面,囿于公募股权众筹市场的特殊性,导致信息披露制度陷入难以破解的逻辑悖论,这在徒增发行成本的同时也无法避免其变为柠檬市场，因此应合理控制信息披露成本，回归其反欺诈的价值功能，将群体智慧作为信息披露的配套制度，共同解决信息不对称问题。但群体智慧可能走向其反面，即“羊群行为”和信息瀑布，为确保群体智慧功能实现，立法增设交流渠道制度对交流信息进行统一监管，以控制发行过程中的恶意欺诈。

第四章“私募股权众筹规则的分析与功能解释”。中国证券业协会公布的《私募股权众筹融资管理办法》旨在规范我国私募股权众筹发展，但无论是从逻辑体系抑或是具体规则方面都未能体现出美国《JOBS 法案》对美国私募发行制度调整的精髓。本章梳理了美国私募发行的制度及原理，在对比新旧规则差异的基础上，进一步解释此次公开宣传和合格投资者制度调整的功能作用。解除公开宣传限制实现了传统私募发行的互联网延伸，这也同时导致自然人合格投资者范围的变化，沿用现有资产标准认定合格投资者时，需要在资产证明、检验方法方面进行适当调整。同时，这一变化更加突显出现行合格投资者的制度弊端，相比于修改合格投资者认定标准，利用大数据解决信用中介的信誉资本困局似乎是更为有效的应对措施。

第五章“我国股权众筹的立法框架与规则构建”。首先，本章基于前文的论述基础，提出适合我国的三分法立法框架：公募股权众筹、O2O 型公募股权众筹以及私募股权众筹。其中，公募股权众筹和私募股权众筹可以依循《JOBS 法案》的逻辑进行规制，部分规则需要进行本土化修正。而 O2O 型公募股权众筹则是效仿英国另类投资市场（Alternative Investment Market，AIM）经验，以回应我国线上线下融合创新发展政策的要求。其次，在肯定“飞度”诉“诺米多”案成功审判经验基础上，进一步分析《证券法》修改后可能出现的法律适用和裁判逻辑变化，以及缺少证券集团诉讼制度的应对方法。最后，本章认为应修正证券举报人制度来回应互联网时代资本市场监管的特殊需求。

（二）预期创新点

第一，从比较法研究视角，重点考察学者的质疑与反思。目前国内学者研究成果各有侧重点，加之对域外研究亦方兴未艾，各种观点仍处于碰撞和争论阶段，尚未形成成熟结论。因此，若单纯关注各国立法成果，而忽视对学者质疑和批判的研究，以及不同法律体系下制度形成的本质根源，则难免会导致“橘生淮北”之结果。因此，本书通过重点考察美国《JOBS法案》及《众筹条例》制定过程中的立法冲突，剖析公募与私募股权众筹二分法模式下的立法目的差异及对最后立法结果产生影响的核心要素，梳理两类股权众筹制度背后的逻辑基础，以论证我国股权众筹规则制定时应规避和重点审视的若干问题，实现股权众筹整体规则内部逻辑的一致性与体系的完整性。

第二，两类股权众筹核心制度的争议与功能解释。本书除系统介绍美国公募和私募股权众筹具体规则外，还着重分析二者各自核心制度的原理及功能。在公募股权众筹方面，囿于市场的特殊性，导致信息披露制度陷入难以破解的逻辑悖论，这在徒增发行成本的同时也无法避免其变为柠檬市场，因此应合理控制信息披露成本，回归其反欺诈的价值功能，将群体智慧作为信息披露的配套制度，共同解决信息不对称问题。但群体智慧可能走向其反面，即“羊群行为”和信息瀑布，为确保群体智慧功能实现，立法应增设交流渠道制度对交流信息进行统一监管，以控制发行过程中的恶意欺诈。在私募股权众筹方面，解除公开宣传限制实现了传统私募发行的互联网延伸，这也同时导致自然人合格投资者范围的变化，沿用现有资产标准认定合格投资者时，需要在资产证明、检验方法方面进行适当调整。同时，这一变化更加凸显出现行合格投资者的制度弊端，相比于修改合格投资者认定标准，利用大数据解决信用中介的信誉资本困局似乎是更为有效的应对措施。

第三，我国股权众筹的立法框架及具体规则设计。本书提出适合我国的三分法立法框架：公募股权众筹、O2O型公募股权众筹以及私募股权众筹。其中,公募股权众筹和私募股权众筹可以依循《JOBS 法案》的逻辑进行规制,部分规则需要进行本土化修正。而 O2O 型公募股权众筹则是效仿英国 AIM 经验,以回应我国线上线下融合创新发展政策的要求。诉讼规则方面,在肯定"飞度"诉"诺米多"案成功审判经验基础上,结合美国 1933 年《证券法》及 1934 年《证券交易法》相关制度,考察司法层面的对投资者保护路径。国内现有研究通常对股权众筹展开立法监管层面的规范研究,而较少涉及司法中可能遇到的问题。我国股权众筹第一案判决已出,其被学者评为兼具能动性与克制性的民事判决,其兼具了司法能动主义与司法克制主义之品质。[1] 随着股权众筹定位逐渐明晰,《证券法》修改后可能出现法律适用和裁判逻辑变化,在分析上述变化基础上,提出公募股权众筹证券重大虚假陈述与遗漏认定标准的修正以及缺少证券集团诉讼制度的应对策略。

第四,监管制度完善。本书认为在以互联网为基础的新金融时代,完善证券举报人制度能够撬动金融监管杠杆,将公民个人纳入证券执法范畴以弥补金融监管缺口,构建应对以规模小数量多为主要特征的股权众筹市场监管规则。

第五,问题前瞻。股权众筹不仅涉及证券发行问题,在某种意义上也是一种公司组织形式的创新,国外已有学者开始关注此类公司治理及股东权益保护问题,但也都限于理论探讨,尚未形成成熟结论。国内学者对此方面问题研究不足,本书关注国外学者研究的最新动态,并结合公司、证券法学及互联网大数据等基本理论,剖析相关制度的价值及本土化适用空间。

(三)研究难点

股权众筹在国内外均是一个重要且新锐的课题,且当下恰逢《证券法》修正,诸多问题尚待解决,其研究难度具体体现在如下三个方面:

其一,股权众筹是一个横跨公司法与证券法的研究课题。股权众筹最

[1] 彭冰:《"诺米多"诉飞度"人人投"股权众筹合同纠纷案评析》,载《中国法律评论》2016 年第 2 期。

初是需要解决中小微企业融资困境,但其又难以涤除“众筹”之最基本属性。回应如何发挥现代互联网及大数据功能,实现保障初创企业成长、维护股东权益目的问题时,需要对公司法、证券法原理和制度都有一个清晰、准确的把握,这也加大了写作难度。

其二,国内外制度对比研究。在进行比较研究时,除考察域外制度成文条款外,还须着重考察学者的争论及批判。如何准确把握域外复杂证券监管制度体系,实现与我国现有制度的对接,维护制度体系协调,进行批判性的借鉴便是一项更为复杂的任务。

其三,股权众筹融资规则是资本市场规则的一部分,对该规则把握需要以理解我国现行资本市场组成系统和了解实践具体操作经验为基础。而收集和掌握相关内容也存在一定现实困难。

(四)研究方法

1. 以历史考察与比较研究相结合

“全部比较法的方法论的基本原则是功能性原则,由此产生所有其他方法学的规则——选择应该比较的法律,探讨的范围,和比较体系的构成等等。”[1]股权众筹作为一种舶来品,具有一国支撑其适应性的固有法律制度。首先,历史考察方法已经成为社会科学领域内最为通用的方法,对于本书的写作,笔者也必须直面回应:《JOBS 法案》之于美国证券法律体系发展历程中处于何种地位?其与既有制度关系如何?美国为何需要这样一部法案来修正、甚至改变既有制度?对于这些问题的回应,或许不仅需要考察股权众筹这一制度的诞生过程,还须从历史角度出发,就制度演进过程及制度触发因素进行考察。历史研究方法,给我们提供了一种认知规则与规律的工具。

其次,以比较研究为起点,能够追溯股权众筹的域外立法变迁,通过价

---

[1] [德]茨威格特、[德]克茨:《比较法总论》,潘汉典等译,法律出版社 2003 年版,第 46 页。

值判断解读股权众筹规制变迁的本质、价值、原则和目的,通过功能框架检讨不同理论之得失与取舍。对股权众筹研究文献进行梳理分析,明确现有研究成果和不足,在已有的理论体系下确定本书展开研究的方向和重点。同时,一国现有体制构成和文化传统对法律制度生成也会产生影响,研究时须予以关注。本书比较分析涉及如下三个方面:第一,股权众筹在各国资本市场法律体系中的定位;第二,股权众筹立法逻辑理念之区别;第三,股权众筹规则的比较考察。

2. 以法律经济分析进行价值评判

在进行价值评判时,我们必须直视传统法学专注于价值层面、规范层面分析,以公平正义价值理念来解决现实法律问题时出现的非效率结果。法律的供求平衡是公共选择的过程,法律供给的目的在于对不同资源配置方案进行比较和权衡,以最小的资源消耗实现最大限度满足各方需求之目的。市场经济大环境下,私有化、分配与效率不可被忽视,尤其在交易成本大量存在的现实世界里,通过法律来创设有效率的结果是社会发展的必然选择。

法学与经济学在研究主题和价值上的共通性,以及经济学为法学提供的一套完整的关于人类行为的分析架构,弥补了法学研究结构缺陷。[1] 股权众筹与初创企业融资首先是一种经济需求,其后才成为法律规则,其不仅是法学问题,同时也是经济学的关注领域。股权众筹市场中现实存在的柠檬问题及信息不对称问题,[2]需要我们充分运用法经济学成本、收益分析等工具,从多维角度进行解构、阐释制度价值与利弊得失。

---

〔1〕 冯玉军:《法经济学范式》,清华大学出版社2009年版,序言。

〔2〕 Ibrahim, Darian M., "Equity Crowdfunding: A Market for Lemons", 561 *Minnesota Law Review* (2015), pp. 561 - 567.

第一章

股权众筹的基本原理

金融所要服务的目标都源自民众，这些目标反映了我们每一个职业上的抱负、家庭生活中的希望、生意当中的雄心、文化发展中的诉求，以及社会发展的终极理想。

——罗伯特·希勒《金融与好的社会》

互联网信息技术最新成果与金融行业的深入融合，能够极大推动金融行业组织效率提升、实现金融服务普惠性的要求，有效缓解金融抑制，促进金融组织多元化发展，减少金融供给和需求之间因信息不对称产生的代理成本。然而，每次信息技术的革新和大规模运用，都深刻改变着金融作为信息密集型行业的面貌，近年来电子商务、云计算、大数据等新兴技术的兴起，也必然将再次改变金融生活的样态。本章将在阐明股权众筹概念、缘起、性质以及功能的基础上，进一步论证立法的必要性。互联网技术发展已经对我国传统金融行业垄断形成挑战，小企业融资和中产阶级投资的双重需求催生了股权众筹这一新型融资模式，为了应对中国式“野蛮生长”的互联网金融市场态势，监管政策将股权众筹列为“新五板”市场，作为现有资本市场的补充，以实现普惠金融的发展目标。

第一节　股权众筹的概念之网

一、众筹的基本概念

（一）众筹概念的产生

域外学者倾向于认为，众筹（crowdfunding）一词是众包（crowdsourcing）和替代性金融（alternative finance）的结合。首先，众包是 2005 年由 Jeff Howe 和 Mark Robinson 创造并用来描述外包生产模式的专用词汇，具体而言，其是一种“公司或机构把过去由员工执行的工作任务，以自由自愿的形式外包给非特定的大众网络”的做法。维基百科，这部来自世界众多网民所撰写的百科全书，已经完美诠释了众包的运行机制。[1] 其次，替代性金融是外生于传统金融体系的新型融资渠道，金融危机之后，以“影子银行”（shadow bank）为代表的类似组织在世界范围内迅速扩张。[2]

相较而言，众筹则是一种利用网络社交媒体，通过大量人集体协作共同完成融资的新型模式。[3] 众筹的基本流程是：融资者在中介平台上发布融资需求，感兴趣的投资者通过融资者公布的资金用途和使用方案信息来决定其所投项目和资金数额，并且通过投资能够获得相应回报。国内学界尚未能就众筹的定义达成一致共识，[4]学者给出的多种股权众筹定义中，通常

---

〔1〕 众包（crowdsourcing）的定义：“the act of taking a job traditionally performed by a designated agent (usually an employee) and outsourcing it to an undefined, generally large group of people in the form of an open call.” See Ley, Andy, and Scott Weaven, “Exploring agency dynamics of crowdfunding in start-up capital financing”, 85 *Academy of Entrepreneurship Journal* (2011), p. 86。

〔2〕 *Cambridge Judge Business School*: *Cambridge Centre for Alternative Finance*, University of Cambridge, https://www.jbs.cam.ac.uk/faculty-research/centres/alternative-finance/，最后访问日期：2016 年 9 月 19 日。

〔3〕 Heminway, Joan Macleod; Hoffman, Shelden Ryan, “Proceed at Your Peril: Crowdfunding and the Securities Act of 1933”, 879 *Tennessee Law Review* (2011), p. 880.

〔4〕 国内学者对众筹（crowdfunding）的定义有：①众筹是人们、组织以及企业，包括初创企业通过在线门户（众筹平台）筹集资本为其活动进行融资或再融资的一种方式。参见樊云慧：《股权

包括如下三个共同核心要素：

1. 要素之一："互联网基础"。众筹融资需要以互联网或其他媒介为依托。一方面，互联网技术进步带来信息处理、社交方式的诸多变化，其中最为重要的是，互联网正在逐步改变消费者的日常消费习惯，网上支付以及电子商务的发展，为众筹提供了技术保障。另一方面，从众筹兴起的动因角度看，其本意亦是借助新兴互联网技术实现社会资源优化配置，弥补现有资本市场无法提供的初创企业融资缺口。

2. 要素之二："人数众多"。众筹是从多数人手中筹集资金。如前所述，"众"的特性具有人数众多且不特定的特点，这种范围不仅体现在地缘及国界的概念上，还包括了参与者背景构成的多元化。不同风险偏好、不同知识背景、不同投资需求的个体，通过项目汇聚并集中，以"群体智慧"来决定项目融资的成败与否。

3. 要素之三："直接融资"。众筹是金融抑制与金融管控时代的产物，传统投资路径与融资模式无法满足初创企业特定融资目标和小额投资者需求，因此小额、灵活的直接融资模式应运而生。

然而上述定义凸显出这样一个问题，即学者在定义众筹概念时并没有进行类型化区分而是笼统论之，导致部分定义内容的描述仅囊括了某一类或某几类众筹，进而出现莫衷一是的局面。因此，明确各类众筹概念和范围之间的区别则是展开进一步研究之基础。

（二）众筹类型的划分

众筹实际上早已出现在美国历史之中，自由女神像的基座便是通过众

众筹平台监管的国际比较》，载《法学》2015 年第 4 期；②众筹是指筹资人通过众筹平台发布资金需求信息，吸引众多个体投资人进行集合性投资，从而为特定目标或企业经营发展寻求资金支持的一种直接融资模式。参见刘明：《美国〈众筹法案〉中集资门户法律制度的构建及其启示》，载《现代法学》2015 年第 1 期；③众筹是指筹资者在一定期限内，通过众筹中介集合大量资金（尤以量大额少的个体投资者的捐献居多），投资于某一项目，以实现该项目目标的融资方法。参见余涛：《众筹规制探究——一个规范分析的路径》，载《证券市场导报》2015 年第 3 期。

筹方式筹集的资金。当时,投资者被承诺以1美元的捐赠换取一个6英寸的雕像,而以5美元的捐赠换取一个12英寸的雕像。众筹的创新之处在于,其能够通过社交网络,在几乎无成本的情况下联系到数百万人参与其中。[1]这不同于传统的融资模式(例如,风险投资过程中,发行人必须与投资者当面交流,并且取得投资者信任),众筹允许发行人通过网络从他们素昧平生的投资者手中筹集资金。这种融资模式已经被用于各个领域——从政治筹款到电影和音乐的制作。在当下最著名的众筹平台Kickstarter上,电影制作人、音乐人、艺术家以及设计师可以为自己的创意进行筹款。最为典型的Pebble智能手表,在没有得到天使/风险投资的情况下,在这里从70,000人手里筹集到了1000万美元。[2] 当然这种融资模式也同样适用于慈善事业。一项研究报告表明,世界范围内众筹交易从2012年的2.7亿美元提高到2013年的5.1亿美元。[3]

2011年以来,伴随国内互联网技术的发展和普及,各类互联网金融模式从发达国家传入中国,并迅速成为我国企业募集资金的新模式。众筹最初主要表现为P2P模式,之后奖励型众筹(商品众筹或产品众筹)也迅速发展。2014年,股权众筹模式在国内异军突起,成为各方关注的焦点。众筹行业在我国迅速发展主要有如下两个原因:其一,金融抑制现象在我国仍十分普遍,小微企业实体经济需要新型融资模式以缓解传统信贷配给主导下的供给不足问题;其二,金融创新必须接受法律约束,为给金融创新提供足够空间,监管政策亦须不断调整以控制合理的限度。[4]

---

〔1〕 See Hemer, Joachim, *A snapshot on crowdfunding*, No. R2/2011. Working papers firms and region, 2011.

〔2〕 See *The Top* 25 *Crowdfunding Success Stories*, ALLEY WATCH, http://www.alleywatch.com/2013/03/the-top-25-crowdfunding-success-stories/,最后访问日期:2016年2月3日。

〔3〕 See David Drake, *U.S. Leads World in Burgeoning Crowdfunding Trend*, FORBES, http://www.forbes.com/sites/groupthink/2013/04/12/u-s-leads-world-inburgeoning-crowdfunding-trend/,最后访问日期:2016年2月3日。

〔4〕 中国人民银行金融研究所:《新金融时代》,中信出版社2015年版,第39~69页。

国内外学者已经基本就众筹分类达成统一共识。[1] 根据融资者提供的产品和投资者参与的目的,可以将众筹分为四大类:奖励型众筹、捐赠众筹、债权众筹、股权众筹。

1. 奖励型众筹。奖励型众筹也称商品众筹或产品众筹,投资者根据融资方对潜在产品和服务的介绍,按照合同约定为项目提供融资支持,待项目成功以后可以获得相应的产品或服务作为回报,这些回报并不是公司股份类收益。例如,在 Kickstarter、娱乐宝、百发有戏等网站上,电影制作人等为自己创意进行的筹款。奖励众筹是互联网时代重要的融资及营销手段之一,其能够提前锁定预期消费者群体,并且引导消费者参与到产品设计过程中,满足消费者体验需求。奖励型众筹另一种主要表现为预先购买模式(pre-purchase model),投资者将收到资金筹集方提供的产品、赛事活动门票等作为回报。例如,2014 年阿里的娱乐宝众筹平台为郭敬明编剧和导演的《小时代 3:刺金时代》募集拍摄资金,并且承诺为投资者提供限量版 T 恤衫、首映电影票及剧组探班等活动。奖励型众筹具有以下一些特点:(1)融资方根据产品或投资安排,承诺在项目成功以后提供相关产品或服务,故奖励型众筹的本质是一种商品销售手段,通过预先确定消费群体来降低投资风险。(2)奖励型众筹要求投资方提前按照筹资计划出资,未来才能获得产品或服务。(3)奖励型众筹区别于单纯的商品预售合同,其表现为买卖双方合作的结果。传统商品服务提供过程中,生

---

[1] 持以上观点的国外学者有:(1)Bradford, C. Steven, "Crowdfunding and the Federal Securities Laws", 1 *Columbia Business Law Review*(2012), pp. 10 – 27;(2)Hazen, Thomas Lee, "Crowdfunding or Fraudfunding-Social Networks and the Securities Laws-Why the Specially Tailored Exemption Must Be Conditioned on Meaningful Disclosure", 1735 *North Carolina Law Review* (2012), pp. 1736 – 1738。

持以上观点的国内学者有:(1)彭冰:《股权众筹的法律构建》,载《财经法学》2015 年第 3 期;(2)杨东、苏伦嘎:《股权众筹平台的运营模式及风险防范》,载《国家检察官学院学报》2014 年第 4 期;(3)袁康:《互联网时代公众小额集资的构造与监管——以美国 JOBS 法案为借鉴》,载《证券市场导报》2013 年第 6 期。

产者作为产品提供方，精心设计商品并严格管控生产流程，消费者只能被动接受。而在奖励型众筹模式下双方通过互动合作，消费者可以对产品的功能、设计等方面提出完善建议，客观上形成类似“私人定制”的服务模式。

2. 捐赠众筹。捐赠众筹是指投资者对公司、个人或者公益事业项目进行无偿捐赠，而现阶段我国公益事业发展和公民慈善意识与国外相比尚有差异，故而捐赠众筹暂时未在我国有实质性发展。

3. 债权众筹。债权众筹是通过获得公司或者项目债权，在未来一定时间内回收本金和利息，近两年褒贬不一的互联网金融 P2P 便属于债权众筹。囿于相关监管制度缺失，一些平台坏账率不断上升，跑路与倒闭事件频发，不仅损害投资者权益，也为该行业长久发展造成不利影响。

4. 股权众筹。股权众筹是通过互联网平台，向众多投资者销售股权或类似股权权益份额的一种融资方式，发行人出让一定比例的股权来换取众多参与者的资金支持，以解决创业项目早期的资金问题。国际证监会组织（International Organization of Securities Commissions，IOSCO）认为：股权众筹融资是指通过互联网平台，从大量个人、组织处获取较少资金来满足项目、企业或个人资金需求的活动。[1] 股权众筹与传统融资模式的核心区别在于融资过程本身，即创业者通过平台发布公开募集资金的要约，投资者根据信息披露内容做出投资决策，平台则通过标准化投资合同和支付服务促成交易的达成。股权众筹与奖励众筹的区别在于，股权众筹提供的回报并非是产品和服务，而是互联网上实现的股权交易，使投资者和发行人共享企业成长和发展成果。股权众筹的特点如下：（1）股权众筹属于直接融资，具有股权融资的基本特性，投资者作为股东共担风险、共享收益。（2）股权众筹以融资为目的。与奖励众筹预估产品销售市场

---

〔1〕 See Kirby，Eleanor，Shane Worner，“Crowd-funding：An infant industry growing fast”，*IOSCO*，*Madrid*（2014），p. 8.

前景不同,股权众筹是通过出售股权获得资金支持,并且投资者收益与初创企业未来发展密切相关。国内目前较为典型的股权众筹是3W咖啡项目。2012年,3W咖啡采用股权众筹模式公开募集资金,每人10股,每股6000元,虽然3W咖啡没有承诺固定收益,但此种模式仍然不减热度。参与投资者必须具备一定的条件(必须是互联网创业者或者投资圈的资深投资者),并且3W咖啡给投资者提供主要的回报并非分红,而是各类信息的分享。

二、股权众筹的缘起:从华尔街变迁史视角解读

在研究股权众筹具体制度之前,有必要对这样一个问题进行思考,即中美现阶段资本市场中投资者主体为何呈现出完全相反的比例结构?美国目前公开发行市场以机构投资者为主,小额投资者(英文可以表述为Retail Investors或Individual Investors;我国通常称为"散户""散户投资者")数量极少,[1]而我国A股市场则恰恰呈现出相反情况。[2] 那么,若根据《JOBS法案》用于解决中产阶级融资渠道匮乏的设定路径,[3]股权众筹制度在我国似乎并没有太多市场空间,因为绝大多数中产阶级均作为小额投资者游走于A股市场之中,这类群体似乎并不会将资金投入股权众筹市场中。这种担心或者质疑也并非毫无根据,[4]但从另一个方面看,提升我国A股市场中机构投资者比例的呼声从未停止,[5]小额投资者缺乏专业投资知识并且资金

〔1〕 美国公开发行市场机构投资者占有70%。See Edelman P. H., Thomas R. S., Thompson R. B., "Shareholder Voting in an Age of Intermediary Capitalism", *Southern California Law Review* (2014, Forthcoming), p. 1364.

〔2〕《证监会新主席含金量最高的一句话:A股小额投资者为主》,载搜狐网:http://business.sohu.com/20160320/n441185323.shtml,最后访问日期:2016年7月29日。

〔3〕 本书第二章将详细介绍《JOBS法案》出台的背景及逻辑架构。

〔4〕 彭冰:《"诺米多"诉飞度"人人投"股权众筹合同纠纷案评析》,载《中国法律评论》2016年第2期。

〔5〕《郭树清:机构投资者比例上升"很重要"》,载凤凰网:http://finance.ifeng.com/a/20130117/7566444_0.shtml,最后访问日期:2016年7月29日。

基础相对薄弱，由专业机构主导能够实现市场资源的优化配置、减少市场波动，这也是成熟资本市场的主流样态。[1] 从历史变迁视角看，美国公开发行市场投资者主体也经历了由小额投资者为主向机构投资者为主的转变。然而，这种转变并非一蹴而就，1929 年经济大萧条成为美国 1933 年《证券法》制定的主要推力，20 世纪七八十年代美国证券市场掀起了放松管制和金融创新浪潮，之后在世纪之交时美国证券市场再次经历了电子化和金融深化改革，所有这些变化和革新都潜移默化地影响着证券市场的组织、运行以及监管。[2] 我国资本市场虽经 20 余年的发展，但与美国近百年的变革历史相比实显逊色。因此，对华尔街变迁的历史进行简要回顾，能够更好地理解股权众筹的缘起以及《JOBS 法案》的立法目的和适用空间，也能够对我国相关规则构建提供参考。

（一）小额投资者视角

密歇根大学法学院 Alicia J. Davis 教授的研究成果显示，小额投资者正在逐步放弃美国 A 股市场。在 1950 年时，美国小额投资者曾经是该市场的主要构成部分，其拥有全美国 91% 的股票。然而随着时间推移，2005 年时小额投资者拥有美国 A 股市场股票的总数量已经下降至 32%，并且保持至今。[3] 小额投资者大规模撤离已经成为一个不争的事实。

在华尔街历史中，小额投资者曾经是股票市场极其重要的组成部分，但小额投资者在华尔街中的经历却不这么乐观。20 世纪 60 年代初期，股票牛市的结束导致华尔街进入了变革调整时代，以共同基金（mu-

---

〔1〕 侯宇、叶冬艳：《机构投资者、知情人交易和市场效率——来自中国资本市场的实证证据》，载《金融研究》2008 年第 4 期；续芹、叶陈刚：《机构投资者对上市公司作用的实证研究——依据我国 A 股市场的经验证据》，载《审计与经济研究》2009 年第 5 期。

〔2〕 ［美］乔尔·塞利格曼：《华尔街的变迁：证券交易委员会及现代公司融资制度演进》（第 3 版），徐雅萍等译，中国财政经济出版社 2009 年版，序言一。

〔3〕 Davis A. J.，"Market Efficiency and the Problem of Retail Flight"，*Stanford Journal of Law，Business，and Finance*，(2014)，pp. 1 – 2.

tual fund)[1](超过44%的美国人投资共同基金[2])为代表的机构投资者迅速崛起,彻底改变了市场投资者结构,市场的交易量也逐年增高。小额投资者所占市场交易量份额逐年下降,转而将资金委托给专业理财基金。在这一阶段,后台危机[3]也加速了小额投资者的撤离,个人投资者在华尔街中变得越来越不重要。另外,强制信息披露制度只是满足了部分使用公司原始信息进行投资决策的少数人需求,而大部分个人投资者还需要通过其他途径获取简化或者概要的二手信息,[4]这项在20世纪60年代初期便开始被学者提出的担心和质疑,也在50余年后得到证实。[5] 如何保障小额投资者权益已经引起美国SEC高度重视,1993~2001年在任的Arthur Levitt主席已经提出主张,“SEC的首要任务就是保护分散的个人投资者”。[6]

---

〔1〕 1940年美国颁布的《投资公司法》和《投资顾问法》奠定了现代共同基金业的基本框架。

〔2〕 Chair Mary Jo White, *Protecting the Retail Investor*, SEC, https://www.sec.gov/News/Speech/Detail/Speech/1370541226174,最后访问日期:2016年9月2日。

〔3〕 [美]乔尔·塞利格曼:《华尔街的变迁:证券交易委员会及现代公司融资制度演进》(第3版),徐雅萍等译,中国财政经济出版社2009年版,第442页。

〔4〕 从20世纪60年代开始,人们通过对投资过程的经济研究,对证交会公司信息披露制度的有用性等根本性问题提出质疑。两位古典自由派经济学家,芝加哥大学的乔治·斯蒂格勒以及罗切斯特大学的乔治·本斯顿曾试图证实一个更加彻底的假说,即《1933年证券法》和《1934年证券交易法》中关于强制性信息披露的要求没有任何价值。本斯顿教授关于证交会强制性信息披露制度的大量文章提出了更加具体的批评。其中最有影响的是他1973年发表的《强制信息披露与股票市场:对〈1934年证券交易法〉的评价》。基于上述经济理论的影响,在罗德里克·希尔斯担任主席期间所任命的索默顾问委员会认为,证交会监管的公司披露,部分只是直接满足了在投资决策中使用公司原始信息的少数人的需求。而大多数投资者,尤其是个人投资者,还是要通过多种途径取得信息,这些信息源分别采取赠送、数据表格、概要、简单化等形式,在不同程度上满足各种层次投资者的偏好,希望获得投资者的青睐。这些在民间运行的信息源是整个信息披露制度的重要组成部分,因为,从信息传播和帮助理解两个角度来看,民间信息源提供了可获取性。[美]乔尔·塞利格曼:《华尔街的变迁:证券交易委员会及现代公司融资制度演进》(第3版),徐雅萍等译,中国财政经济出版社2009年版,第527~531页。

〔5〕 沙哈尔教授在论述强制披露失败时,援引沃伦·巴菲特(Warren Buffett)所言:“四十多年来,我一直在研究上市公司发布的文件。很多时候,我都没法破译它们说了些什么。更糟糕的是,我不得不得出结论认为它们什么都没说。”[美]欧姆瑞·本·沙哈尔、[美]卡尔·E.施奈德:《过犹不及:强制披露的失败》,陈晓芳译,法律出版社2015年版,第35页。

〔6〕 [美]乔尔·塞利格曼:《华尔街的变迁:证券交易委员会及现代公司融资制度演进》(第3版),徐雅萍等译,中国财政经济出版社2009年版,第589页。

时至今日,SEC第31任主席Chair Mary Jo White仍然强调:“SEC主要承担三项任务,即保护投资者,促进资本形成,确保市场的公平、有序、效率。”[1]然而这所有的一切,都将回归到投资者保护的问题上,如果市场缺乏确保公平和投资者安全的机制,那么其便不再具有吸引力。目前美国小额投资者的主要投资需求是为自己准备养老金(93%的被调查者投资共同基金的目的是为退休做准备)、购房以及子女教育(27%的被调查者投资是为子女教育做准备)。[2] 根据统计,截至2014年,有近一半的美国人直接或者间接通过中介机构持有股票。例如,美国401K养老金计划(Self Directed 401k)或者个人退休金账户(Individual Retirement Account,IRA)。

在《多德—弗兰克法案》(Dodd-Frank Act,以下称《Dodd-Frank法案》)颁布之后,美国成立了投资者咨询委员会(Investor Advisory Committee),该委员会是由SEC以外的专家、学者等组成的非营利性机构,其目的专注于促进投资者利益保护,分析SEC规则对于小额投资者的影响并且提出相应改革措施。目前小额投资者的保护主要从以下几个方面展开:投资者教育、惩罚违法行为者、追回损失以及制定新规则,具体而言:(1)小额投资者教育。对小额投资者进行教育是保护现有及潜在投资者的重要路径。SEC下属的投资者教育与宣传办公室(Office of Investor Education and Advocacy,OIEA)设置了日常接待投诉和查询窗口,并且向投资者提供教育和宣传资料。同时,SEC会通过OIEA发布投资者警报和公告,提供投资者教育工具,帮助投资者了解风险,以避免或减少其遭受欺诈概率。SEC始终提醒投资者:“投资前先要提出疑问并进行一定研究,不要投资那些你不了解的金融

---

[1] See *How the SEC Protects Investors, Maintains Market Integrity, and Facilitates Capital Formation*, SEC, http://www.sec.gov/about/whatwedo.shtml,最后访问日期:2016年9月2日。

[2] Chair Mary Jo White, *Protecting the Retail Investor*, SEC, https://www.sec.gov/News/Speech/Detail/Speech/1370541226174,最后访问日期:2016年9月2日。

产品。因为那些听起来太好的东西以至于你觉得那是个骗局,那很有可能就是骗局。”同时,SEC 也会定期发布公告,警示常见的诈骗手段,尤其针对一些特殊人群(例如,防止老年人在使用网络或社交媒体过程中遭受欺诈)。(2)执法手段保护小额投资者。执法手段是 SEC 保护小额投资者的重要路径,其拥有强大的现场执法队伍,遍布于市场每个区域,通过积极执法为投资者追回损失,以实现减少违法行为发生之目的。(3)制定新规则以保护小额投资者。例如,《众筹条例》借鉴《Dodd-Frank 法案》经验,设置了“坏孩子”(bad actors)条款[1]来保护小额投资者。

以小额投资者视角审视华尔街变迁历程,可以发现如下内容:其一,A 股市场以机构投资者代替小额投资者的趋势已经不可逆转,这是美国的经验,也是发达国家资本市场为实现市场稳定的共同发展方向;其二,需要为小额投资者提供新的投资渠道,来满足中产阶级的投资需求,并且提供完善的保护机制。由此可见,《JOBS 法案》所强调为中产阶级提供融资渠道,是由美国资本市场现状和结构所决定的。

(二)金融监管者视角

1929 年 9 月纽约交易所总市值仅约 900 亿美元,时至今日,纽约交易所的总市值已增至近 12.4 万亿美元,美国资本市场在整个 20 世纪发生了令人难以想象的增长变化。

悉数变迁历程,美国金融监管立法大致经历了以下几个阶段:[2](1)20 世纪 30 年代立法典型代表是应对“经济大萧条”的《格拉斯—斯蒂格尔法》[3](The Glass-Steagall Act)。1929 年“黑色星期四”事件发生后,美国银行货币委员会对华尔街进行了全面调查,发现银行金融机构的不当行为直接导致了此次金融危机。罗斯福总统随后颁布了一系列法案,

---

[1] 关于 bad actors 条款的详细介绍,参见本书第四章第一节。

[2] 涂永前:《美国金融监管的制度变迁及新改革法案的影响》,载《社会科学家》2012 年第 2 期。

[3] 本法案于 2000 年被废除。

其中1933年《银行法》的第16、20、21、32条构成了著名的《格拉斯—斯蒂格尔法》。此外,这一时期内也形成了包括联邦存款保险公司(Federal Deposit Insurance Corporation,FDIC)、证券交易委员会(SEC)及全国证券商协会(National Association of Securities Dealers,NASD,证券业自律组织)在内的一系列重要机构。相关举措反映出美国政府对金融监管从完全自由放任的态度向保障行业安全与稳定的方向转变。(2)20世纪40~70年代是严格监管的过渡时期。这一时期主要是对30年代颁布的金融法案进行巩固和修订,其重点在于确保市场公平、公正、公开交易,规范证券市场,减少和控制欺诈及内幕交易,并逐渐强化对金融消费者的保护。[1] (3)20世纪70年代末期~80年代末期的自由化改革。这一时期,以新古典宏观经济学和货币主义、供给学派为代表的自由主义思想与观点再次复兴,主张应当重点将监管放在"运作效率"层面,如何提高金融监管效率,成为这一时期的重要论题。(4)20世纪90年代之后,相关理论研究逐步转向如何兼顾监管的安全稳定与效率。但21世纪初,安然公司、世界通信公司以及安达信会计事务所被曝出一系列丑闻纷纷走向破产之后,美国迎来了《萨班斯—奥克斯利法案》(Sarbanes-Oxley Act,以下简称《SOX法案》)的强化监管时代。然而2008年的金融危机又促使《Dodd-Frank法案》出台,这部法案被评价为自20世纪30年代美国经济"大萧条"以来改革幅度最大、最彻底的金融监管法案。

有学者洞见,美国金融监管法律制度的变迁历程,有深刻的"政治逻辑"。[2] 金融行业发展与金融危机的形成,呈现出行业与政府部门之间的

---

〔1〕 这一时期针对证券市场的立法包括:《投资公司法》《投资顾问法》《证券投资者保护法》以及对20世纪30年代所制定的《证券法》进行修正。

〔2〕 针对美国两次金融危机前后政府行为的研究表明,政治因素对法律系统的作用主要有五个方面:第一,鼓吹泡沫、造就危机产生的前提条件;第二,放松监管、纵容市场主体过度追求高风险带来的利益;第三,危机中应对不当、进一步加剧损失;第四,危机后在政治压力驱动下迅速通过立法进行改革;第五,在具体执行中逐步弱化改革方案。参见周淳:《论美国金融监管法律制度变迁的政治逻辑》,载《法学评论》2015年第6期。

“监管—规避监管—再监管”的周期性“治乱循环”。“经济大萧条”在促使政府加强监管力度之后,直接导致滞胀与储贷危机出现,这又一次迫使政府不得不放松监管,甚至是纵容不当行为。然而,《JOBS 法案》则恰恰是美国政府再次放松监管阶段的产物。法案不仅减轻了发行人的各项法定义务,调整发行注册豁免机制,并且基于互联网技术创设了全新的公募股权众筹制度(见图 2)。

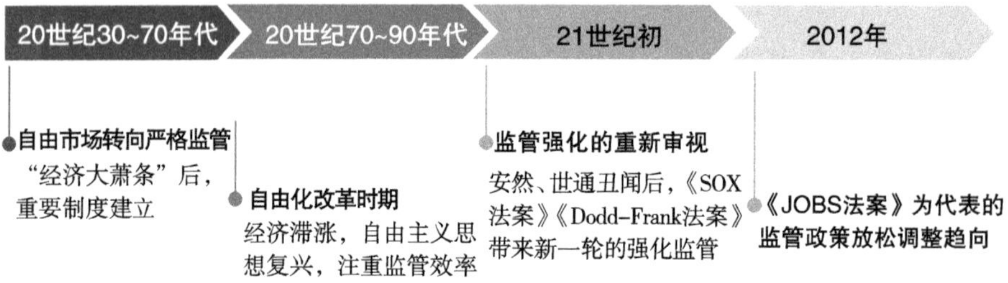

图 2　美国金融监管立法变迁

综上所述,从美国资本市场监管变化角度看,如今全球金融市场逐渐复苏,新一轮监管方向调整日渐深入,《JOBS 法案》背负着再次放松金融监管、重启美国资本市场、向中产阶级开放市场的“抓大活小”重任。这究竟能否成为一场制度“红利”?究竟能否实现监管制度的再平衡?[1]结论仍有待实践的检验。

三、股权众筹的性质:证券发行

(一)起因事件:“美微传媒”

2013 年 2 月,北京美微文化传播公司在淘宝网店铺上以销售会员卡附赠股权的方式转让其“原始股”,顾客购买会员卡的行为实际上就是购买公司股权。美微公司以“任何人只要花 120 元,就能买到 100 份股票,成为公司

---

〔1〕 郭雳:《创寻制度“乔布斯”(JOBS)红利——美国证券监管再平衡探析》,载《证券市场导报》2012 年第 5 期。

股东”的所谓创新举动,在2012年10月5日至2013年2月,共收到1191名会员参与认购的81.6万元人民币。上述行为很快引起了证监会的关注,2013年2月5日,证监会对外通报,北京美微文化传播公司此举属“新型非法证券活动”,要求退还通过淘宝网平台获得的转让款,但未给予相应惩处。其后5月,证监会发布通报,认为淘宝网等互联网平台擅自向公众转让股权,属于向社会公众非法发行股票行为,并提醒投资者要提高网络证券活动的风险防范意识。至此,国内首例互联网转让股权事件因触碰监管红线而以失败告终。与此同时,如何发展股权众筹的问题在国内迅速引起广泛讨论,诸多困境和制度阻碍亦浮出水面,引发学界和实务界进一步地思考与探索。

(二)证券范围的扩张:“投资合同”

我国1998年《证券法》明确调整的证券范围包括:“在中国境内,股票、公司债券和国务院依法认定的其他证券的发行和交易,适用本法。”后经过修订的2005年《证券法》扩大了证券的范围:“在中华人民共和国境内,股票、公司债券和国务院依法认定的其他证券的发行和交易,适用本法……政府债券、证券投资基金份额的上市交易,适用本法……证券衍生品种发行、交易的管理办法,由国务院依照本法的原则规定。”可见,我国现行《证券法》是通过列举方式对证券的范围进行界定,法条明文规定的证券种类包括:股票、公司债券(包括政府债券)、投资基金、衍生证券四类。[1] 学者已经开始反思这种界定方式的负面影响,其中包括但不限于不利于投资者保护、限制资本市场发展空间、无法满足投融资需求、不利于实现资本市场监管等,并建议扩大证券定义范围,参考美国立法经验,引入“证券”的一般性概念。[2]

---

〔1〕 朱锦清:《证券法学》,北京大学出版社2011年版,第1~39页。

〔2〕 陈洁:《金融投资商品统一立法趋势下“证券”的界定》,载《证券法苑》2011年第2期。

美国1933年《证券法》[1]和1934年《证券交易法》[2]对证券采取了十分宽泛的定义。这其中,不仅包括美国1933年《证券法》Section 2(a)所列举的证券范围,同时立法旨在将无论以何种形式出现在商业社会中通常所谓的"证券",都纳入这一定义之中,并通过设定"投资合同"(investment contract)概念,由SEC和联邦法院对"证券"的内涵和外延进行界定。[3] 在美国司法实践中,"投资合同"成为解释证券定义的主要工具,而阐释这一问题的经典案例是1946年SEC v. W. J. Howey Co.案。[4] 本案中联邦最高法院归纳出著名的"Howey检验"标准,来辨别某项交易是否属于投资合同,具体而言包括如下四个方面:(1)钱财投资(investment of money);(2)普通企业(common enterprise);[5](3)利润预期(expectation of profit);(4)完全他人努力(solely from the efforts of others)。在Howey案之后,上述四大要素均得到补充和修正。[6]

基于对美国1933年《证券法》的考察,股权众筹在本质上属于证券发行行为。套用"Howey检验"标准:首先,股权众筹投资者阅读发行人披露的相关信息,并根据信息做出投资决策,符合钱财投资标准要求。其次,普通企业(或共同单位)要求的重点是,投资者获利的多少在多大程度上依赖于企

---

[1] 美国1933年《证券法》Section 2(a)在立法上对证券的定义为:"'证券'一词是指任何票据、股票、国库券、债券、无担保债券、任何利润分享协议的利息或参与证、从属信托证、公司设立前的证书或认股证、可转让股权、投资合同、表决权信托证、存股证、石油、天然气或其他矿藏权利的未分割的部分利益,任何证券、存款证、一组证券或指数(包括任何利益或基于价值所生利益)的任何卖出期权、买入期权、跨期买卖或优先权、在全国性证券交易所交易的与外汇相关的任何卖出期权、买入期权、买入卖出选择权或优先权、或者总而言之,通常称为'证券'的任何利益或工具、或上述任何一种的利益证书或参与证书,或上述任何一种的暂时或临时证书、或接收、担保、认购或购买的授权或权利证书。"参见[美]托马斯·李·哈森:《证券法》,张学安等译,中国政法大学出版社2003年版,第24页。

[2] 美国1934年《证券法交易法》对"证券"的定义稍有不同,但应按"实质上完全相同"对待。参见[美]托马斯·李·哈森:《证券法》,张学安等译,中国政法大学出版社2003年版,第24页。

[3] 郭雳:《美国证券私募发行法律问题研究》,北京大学出版社2004年版,第13页。

[4] 328 U.S. 293. S. Ct. 1100. 90 L. Ed. 1244(1946).

[5] 郭雳将其翻译为普通企业,而张学安将其翻译为共同单位,本书采用郭雳教授的翻译方法。

[6] 郭雳:《美国证券私募发行法律问题研究》,北京大学出版社2004年版,第19页。

业内其他人。对该条是否成立的判断,美国各法院的判例并不一致,其中较为典型的是美国第五巡回法院的解释:“表明投资者的财富与发起人的努力密不可分。”[1]再次,利润预期。在前述四类众筹中,债权众筹和股权众筹都具有显著的获取预期利润的特征,在债权众筹中,投资者在投资到期时,能够获得本金与约定利息回报,而在股权众筹中,投资者可以获得相应的分红收入。最后,完全的他人努力。“Howey 检验”标准最初设定的“完全源于他人努力”的标准正在逐步弱化,联邦第五、第九巡回法院认为,能够符合“决定企业经营成败关键因素中,他人的努力是否是无可否认的重要”即可。基于以上分析,股权众筹能够符合“Howey 检验”的四项标准,故构成美国1933年《证券法》中的“证券”。因此,股权众筹融资行为的实质是一种证券发行,应当受到《证券法》的规制与调整。[2]

四、股权众筹的基本功能与理念

(一)股权众筹的基本功能

1. 扩展小企业融资渠道

刚起步的小型企业,尤其是初创企业,很难从传统融资渠道中获得资金。为寻求进一步发展,企业通常使用个人存款、贷款或接受来自家庭和朋友的帮助,[3]但这往往杯水车薪。银行贷款对于没有抵押物或者信用记录的初创企业来说几乎遥不可及。[4] 银行也不愿意在经济衰退或经济增长缓慢时期给小公司发放贷款。此外,通过贷款融资还可能扼杀一个刚刚启动

---

[1] [美]托马斯·李·哈森:《证券法》,张学安等译,中国政法大学出版社 2003 年版,第 26 ~ 27 页。

[2] Cohn, Stuart R., “The New Crowdfunding Registration Exemption: Good Idea, Bad Execution”, 1433 *Florida Law Review* (2012), p. 1436.

[3] Bradford, C. Steven, “Crowdfunding and The Federal Securities Laws”, 1 *Columbia Business Law Review* (2012), p. 5.

[4] Burkett, Edan, “A Crowdfunding Exemption-Online Investment Crowdfunding and U. S. Secrutiies Regulation”, 63 *Transactions: The Tennessee Journal of Business Law* (2011), pp. 65 - 68.

的成长型项目,因为协议通常要求企业将绝大部分利润用来偿还债务,而不能用于再投资或从事高风险研发。

风险投资通常也不会过多关注初创企业。首先,初创企业通常难以迅速扩张,或者难以为风险投资提供快速退出并获利的机会。其次,美国风险投资一般在200万~1000万美元,远远超过初创企业融资需求。再次,需要资金的初创企业太多,而风险投资能够顾及的范围太少。在经济衰退大环境下,越来越少的公司准备上市,这意味着风险投资更愿意将资本锁定在已有项目中,而不是投向新企业。天使投资相比于风险投资,可能更加愿意投资初创企业,不过天使投资人与需求资金的项目相比太少。最后,通过公开发行募集资金对于许多初创企业来讲基本不太现实,交易成本及证券登记要求对于小企业来说是难以承受的。而股权众筹则将服务目标企业锁定在上述资金需求的空白地带,以试图为小企业提供全新的股权融资渠道。

为使创业者能够获得非传统渠道融资,“股权众筹为热心的投资者提供了一条新路径”。在这里,投资者可以选择那些在传统风险投资看来“高风险、不可信,甚至稀奇古怪的”项目,[1]或者是那些表现不佳的项目。[2] 相比于通过标准化渠道进行融资的企业,这些“冒险者”能够提供更多回报福利,或者在相关产品或服务领域内取得更大成功。因此,股权众筹的目标正是那些没有被正规传统融资渠道所接纳的小型初创企业。

2. 减少交易成本

在互联网出现之前,信息效率低下是阻碍初创企业融资的重要因素。这意味着,即便是有可用资金,也难以将资金需求者和投资者配对。然而,随着网络的发展,其作为一个参与共享平台,在全世界范围内极大促进投资

---

〔1〕 Burkett, Edan, “A Crowdfunding Exemption-Online Investment Crowdfunding and U. S. Secrutiies Regulation”, 63 *Transactions: The Tennessee Journal of Business Law* (2011), pp. 65 - 68.

〔2〕 See Hemer, Joachim, *A snapshot on crowdfunding*, No. R2/2011. Working papers firms and region, 2011.

者和发行人之间的连接,降低了初创企业的设立成本。正如 Yannis Bakos 所解释的,市场主要有三大功能:“匹配买方和买方;促进市场交易中信息、商品、服务的交换;以及提供基本制度保障(如法律、监管以及促使市场有效运作的规则)。”[1]股权众筹实现了融资的去中介化,企业直接与投资者对接,进而避免通过银行等金融机构进行间接融资而产生的交易成本。

3. 增加就业机会

股权众筹在为初创企业提供资金的同时也解决了就业问题。在 1980 年至 2005 年,成立时间少于 5 年的公司却几乎提供了美国所有新增就业岗位。毋庸置疑,世界范围内小型企业和初创企业在创造就业岗位、吸纳劳动力方面的贡献不言而喻,我国亦是如此。

(二)股权众筹的发展条件

1. 完善的征信体系。完善的征信体系已经被证明是促进英美市场 P2P 行业发展的重要基础,而这也是制约我国 P2P 行业以及股权众筹行业发展的重要“瓶颈”。目前国际上征信体系模式主要分为“市场主导型”“政府主导型”以及“混合型”。以美国为代表的“市场主导型”模式中,核心是三大征信局以及 FICO(Fair Isaac Corporation[2])等民间征信机构,其优点在于受市场利益驱动,数据的收集与分析较为全面,而缺点是个人隐私保护不足,并且监管要求较为复杂,从目前我国征信体系现状来看,完全市场化模式非常难以被复制。而另一种以法国为代表的“政府主导型”模式,则强调通过政府掌控的中央银行进行个人信用征集,这能够有效保护个人信息安全,但由于缺少利益激励,无法确保数据的有效性及全面性。

因此,我国目前采取“混合型”模式似乎更为合适。从实践角度看,中央

---

[1] Bakos, Yannis, “The Emerging Role of Electronic Marketplaces on the Internet”, 35 *Communications of the ACM*(1998), pp. 35 – 42.

[2] FICO 是 Bill Fair 和 Earl Isaac 于 1956 年创办的数据分析公司,专注于个人信用分析,该公司 1986 年在纽交所上市,FICO: https://www. fico. com/en/about-us#our-company,最后访问日期:2017 年 5 月 30 日。

银行通过征信系统能够掌握部分有交易记录的信用信息，另外，阿里、腾讯等市场机构在运营过程中积累了大量有价值的个人和企业信息。2015 年 1 月 5 日，央行在印发的《关于做好个人征信业务准备工作的通知》中要求，芝麻信用、腾讯信用、深圳前海征信中心等 8 家机构开展好个人征信业务准备工作，首次开启个人征信市场化运营的尝试。

2. 系统的知识产权保护。平台对于创业者来说，首先是一个展示自身创业创意的场所，但是国内在该领域知识产权保护方面的法律建设十分薄弱，往往导致创业者不愿意公布创业内容过于细节的部分，这也间接降低了项目对投资者的吸引力。

3. 有效的监管和行业自律。目前，中国人民银行等十部委联合制定的《促进互联网金融健康发展指导意见》已经明确证监会对股权众筹（公募股权众筹）和互联网非公开股权融资（私募股权众筹）的监管权，但由于相关部门尚未公布申请股权众筹牌照的官方渠道，所以大多数平台按照监管政策要求，将业务转型为互联网非公开股权融资业务，向中国证券业协会申请备案，在配合检查的同时进行自律管理。

4. 试错成本空间。有观点将“互联网＋”时代金融模式的优势总结为：试错优势、触角优势、组织优势、系统优势、社会优势。[1] 试错优势是最为核心的要素。具体而言，传统创新往往伴随着较高的前期投入，并且试验周期较长，无法满足高速变化的市场需求。而互联网恰恰能够完成企业所需的快速、低成本试验方法，尝试从不同角度增加试验数量，先引入小部分客户进行一定范围内的可控性测试，之后将成功经验进一步推广。试错优势能够使机构在符合风险控制与监管规则双重要求下，在相对安全的范围内控

[1] 试错优势是指持续、大量低成本实验和创新的机制；触角优势是指察觉、捕捉、破解预示变化的信号并及时应变；组织优势是指领导力、组织架构、人才储备的弹性和活力；系统优势是指管理并塑造所有业务系统，形成生态，并保持其活力；社会优势是指企业发展目标与社会发展方向以及社会责任相结合。参见何大勇、张越、刘月：《个人金融新格局》，中信出版社 2016 年版，第 64～70 页。

制试错成本，为融资创新提供新思路。同时，法律监管给予金融创新一定的试错空间是有益的，也是必要的。

（三）股权众筹的生态建设

1. 专业化。股权众筹平台在设立之初，由于项目和投资者数量有限，难以对项目进行细致分类审核。但就国际经验和行业发展轨迹看，随着市场上项目数量增多以及平台分工的进一步明确，平台应实现专业化与差异化的发展路径。目前较为成功的股权众筹平台均具有专业化程度较高的特点，能够运用自身积累的行业经验帮助投资者控制并降低试错成本，进而增加客户忠诚度，吸引投资者长期关注。有观点认为，未来股权众筹生态系统中，不仅应当包括投资者、发行人以及中介平台，还应当纳入相配套的营销机构、法律服务机构、财务机构以及相关业务咨询公司等。与之相应地，平台应当完善自身制度建设，培养项目投后管理能力，逐步将平台从单一的投融资平台转变为全方位、综合化的产业支持平台。国内各平台已经初步形成自身特色，例如，天使汇、原始会更加专注于电信、媒体和科技（Telecommunication，Media，Technology，TMT）领域，[1]而人人投则更加专注于线下实体店项目。

2. 社交化。股权众筹平台的社交化也是提高用户忠诚度以及项目融资成功率的关键因素。股权众筹在某种程度上依赖于圈子和人脉，这种圈子合作能够更好地促进投资者和融资者之间相互合作。3W 咖啡采用互联网融资模式，引入了沈南鹏、徐小平、曾李青等知名投资者以后，吸引了越来越多的互联网有识之士不断加入。此外，36 氪于 2015 年 7 月正式推出股权众筹平台——众筹之家后，利用多年来积累的人脉优势和项目资源基础成立了“氪空间”，为创业团队提供圈子和资源，实现项目投融资的对接。36 氪推出的股权众筹平台已经成为拥有包括经纬创投、红杉资本在内 25 家机构组

---

[1] 电信、媒体和科技（Telecommunication，Media，Technology）三个英文单词的首字母，整合在一起，实际是未来电信、媒体/科技（互联网）、信息技术的融合趋势所产生的。

成的顶级投资机构联盟。

第二节 股权众筹的本土化发展基础及表现形式

一、我国"互联网+"时代融资变革

实际上在股权众筹出现之前,我国已经兴起一股民间借贷和债权众筹(P2P)浪潮。长期金融垄断和金融抑制致使民间资本寻求非正规出路,导致一系列群体性事件出现。因此,在破除金融垄断、完善金融监管规则的前提下,放松、鼓励、培育并引导民间金融[1]的渐进式发展,而非通过抑制、阻碍民间金融发展来维护正规金融的垄断利益等一系列观点,奠定了我国互联网金融发展的理论基础。

(一)金融抑制的缓和

"金融抑制"(financial repression)理论是1970年,由E. S. Shaw和Ronald I. Mckinnon教授在《经济发展中的货币与资本》[2]与《经济发展中的金融深化》[3]中提出的。金融抑制是金融后发国家普遍存在的现象,政府过度参与管理并介入市场运行,通过政策调控手段实现特定时期经济发展目标。一直以来,金融机构国有股权比重高,证券市场IPO总量被政府严格管控等现象均表明我国金融抑制现象显著。这导致国内长期存在两个分割的金融市场,即正规金融市场和民间金融市场。但互联网金融的出现,未来可能促进两个市场之间的融合,重构金融资源配置体系。在这一新体系中,互联网与民间金融结合,逐渐形成两个新的民间资本市场:其一,传统社会网络型民间资本市场;其二,互联网型民间资本市场。可以认为,互联网型民间资

---

〔1〕 我国学界也称之为非正规金融(informal finance),国外学者则称之为替代性金融(alternative finance)。

〔2〕 McKinnon R. I. ,*Money and capital in economic development*,Brookings Institution Press,2010.

〔3〕 Edward S. Shaw,*Financial deepening in Economic Development*,Oxford University Press,1973.

本市场是传统民间资本市场的延伸，并且在此“二元”制度基础上，逐步形成符合互联网融资市场需求的新制度。[1] 从制度发生学的视角考察，金融体制开放改革的发展是公司融资等需求因素合力作用的结果，属于市场理性进化的产物。中国金融体制改革的历史，也是民间金融逆向生长的历史，互联网金融的高速成长促使金融体制设计者不得不关注并反思金融垄断显现的问题。

1. 金融业垄断的挑战

金融业垄断的形成与延续有深厚的历史因素与政治因素，时过境迁，金融业垄断正面临着挑战。国家稳定和发展依赖于经济强盛，而金融业又是现代经济的核心与关键，因而，金融业的发展模式同一国的经济、政治密切相关，影响至深。

地方金融业的发展对金融垄断形成了挑战。中金公司在 2011 年 9 月末发布的《中国民间借贷分析》研究报告中估算，至 2011 年中期，中国民间借贷余额达 3.8 万亿元，同比增长 38%，占中国影子银行体系总规模的 33%，相当于银行总贷款的 7%。[2] 金融业发展存在一定历史传承因素，其中不仅包括政治体制的制约，也包含一国经济体制的延续。传统经济模式中金融业存在发展的路径依赖问题，在考虑社会与市场平稳运行的前提下，金融业改革将会是一个渐进式的演进过程。政策和法律在保护金融权益的同时，也对金融业垄断形成了挑战。国有金融制度是作为向国有企业提供资金支持而确立的，是国家追求垄断产权的一个重要步骤。[3] 但从金融权益分配角度看，公民与中小企业同样应享有其合理适度、不同形式的金融权益。金融权益包含在财产权之中，而财产权是社会中每个公民均应享有的，

---

〔1〕 岳彩申：《互联网时代民间融资法律规制的新问题》，载《政法论丛》2014 年第 3 期。

〔2〕 《中国有两大燃眉之急》，载和讯网：http://www.ftchinese.com/story/00104125，最后访问日期：2015 年 12 月 9 日。

〔3〕 武志：《中国地方金融体制的改革与重构》（第 2 版），东北财经大学出版社 2006 年版，第 9 页。

并非由某一特殊利益群体所垄断。历史传承的金融资源近乎完全为国家和政府重要部门所掌握，金融垄断在某种层面上是间接对普通公民金融权益的漠视与剥夺，在民众金融权益意识觉醒、政策及法律逐步对金融权益倾注更多关注和保护后，金融垄断体制受到了挑战。[1]

2. 改革的必然性

在传统金融体制僵化和金融权益保护机制不健全的环境下，实体经济如何保持快速增长？中国经济高速发展过程中，由于缺少明确的财产权或金融权益保护制度，导致商业经营预期结果的不确定性大大增加，企业融资渠道也略显单一，多依赖于国有金融机构。金融体制变革中的阻碍仅仅是体制变革的阵痛，金融垄断改革和金融业开放势在必行。中国经济的成功并非是国家垄断资本主义模式的成功，恰恰相反，垄断资本主义模式的负面效应已经日渐凸显，互联网金融不可控制的生长及其衍生出的风险就是国家垄断资本主义模式下的必然产物。无论是国家资本主义，抑或是权贵资本主义，都是暂时性问题，不应也不会长期地存在于市场中，金融垄断体制改革的意义也在于此。金融资本在政府行政权力的强势干预下，衍生出一些市场化的金融垄断和权贵资本，但这并非是市场经济改革的结果，而正是需要继续深化社会主义市场化改革的因由。[2] 改革的对策就在于如何借助金融垄断改革以实现真正的金融市场经济。具体到金融体制层面的措施，包括但不限于：行政权力与市场经济分离、权力内容与配置明晰、金融权益科学合理分配、监管机制健全且具有可实施性、削弱同政府利益联结紧密的权贵资本主义阻碍、允许互联网金融试错，这都将有利于改善金融垄断的现状并使金融体制进入新的成长阶段。

金融业变革是在维持有效风险控制的前提下，培育和引导民间金融同

[1] 徐祥民：《自然资源国家所有权之国家所有制说》，载《法学研究》2013 年第 4 期。

[2] 《张五常：权贵资本主义对市场经济天大的误解》，载搜狐财经：http://business. sohu. com/20111119/n326156669. shtml，最后访问日期：2015 年 12 月 9 日。

正规金融充分竞争,共同获益。改革需要不断检讨既有的法律规则与金融业发展相冲突之处,继而推动金融法律规则的修正与调整。应注意到,市场经济是一种开放型的经济模式,金融资本的全球化流动不以主观的管控意志而转移,民众与各类民营企业在谋求自身发展的过程中就必然要寻求市场中可供利用的金融资源,民间金融的开放势不可当。根据全国工商联发布的《我国中小企业发展调查报告》显示,90%以上的受调查民营中小企业表示,实际上无法从银行获得贷款,全国民营企业和家族企业在过去3年中有62.3%的融资来自民间借贷。[1] 金融体制改革应以创新金融体制、减少金融管制、支持实体经济发展为目标展开。

(二)信用内涵的扩张

章乃器先生在阐述金融的含义时曾说过——“金”是一种坚硬而固定的物质,而“融”是融化流通的意思。“金”何以能“融”? 这有赖于“信用之火”的燃烧。[2] 由于互联网金融本身并没有超脱金融本质属性而存在,[3]因此,其也面临传统金融活动共同乃至最为核心的问题——信用风险[4]。传统金融信用是提供贷款和产生债务的基础,也是以银行为核心构建的信用体系。故在许多场合,金融信用也可以指借债方偿还债务的信誉和能力。

正如维克托·迈尔-舍恩伯格(Viktor Mayer-Schonberger)和肯尼思·库克耶(Kenneth Cukier)在《大数据时代》一书中所言:“大数据开启了一次重大的时代转型。”[5]因此,大数据时代的金融信用需要被赋予全新含义,其

---

[1] 《金融资源曝贫富不均:穷人去存款 富人忙贷款》,载和讯网:http://money.hexun.com/2012-04-20/140610592.html,最后访问日期:2015年12月9日。

[2] [美]罗伯塔·罗曼诺:《公司法基础》(第2版),罗培新译,北京大学出版社2013年版,序言。

[3] 李爱君:《互联网金融的法治路径》,载《法学杂志》2016年第2期。

[4] 杨东:《互联网金融的法律规制——基于信息工具的视角》,载《中国社会科学》2015年第4期。另参见《易宪容:当前互联网金融最大风险是信用风险》,载网易财经:http://money.163.com/14/0308/06/9MQ0ALSH00253B0H.html,最后访问日期:2016年1月2日。

[5] [英]维克托·迈尔-舍恩伯格、[英]肯尼思·库克耶:《大数据时代:生活工作与思维的大变革》,盛杨燕、周涛译,浙江人民出版社2013年版,第9页。

内涵也将变得更加丰富。金融领域内，大数据可以将重要的交易、报价、业绩、消费者研究等内容，在短暂时间内形成信用评分及风险控制所需的指标。并且大数据的这种功能，已经开始挑战传统金融机构的信息垄断，推动各类机构提供更为贴近客户需求的金融创新产品。因此，解读我国金融信用体系演进过程，能够有助于解释“互联网 +”时代金融信用内涵扩张的基础。

1. 传统金融信用困局

传统金融体系亟须对自身模式进行检讨，但如何在“互联网 +”时代重塑金融信用体系仍有待探讨。近年来，民间金融市场混乱局面的表象性原因是金融政策僵化和法律规则存在漏洞和缺失，导致高利贷、非法集资、金融诈骗等问题丛生，乃至于引发更大规模的群体性社会问题。但若追根溯源，上述问题的产生具有一个共同性的深层次诱因，即金融信用的困局。在金融体制深化改革过程中，民间金融信用往往被忽视，无论是政府、社会和市场均将关注点集中在正规金融信用体系的建设和维护上，而民间金融信用的重要性，直到温州、鄂尔多斯等地的借贷风险爆发之际才被政府和理论界认知。[1]

(1)金融信用的差异化定位。正规金融体制排斥吸纳民间金融，进而影响民间金融信用的质量。正规金融机构业务满足金融消费者需求的同时，金融消费者也将信用评价完全反馈给正规金融机构。[2] 各类年度金融机构评选、年度金融界风云人物、各类金融政策的出台、政策和法律对金融风险的控制、高校学生对金融机构的选择乃至于公众对金融机构认知，无不以正

---

[1] 2012 年上半年，浙江全省法院共受理民间借贷纠纷案件 58,037 件，涉案标的额 283.9 亿元，同比分别上升 26.98% 和 129.61%。温州、舟山以及湖州地区上升最为明显，增幅分别达 96.42%、87.37% 和 57.61%。除金华地区略降外，其余地区民间借贷案件同比均呈上升态势。参见《浙江民间借贷案件达五年来最高》，载新京报：http://www.bjnews.com.cn/finance/2012/07/11/209609.html，最后访问日期：2015 年 7 月 11 日。

[2] 金明：《非金融机构贷款人融资机制研究》，载《当代法学》2013 年第 3 期。

规金融为核心展开。相比而言,民间金融一直都承载着无实力、不可持续、投机获利、严格管控、缺失信用的负面评价。

事实上,正规金融信用是由金融活动的参与者信诺守信、按约履约行为的重复积累而成,是政策和法律正面积极支持而赋予的,是市场中的投资者和普通公众所认可的。在承认"天生差异"的前提下,民间金融和正规金融在信用体系建设的本质上并无根本区别。正规金融信用基础在很大程度上体现了国家、政府和法律的支持,有力塑造了正规金融的信用形象,而民间金融则缺失这种"关心和支持"。

(2)民间金融信用体系瓦解。传统民间金融信用体系的瓦解主要有两个诱因:一是"互联网 +"时代的技术革新促使金融交易范围扩大和金融产品创新,传统基于"血缘性、地域性、业缘性"形成的信用体系,在互联网语境下失去了发挥信用功能的基础,交易不再被局限在特定领域,直接冲击了民间金融信用赖以存在的空间;二是正规金融体系的负面冲击,间接降低公众的信赖度。随着国有金融机构市场化程度加深,政府逐步退出市场,缺乏政府信用担保以及高管层不断出现道德风险事件,导致公众对于正规金融信用负面评价增加,在"正规金融信用度低,非正规金融信用度更低"的惯性思维下,加速了民间信用体系的瓦解。

2. 现代信用体系构建

为应对"互联网 +"时代金融发展的实际需求,应重新赋予信用以全新含义。民间金融信用体系基于"地缘、血缘、业缘"构建,而现代金融信用体系的建设是由相对恒定的法律制度来维系,这也是现代信用区别于传统信用的重要标志。同时,大数据的预测功能,也成为现代金融信用体系构建的重要推动力量。

现代金融信用体系建设过程中,必须解决政府信用建设、金融市场诚信建设等问题。首先,政府信用建设主要体现在职能转变上。政府对市场经济的尊重,要求其不应利用行政权力过度干涉金融市场经济活动。存有不适当行政权力的市场是不完全竞争的市场,为寻租行为提供了土壤,导致金融机构的关注重点成为如何降低寻租成本,而不是提升交易效率。行政权力若无法有效管控金融市场活动,只能徒增市场交易成本,进而衍生出更多的管理寻租。与此同时,政府不适当地介入金融市场,造成政策的不确定性,这种环境不可能构建起成熟的信用体系。其次,强化金融市场诚信。诚信建设亟须解决信用记录问题。全面详细的信用记录,是解决金融市场中信息不对称的手段。金融机构、企业和个人的信用记录的完整性是完善金融市场诚信建设的重要保障,不可否认,这一体系建设将会是一个长期过程。

3. 征信模式的变革

无论时代如何变迁,信用作为金融活动根基的本质并不会发生移转,没有信用,金融体系便无法运转。而在大数据时代,各类技术以及庞大数据资源的运用,使针对个体消费者微观行为预测变得可能。根据维克托·迈尔-舍恩伯格教授的观点,大数据的核心作用就是预测。[1] 其原理是把数学算法运用到海量数据上来,预测事情发生的可能性。网络上存在大量个人真实的碎片化信息,将其加以整合后,可以发现信息背后的潜在联系,并对个人信用及身份特征进行评价。目前,外生于传统银行信用体系的现代征信模式主要有以下几种:[2] (1)电商平台交易行为数据的征信模式。此种模式主要以阿里巴巴和京东为代表,其利用用户积累的交易数据,构建信用数据库,通过挖掘消费者行为信息、传统信贷信息以及人脉关系等信息,给用户进行综合评分,其中典型代表为蚂蚁金服旗下独立第三方信用评估机构——芝麻信用管理有限公司。(2)网贷平台自主研发的大数据征信模

[1] [英]维克托·迈尔-舍恩伯格、[英]肯尼思·库克耶:《大数据时代:生活工作与思维的大变革》,周涛译,浙江人民出版社2013年版,第16页。

[2] 杨东、文诚公:《互联网+金融=众筹金融:Internet + finance = we finance:众筹改变金融》,人民出版社2015年版,第79~86页。

式。我国网贷平台“拍拍贷”“宜人贷”在运营过程中,建立网贷平台自由客户信用系统,将信用信息分析结果用于平台运营。(3)创建同业信息数据征信模式。此类征信系统重点在于破除新型金融与传统金融之间的信息壁垒,实现信用信息共享。

(三)“互联网+”时代的金融品格

2014年3月5日,李克强总理首次在《政府工作报告》中明确提出,促进互联网金融健康发展,完善金融监管协调机制。2015年3月,互联网金融再次出现在政府工作报告之中,李克强总理在回顾2014年工作时提到,“互联网金融异军突起”,并指出在未来应制订“互联网+”行动计划,推动互联网、大数据、云计算等与现代制造业相结合。同年7月4日,国务院《关于积极推进“互联网+”行动的指导意见》[1]正式发布,其中包括了协同制造、现代农业、智慧能源、普惠金融等11个领域。其中在普惠金融部分,意见中指出要促进互联网金融健康发展,全面提升互联网金融服务能力和普惠水平,鼓励互联网与银行、证券、保险、基金的融合创新,为大众提供丰富、安全、便捷的金融产品和服务,更好地满足不同层次实体经济的投融资需求。上述一系列政策的发布表明,互联网金融已经获得政府层面的认可,并且被提升至国家战略发展层面,“互联网+”时代金融格局正在迎来前所未有的政府支持。2015年7月18日,中国人民银行等十部委联合发布的《关于促进互联网金融健康发展的指导意见》,奠定了互联网金融监管的基础框架。在指导意见中,明确了互联网金融的定义和主要业态构成,并提出规制和促进互联网金融发展的一系列政策措施,其中包括了积极鼓励互联网金融平台、产品和服务创新,鼓励从业机构相互合作,拓宽从业机构融资渠道,坚持简政放权和落实、完善财税政策,推动信用基础设施建设和配套服务体系建设。同时,指导意见还

---

[1] 国务院《关于积极推进“互联网+”行动的指导意见》,载中国政府网:http://www.gov.cn/zhengce/content/2015-07/04/content_10002.htm,最后访问日期:2016年9月12日。

明确了互联网金融监管的主体和职责分工,以及各类互联网金融经营业态的基本规则。[1]

1. 主体构成的多元化

与传统金融业务相比,"互联网+"时代的特点之一便是因技术进步、监管包容以及客户多元化所导致的市场参与主体变化,以至于金融领域呈现出前所未有的开放姿态。我国当下金融行业正在经历历史性变革,主要体现为如下几个方面:其一,客户行为发生不可逆转的变化,近6亿网民不仅通过网络进行日常沟通、信息分享,并且这种功能正在向金融服务领域内延伸;其二,互联网、大数据、云计算等新技术不断渗透并冲击金融行业。因此,"互联网+"时代的金融格局,集中表现为个人参与金融服务的新模式。[2] 互联网金融在某种程度上可以被认为是传统金融与互联网行业有机结合的新兴产物。互联网技术的进步不仅提供了更为多样化的金融服务,满足不同收入水平人群的金融消费需求,并且运用大数据的整合与信息发掘优势,在一定程度上解决了风险控制问题。

2013年6月13日,支付宝理财产品"余额宝"正式上线,在短短一年时间中,其用户数量超过1亿人,规模近5700亿元人民币,成为世界第四大货币基金。[3] 2014年春节,腾讯微信凭借"抢红包"功能的推广,在几天时间内绑定上亿个银行账户,之后又以滴滴打车软件获取1.5亿活跃支付用户。[4] 随后,电商京东在2014年2月13日,率先推出"京东白条"服务,其能够为用户提供一定额度的消费信贷,申请和授信十分便捷,并且利率

---

[1] 《人民银行等十部委发布〈关于促进互联网金融健康发展的指导意见〉》,载中国政府网:http://www.gov.cn/zhengce/content/2015-07/04/content_10002.htm,最后访问日期:2016年9月12日。

[2] 何大勇、张越、刘月:《个人金融新格局》,中信出版社2016年版,第34~58页。

[3] 《互联网金融监管寻路》,载搜狐财经:http://finance.ifeng.com/a/20130704/10070117_0.shtml,最后访问日期:2016年9月12日。

[4] 《滴滴打车用户数突破1.5亿,最高日订单量达1217万单》,载中华网财经:http://finance.china.com/fin/kj/201501/22/6644364.html,最后访问日期:2016年9月12日。

也远低于同类产品。[1] 2015 年 6 月五家试点民营银行开业,之后民营银行设立进入常态化。[2]

在过去的几年时间中,科技信息技术在金融领域内掀起一波又一波浪潮,使原本看似不可能的假想变为现实。互联网技术革命在某种程度上改变了传统金融的样态,市场参与主体的多元化构成导致行业竞争越发激烈,不断催生商业模式创新。但是从另一个层面上看,一系列变革并没有改变金融最本质的功能,作为经济活动的衍生品,服务实体经济并为客户创造价值的使命始终如一。因此,"互联网 +"时代并未对金融行业产生颠覆性影响,而是以互联网技术为基础的一次金融模式革新。这为中国金融抑制现状提供了一条新的解决方案。

2. 目标追求的普惠化

党的十八届三中全会提出了"普惠金融"概念,这一概念也必将引导互联网金融的发展。普惠性在某种程度上已经成为金融法的时代品格之一。诚如学者所言:"社会金融化使得金融不再只是少数人融通资金获取收益的经济工具,而是成为一种全体成员共同参与的常态的社会生活。"[3]实际上,传统金融机构互联网化的探索由来已久,但其中多停留在渠道层面上,而对于"互联网 +"环境下的商业模式、产品创新等问题关注较少,而恰恰是这些问题,对于促进普惠金融实现与推进中国金融体制改革之意义重大。

"互联网 +"的一项重要任务便是促进普惠金融实现。普惠金融能够全方位为社会所有群体提供适当的金融产品和服务,通过互联网技术有效降

[1] 《京东布局消费金融 白条服务正式上线测试》,载 21 世纪经济报道:http://finance.sina.com.cn/money/bank/hykx/20140213/034118193400.shtml,最后访问日期:2016 年 9 月 12 日。

[2] 五家民营银行试点落地之初就确定了差异化的发展定位。深圳前海微众银行坚持"个存小贷",天津金城银行侧重于"公存公贷",浙江网商银行侧重于"小存小贷",温州民商银行和上海华瑞银行则定位于"特定区域"。参见《五家试点民营银行差异化生存术》,载网易财经:http://money.163.com/16/1211/14/C80V1DMJ002580S6.html,最后访问日期:2016 年 9 月 12 日。

[3] 冯果、袁康:《社会变迁与金融法的时代品格》,载《当代法学》2014 年第 2 期。

低金融产品融资和金融服务成本,创新风险控制手段,进一步降低金融准入门槛。从另一方面看,普惠金融对投资者而言,实现了金融自主与金融平等,从传统被动接受向主动选择转变,这其中包括了渠道和内容的双重自主选择权利。长尾客户〔1〕投资意识的提升是金融平等的主要体现,普惠金融改变了传统金融机构仅偏重中高端客户,转而更加关注普通大众客户的诉求,将客户的诉求渗透到金融机构产品开发、服务流程设计的各个方面。

普惠金融的目的是实现好金融。好金融与好社会是中国金融改革和金融发展所应努力的方向和实现的目标,也是新时代经济和社会进步的要求。〔2〕有学者认为"金融民主是普惠金融的伦理基础",并提出金融民主概念之目的在于实现人类社会的自由、平等与共同繁荣。〔3〕金融民主背后暗含一种打破金融精英权力结构、实现财务分配公平的理想主义精神,这也是

〔1〕"长尾"(the long tail)这一概念是由《连线》杂志主编 Chris Anderson 在 2004 年 10 月的"长尾"一文中最早提出,用来描述诸如亚马逊和 Netflix 之类网站的商业和经济模式:商业和文化的未来不在热门产品,不在传统需求曲线的头部,而在于需求曲线中那条无穷长的尾巴。在以往,银行是"二八"法则的最忠实拥趸,它们坚信 20% 的客户创造 80% 的利润,因此经营重心大多放在中高端客户吸储、理财与向企业大客户放贷上,希望借此降低经营成本,提升经营收益。银行对于中小微企业、个人贷款以及普通客户的业务往往不够重视。因为对于银行来说,这些小客户就是"长尾",投入过多的人手和精力去处理"长尾"客户的业务,只会增加银行的成本。最近几年,这一部分客户被互联网金融所吸纳,余额宝就是一个很好的例子。这是第一款意识到了"长尾"客户价值的基金产品,单个用户的购买量虽小,但庞大基数成就了余额宝的奇迹,让与之合作的天弘基金在不到一年的时间里"山鸡变凤凰"。金融业"长尾"市场表现为高度碎片化,用户数量庞大但个体资金量小,但通过技术手段进行整合和汇集,无疑将产生巨大价值。银行在网银转账时不收费,虽然损失了一部分的中间收入,但这部分的成本已经通过网络技术的进步而得以摊薄。具体来说,在移动互联网时代得以普及后,银行服务"长尾"客户不再需要配备网点和员工。而且可以通过 APP 转账免费和优惠等手段,对这部分低净值用户进行基于移动互联网客户端的捆绑,从而带来数额庞大的移动端用户。当这部分"长尾"用户的客户端使用粘性增加时,银行自然可以通过网络来进行推广和营销。一旦移动互联网与金融结合起来,推出针对这部分客户的产品,其效益或许超乎人们想象。毕竟互联网技术手段让碎片化市场的交易效率大幅提升,在规模化之后能够为银行带来更多的利润。网银转账免费可以看作银行业争夺"长尾"客户的开端,谁能利用互联网抓住这些金融服务的"长尾"客户,谁就能在互联网金融发展中获得更大的改革红利。参见[美]克里斯·安德森:《长尾理论》,乔江涛、石晓燕译,中信出版社 2009 年版,第 1～18 页。

〔2〕贝多广:《好金融与好社会:问题的提出和答案》,载《金融研究》2015 年第 7 期。

〔3〕黎四奇:《中国普惠金融的囚徒困境及法律制度创新的路径解析》,载《现代法学》2016 年第 5 期。

罗伯特·希勒教授在《金融与好的社会》一书中所倡导的“金融民主化”理念。[1] 罗伯特·希勒教授基于2008年国际金融危机的经验教训，对金融在社会发展中应扮演何种角色提出质疑，并思考金融究竟应如何更好地为所有人服务。金融民主化的目标是为民众开发更多的金融投资方案，提供金融意见以及金融教育，确保更多人能够理智地参与到金融活动之中。“金融机构与民众之间的联系是维系社会运转的最基础关系”，[2] 如何实现金融民主化的终极意义，实现所有参与者目标同一、各尽所能、各担风险、彼此信任，并促使人们制定更远大的奋斗目标？从长远来看，普惠金融的推广是金融民主化实现的必然步骤，而股权众筹亦是其中的重要环节。

3. 运行机制的脱媒化

金融脱媒（financial disintermediation），又称金融去中介化，由 Hester 教授最早提出。金融脱媒作为一种重要的经济现象，很快便引起学者的广泛研究和关注。金融脱媒与金融去集中化主要回应了三个问题：其一，谁来决定值得融资的项目；其二，如何保证项目的良好市场前景；其三，如何平衡资本形成和投资者保护之间的关系。[3] 传统金融脱媒是指资金的需求者和提供者不通过银行等金融中介机构直接进行资金交易，[4] 一定程度上摆脱了中介的束缚。而现代金融脱媒可以理解为普惠金融的表现形式，具体体现为大量新型金融机构对金融消费领域的渗透，运用互联网技术建立面向小额投资者需求的市场，由投资者来决定值得融资的项目。

过去几年产生于金融抑制环境下的影子银行，是对低效率的利率和金融管制的挑战。这种游离于正规金融监管体制之外，不受或仅较少受到监管的金融模式，可以认为是互联网时代金融脱媒的前兆，而近期出

[1] ［美］罗伯特·希勒：《金融与好的社会》，束宇译，中信出版社2012年版，第1~25页。
[2] 同上书，前言。
[3] 杨东：《互联网金融的法律规制——基于信息工具的视角》，载《中国社会科学》2015年第4期。
[4] 宋旺、钟正生：《理解金融脱媒：基于金融中介理论的诠释》，载《上海金融》2010年第6期。

现的股权众筹则是新一轮金融脱媒浪潮。可见，当市场上出现更为便利和低成本的信息获取和利用路径时，金融交易的媒介便会发生变化。金融体系中，银行被认为是居于统治地位的金融信用媒介，但在当下市场中，互联网一方面促成金融脱媒的实现，另一方面却又未能解决信息不对称问题。故而，维系互联网时代金融发展的核心，仍将回归到解决信息与信用规制的问题上。

二、我国股权众筹市场发展现状

（一）股权众筹定位

在众多“互联网＋”时代新兴起的金融业态中，股权众筹是出现最晚的，直到2011年全球首家股权众筹平台Crowdcube上线，才意味着以股权为基础的众筹模式正式开始，而这相比网络借贷模式（P2P，最早出现在2005年的英国）足足延后了6年。

2011年上线的点名时间和天使汇是国内首批股权众筹平台，主要为早期创意项目提供商品预售和天使融资服务。2013年被称为中国互联网金融元年，2014年互联网金融继续火热不减。如果说2013年是P2P网贷独领风骚的话，2014年则是股权众筹异军突起，成为中国互联网金融界主力军。世界银行预测，到2025年全球股权众筹年均市场规模将达到960亿美元，其中中国市场500亿美元。股权众筹在中国如雨后春笋般涌现，传统金融机构、地方交易所、互联网企业、科技园区等都纷纷试水。截至2014年6月底，股权众筹平台数量已超过30家。除线上股权众筹平台外，各种以创意咖啡厅、会员俱乐部为载体的股权众筹平台也纷纷出现。继P2P网贷之后，股权众筹也呈现出中国式“野蛮生长”的态势。

党中央、国务院高度重视互联网金融的规范化发展。2015年3月，李克强总理在政府工作报告中首次提出实施“互联网＋”的行动计划；7月国务院《关于积极推进“互联网＋”行动的指导意见》正式出台，明确了“‘互联网＋’普惠金融”是11项重点行动之一。同样在7月，经过党中央、国务院批准，中国人民银行等十部委联合印发了《关于促进互联网金融健康发展的指导意见》，按照“鼓励创新、防范风险、趋利避害、健康发展”的总要求，提出一系列支持互联网金融发展的举措。我国已经建立起多层次资本市场体系，目前主板作为一板市场，在上海交易所挂牌交易，主要服务于大型企业，融资规模超过百亿元。创业板和中小板属于二板市场，在深圳股权交易所挂牌交易，其服务的融资对象主要是中型企业，普遍融资规模为5亿元以上。自我国资本市场建立以来，沪、深两板已趋于成熟，挂牌交易企业超过2500余家，并且面向全国投资者和普通股民开放。2012年9月，全国中小企业股份转让系统成立，2013年1月16日开始运行，服务对象主要为机构投资者和合格投资者，这是三板市场。四板指各地股权转让市场，服务于地方辖区内的企业股权转让和交易。由此可见，初创企业极难参与到四板以上资本市场，而股权众筹作为现有多层次资本市场的延伸，理应为未能符合前四板市场标准的企业提供融资服务。党中央、国务院高度重视互联网金融发展，为明确股权众筹的中国定位起到了极大推进作用。相关政策出台及学者论述倾向于将股权众筹作为新五板，纳入我国多层次资本市场。[1]

(二)股权众筹发展趋势

1. 网络巨头加入、行业进入精细化

2015年各大互联网公司把发展股权众筹作为“互联网+”金融战略的核心，互联网金融新的战场不在互联网货币基金、也不在P2P，恰恰就在股权众筹。此外，由“国家队”中证资本市场发展监测中心搭建的股权众筹平台——中证众筹，于2015年1月28日上线，其能够实现与地方股交所

---

〔1〕 持以上观点的学者有：(1)杨东：《股权众筹现状与趋势》，载《中国经济信息》2016年第5期；(2)中国人民银行金融研究所：《新金融时代》，中信出版社2015年版，第76~82页；(3)王守仁：《股权众筹的定位与模式》，载《中国金融》2015年第3期；(4)安邦坤：《股权众筹在多层次资本市场中的定位概论》，载《现代管理科学》2015年第2期。

的互联互通。与之相应地，产业生态圈发展和券商加入，也为股权众筹市场增加了新活力。到2015年为止，具有典型意义的股权众筹有以下几种模式：一是"国家队"介入的中证众筹平台；二是传统投资机构与互联网结合，作为股权众筹与传统风险投资的深度连接，主要包括天使汇、合伙圈等平台；三是具有草根性质、全民参与的股权众筹，主要以大家投平台为代表；四是连接身边店铺的股权众筹，主要包括人人投等平台；五是与新三板直接连接的股权众筹，以京东东家为代表；六是对接区域股权交易市场的股权众筹。〔1〕

随着2015年一系列政策和意见出台，股权众筹未来的发展模式逐渐明晰，2016年股权众筹行业一个最为突出的特点便是360、苏宁、百度等巨头陆续进军私募股权众筹融资领域，各自旗下的平台逐步开始上线。目前来看，我国股权众筹发展趋势体现在两方面：其一，证券公司加入后，在一定程度上改变行业格局，这主要体现在私募股权众筹领域。其二，学界和实务界普遍认为，股权众筹在未来能够实现与新三板的对接，成为其发展的必然趋势。"互联网融资平台+新三板"之间对接形式可以是双向的，一方面可以将部分新三板融资需求引流至融资平台，包括新挂牌企业的股权销售或者已挂牌企业的股权定增。其意义在于降低新三板对于投资者的门槛要求（新三板要求个人投资者本人名下前一交易日日终证券类资产市值500万元人民币以上），使更多的个人投资者可以分享新三板股权收益，另一方面也为新三板带来宝贵的流动性。股权众筹平台与新三板的有效对接，还可以帮助优质企业更好地吸引投资者，尽快实现向新三板或地方性股权交易中心的过渡。

2. 监管规则逐步细化并趋严

自2015年8月10日中国证监会发布《关于调整〈场外证券业务备案管

〔1〕 杨东：《股权众筹现状与趋势》，载《中国经济信息》2016年第5期。

理办法〉个别条款的通知》宣布将《场外证券业务备案管理办法》第 2 条第 10 项“私募股权众筹”修改为“互联网非公开股权融资”后，国务院各部委针对股权众筹行业又陆续出台一系列促进发展政策（见表 1）。

表 1　股权众筹相关政策

发布时间	政策名称
2015 年 9 月	国务院发布《关于加快构建大众创业万众创新支撑平台的指导意见》，要求“稳步推进股权众筹融资试点，鼓励小微企业和创业者通过股权众筹方式募集早期股本”
2015 年 9 月	国务院办公厅发布《关于推进线上线下互动加快商贸流通创新发展转型升级的意见》，鼓励通过线上线下多种模式发展互联网非公开股权融资
2015 年 10 月	商务部发布《关于加快居民生活服务业线上线下融合创新发展的实施意见》，鼓励引导居民生活服务企业，通过互联网非公开股权融资等方式获取金融资源
2015 年 12 月	国务院发布《关于进一步显著提高直接融资比重优化金融结构的实施意见》
2016 年 1 月	国务院发布《关于印发推进普惠金融发展规划（2016—2020 年）的通知》，提出推动修订《证券法》，夯实股权众筹的法律基础
2016 年 3 月	十二届全国人大四次会议《国民经济和社会发展第十三个五年规划纲要》，提出“完善监管制度，规范发展实物众筹、股权众筹和网络借贷”

资料来源：笔者整理。

在 2015 年 8 月至 2016 年 5 月，从国务院及各部委发布的政策来看，国家一方面大力支持股权众筹发展并积极推动立法修改，另一方面也开始着手对市场上出现的非法集资进行严惩，整治非公开股权融资（私募股权众筹），促使股权众筹行业朝着规范有序的方向发展。

第二章

公募与私募股权众筹的二分法模式

由于这项法案,初创企业和小型公司能够接触到大批新的潜在投资者——即,全美国人民。这是第一次,普通美国民众可以通过网络来投资他们信任的公司。

——贝拉克·奥巴马

本章首先对《JOBS 法案》中公募股权众筹(《JOBS 法案》第三章)和私募股权众筹(《JOBS 法案》第二章)的二分法模式进行解读,此种分类方法是我国监管政策的官方态度,也是本书展开后续论证的逻辑起点。其次,两种模式在解决信息不对称和代理成本方面具有相同的内在逻辑,也囿于各自面临不同核心困境,衍生出两条相似但有区别的规则体系。公募股权众筹的核心困境在于解决投资者非理性决策行为,由于该市场中投资者成熟度较低,导致传统信息披露制度无法发挥原本价值功能,故而制度设计中加入群体智慧理论思维,通过多元化主体构成来平衡个体认知的局限性,形成对发行人较为客观、真实的评价结果,以此解决信息不对称问题。私募股权众筹的本质在于通过网络突破了传统天使/风险投资的地理限制因素,在降低运营成本的同时吸引更多投资者,因此私募股权众筹基本沿用传统私募发行规则体系,通过修正部分规则以适应互联网环境。本章试图表达这样一个观点:两类股权众筹各自的规则体系是内在逻辑需求的外化,具有专属性特点,不可将其作为股权众筹的通用制度笼统而论。

第一节　《JOBS 法案》与股权众筹的二分法模式

一、《JOBS 法案》的二分法立法框架

21 世纪初,美国证券市场出现企业 IPO 大幅减少、公众公司大量退市现象。在 2001 年美国安然公司丑闻之后,政府为扭转资本市场信心匮乏之试,陆续颁布了《SOX 法案》(2002 年)以及《Dodd-Frank 法案》(2010 年)。学者认为,上述两部法案不断强化资本市场监管,导致企业合规成本过高,则是促使上述现象出现的主要原因。2012 年为缓解资本市场颓势,奥巴马政府颁布了《JOBS 法案》,通过降低企业 IPO 过程中的合规成本、取消私募股权众筹公开宣传限制以及创设互联网小额融资制度,进一步拓展小企业和初创企业融资渠道,以此来振兴经济、促进就业。具体而言,《JOBS 法案》共分为七章,与股权众筹相关的分别为第二章(私募股权众筹)和第三章(公募股权众筹),其余章节则涉及 IPO 市场放松管制、小额发行豁免制度修改等内容。

(一)《JOBS 法案》评述

2000 ~ 2002 年,一系列财务欺诈以及公司破产丑闻重创美国经济。其中影响最为严重的便是美国七大公司之一——安然,在短短 18 个月内便宣布破产。公司高管设置离岸账户随意调遣资金,并且其隐藏亏损的行为难以被发现。2002 年 7 月颁布的《SOX 法案》中最为重要的内容便是修改公司财务制度,包括增加刑事责任来督促公司规范审计及信息披露责任,并且设立公共监督机构——公众公司会计监督委员会(Public Company Accounting Oversight Board)。[1] 严苛监管导致公司在审计和法律方面的支出费用大约翻了一倍。2010 年美国国会签署《Dodd-Frank 法案》,通过再次提高审

---

〔1〕［美］约翰·C. 科菲:《看门人机制:市场中介与公司治理》,黄辉、王长河译,北京大学出版社 2011 年版,第 175 页。

计信息标准等要求,强化金融消费者保护,以应对 2008 年金融危机产生的负面影响。除上述因素外,各类信息技术广泛应用也引起投资行为发生变化,一方面金融中介对成长型企业的长期投资兴趣降低、转而倾向于短期交易;另一方面网络等电子交易的兴起,削弱了传统经纪商(broker-dealer)的作用,投资银行佣金收入也因此减少。在面临收益压力时,做市商大多只愿意为高流动性的大公司股票做市,导致小公司股票流动性下降。在《SOX 法案》和《Dodd-Frank 法案》颁布之后,许多小型公司不再通过 IPO 而是通过并购来扩大规模,当企业达到一定规模之后,才会选择上市。

《JOBS 法案》旨在于现有法律框架下,适当放松资本市场管制,实现美国国内初创企业与资本市场的有效对接,在鼓励初创企业发展的同时解决国内就业压力。《JOBS 法案》确立了一个远大目标,通过提高进入公共资本市场的新兴成长公司(Emerging Growth Company,EGC)数量,来增加美国的就业机会,促进经济增长。2011 年 3 月,美国财政部召集包括风投专家、企业家、律师、学者等各领域成员组成小组,经过数月讨论,在 2011 年 10 月提交了《重建 IPO 通道——促进新兴企业和就业市场重返增长之路》[1] 的报告,其中提出了新兴成长公司的概念以及相关制度对策,具体内容多体现在随后颁布的《JOBS 法案》之中。

近十余年来美国新兴成长公司 IPO 不仅在数量上呈现出急剧下降趋势,而且以往公司上市前平均存在时间为 5 年,2006 ~ 2011 年,这一数字则延长至 9 年。1991 ~ 2000 年,平均每年有 530 家公司进行 IPO,2001 ~ 2010 年,平均每年则只有 126 家。[2] 造成小型公司 IPO 颓势的原因有很多,除 2000 年后美国高科技泡沫破裂之外,学界和实务界普遍认为,监

---

〔1〕 See *Rebuilding the IPO on-ramp: Putting Emerging Companies and the Job Market Back on the Road to Growth*, SEC, https://www.sec.gov/info/smallbus/acsec/rebuilding_the_ipo_on-ramp.pdf,最后访问日期:2016 年 10 月 12 日。

〔2〕 Howaniec, Brian; Niemeyer, John, "The IPO Crisis: Title I of the JOBS Act and Why It Does Not Go Far Enough", 845 *Pepperdine Law Review* (2015), pp. 845 - 847.

管负担加重是最为主要的原因之一。监管规则的变化不仅增加公司上市成本，打击公司上市积极性，同时也限制了投资者的投资意愿，并且公司规模越小、融资越小，上述内容所占平均支出的成本就越高。统计显示，美国公司 IPO 的平均费用为 250 万美元，而上市后持续信息披露费用平均约为每年 150 万美元，这些费用对于成长阶段的小型公司来说难以承受。[1]

除选择 IPO 以外，小型公司还可以选择私募和小额发行豁免来进行融资，但融资效果并不十分理想。美国 1933 年《证券法》制定了私募发行豁免制度，但法律要求其不得进行公开宣传，这导致美国私募界普遍认为，除非投资者与公司当面就投资问题进行交流，否则就可能违反禁止公开宣传的规定。SEC 在 1982 年基于美国 1933 年《证券法》Section 3(b)(1)制定的 Rule 504 和 Rule 505 之下的“限制发行”(limited offering)，以及 1936 年 Regulation A 之下的“简式注册”(short-form regulation)，规范了小额发行豁免制度，旨在为免于注册或核准的证券减少信息披露要求，节省发行成本。美国联邦—州的政治体制决定了其二元法律结构，各类证券活动在遵守联邦法律的同时，也受到州内各类立法规范的约束。因此，小额发行豁免还需要满足各州证券法[2]的实质审核要求，能够提供融资渠道亦十分有限。

(二)《JOBS 法案》中的公募与私募股权众筹

公募和私募股权众筹分别体现在《JOBS 法案》第三章和第二章之中。具体而言：

---

〔1〕 鲁公路、李丰也、邱薇：《美国 JOBS 法案、资本市场变革与小企业成长》，载《证券市场导报》2012 年第 8 期。

〔2〕 美国堪萨斯州(Kansas)早在 1911 年时就已经有了类似证券法律规定，相较于美国 1933 年联邦证券立法法提前 20 余年。当时许多带有欺诈性的公司云集在该州，仅以“存在于蓝天上的”(子虚乌有的)建筑项目为由进行融资，为遏制这类证券欺诈活动，该州最先出台了被称为“蓝天法”的相关规范。参见郭雳：《美国证券私募发行法律问题研究》，北京大学出版社 2004 年版，第 194 页。

Bradford 教授提出五项原则,成为公募股权众筹的逻辑基础[1]:(1)发行人和公募股权众筹网站能够承受的发行成本;(2)不设置任何投资者障碍(如公开宣传和投资者资格);(3)通过限制个人投资限额来防止全部资产损失,并且对潜在风险进行提示;(4)要求股权众筹网站充当投资者的"看门人",明确责任并限制利益冲突;(5)通过设立公开交流渠道,利用"群体智慧"来发现欺诈行为。经过美国众议院和参议院的激烈讨论后,第三章内容并没有严格按照 Bradford 教授的理论进行设计。考虑到美国著名证券法专家 Thomas Lee Hazen 教授对《JOBS 法案》放松监管态度以及投资者保护制度提出严重质疑:"对几百美元的小额投资的保护价值难道低于大额投资?小额投资者利益难道不值得进行保护吗?"[2]因此,最终形成的《JOBS 法案》第三章中加入了信息披露规则以及信息披露责任等传统证券投资者保护手段。

相比较而言,私募股权众筹的争议则相对较少,主要体现为《JOBS 法案》第二章对美国既有私募发行部分规则的调整。美国 1933 年《证券法》Section 201(a)(1)中放松了私募发行公开宣传限制,这也即意味着在未来私募发行市场中,发行人或者中介机构可以通过报纸、网络或电视等进行公开宣传,只要发行人能够证明购买者符合合格投资者认定标准即可,但是采用 Rule 506(b)[3]进行的融资行为仍将被认定为私募性质的非公开发行。Rule 506(c)的修改则提供了验证认证自然人是否符合标准的方法,同时其

〔1〕 Bradford, C. Steven, "Crowdfunding and The Federal Securities Laws", 1 *Columbia Business Law Review*(2012), pp. 117 – 148.

〔2〕 Hazen, Thomas Lee, "Crowdfunding or Fraudfunding-Social Networks and the Securities Laws-Why the Specially Tailored Exemption Must Be Conditioned on Meaningful Disclosure", 1735 *North Carolina Law Review*(2012), pp. 1757 – 1768.

〔3〕 Rule 506 原本特指私募发行豁免安全港制度,但《JOBS 法案》增加了 Rule 506 部分内容,使该规则分成两个主要部分,即 Rule 506(b)和 Rule 506(c)。其中,前者为传统私募发行豁免,而后者则特别指私募股权众筹发行豁免。后文表述中 Rule 506 泛指 Rule 506(b)和 Rule 506(c)。该规则的详细介绍参见本书第四章。

也修改了Form D[1],来要求发行人说明他们是否是符合 Rule 506(c)的要求。由于取消了公开宣传禁令,发行人可以通过已有的各类社交网站(如微博等)进行宣传,这使其能够更加容易地接触到更多投资者。

总体而言,《JOBS 法案》传达了政府重启美国资本市场的信心和信号,通过适当放松监管标准,创设符合市场需求的新型融资渠道,以实现资金需求与供给之间的有效对接。

二、我国股权众筹二分法模式的立法态度

(一)官方态度变化

在国内股权众筹市场"野蛮成长"的态势下,证券业协会于 2014 年 12 月 18 日,在网站上公布了《私募股权众筹融资管理办法》,此文件出台也被认为是官方对于游走在"非法集资"边缘股权众筹的一次"正名"。[2] 截至 2015 年 7 月底,国内共有 113 家股权众筹平台开展业务,但证监会在 2015 年 8 月 7 日发布的《中国证监会致函各地方政府规范通过互联网开展股权融资活动》中进步一强调了股权众筹的定义,并且明确态度对不符合文件定义的平台进行清理。目前除已经取得公募股权众筹平台试点资格的平安、阿里、京东之外,市面上打着股权众筹旗号的融资平台将必须按照《私募投资基金监督暂行管理办法》的要求接受监管。2015 年 8 月 10 日,中国证券业协会发布《关于调整〈场外证券业务备案管理办法〉个别条款的通知》,将《场外证券业务备案管理办法》第 2 条第 10 项"私募股权众筹"修改为"互联网非公开股权融资",前述两项规则确立了私募股权众筹在我国的合法地

---

[1] 美国的公司可以依据 RegulationD 的豁免来发行和销售证券,而无须向 SEC 登记。当使用这种豁免时,公司必须在首次销售证券后提交"FormD"。FormD 是一份简短的说明,包括有关公司及证券发行的基本信息,如公司行政人员的姓名及地址、发行规模及首次发售日期,网址:https://www. sec. gov/fast - answers/answersformdhtm. html,最后访问日期:2019 年 8 月 6 日。

[2] 田新元:《股权众筹新规重塑行业发展》,载《中国改革报》2015 年 1 月 9 日,第 5 版。

位。而2015年3月《证券法》修订草案增加公募股权众筹豁免条款，以及2015年7月18日中国人民银行等十部委发布《关于促进互联网金融健康发展的指导意见》和随后24日证监会表态认定股权众筹应具有“公开、小额、大众”的特征，则是对公募股权众筹的立法探索。2016年1月，在证监会召开的新闻发布会上，对于“股权众筹的监管细则进展情况如何？预计何时正式发布？股权众筹试点工作有无相关安排？”提问回应仍是：“中国人民银行等十部委联合制定的《关于促进互联网金融健康发展的指导意见》发布后，证监会正在稳步推进股权众筹融资试点各项准备工作。股权众筹融资试点监管规则正在研究制定中。”2016年4月，国内已取得公募股权众筹试点资格的平台有京东东家（2015年3月31日）、深圳前海普惠众筹交易股份有限公司（2015年3月31日）与蚂蚁达客（2015年6月12日）。这三家股权众筹平台中蚂蚁达客还未正式上线，京东东家已经上线，但只提供私募股权融资服务，深圳前海普惠众筹交易股份有限公司未正式运营，现有平台为“平安众+”，目前提供服务为公益众筹服务与非公开股权融资服务。综上所述，监管规则和监管态度均逐步明晰公募股权众筹与私募股权众筹二分法的发展路径（见表2）。

表2　二分法发展路径形成过程与重要节点文件

时间	政府态度
2014年12月28日	中国证券业协会发布《私募股权众筹融资管理办法》，间接承认私募股权众筹地位
2015年4月	《证券法》修订草案增加了公募股权众筹的豁免条款，但是因随后股灾而搁置
2015年7月18日	中国人民银行等十部委发布《关于促进互联网金融健康发展的指导意见》影响证监会态度
2015年7月24日	中国证监会召开新闻发布会称，股权众筹具有“公开、小额、大众”的特征，目前一些市场机构开展的冠以“股权众筹”名义的活动，是通过互联网形式进行的非公开股权融资或私募股权投资基金募集行为，不属于《关于促进互联网金融健康发展的指导意见》规定的股权众筹融资范围

续表

时间	政府态度
2015 年 7 月 29 日	中国证券业协会发布《场外证券业务备案管理办法》,将"私募股权众筹"纳入场外证券业务范围,并且应按照规定向证券业协会履行备案手续
2015 年 8 月 10 日	中国证券业协会发布《关于调整〈场外证券业务备案管理办法〉个别条款的通知》,宣布将《场外证券业务备案管理办法》第 2 条第 10 项"私募股权众筹"修改为"互联网非公开股权融资"

资料来源:笔者整理。

根据中国人民银行金融研究所发布的《股权众筹调研报告》[1]内容看,我国未来将根据投资者的投资能力,将投资者群体划分为私募、大私募、小公募、公募四个层次。"公募"与"私募"之间的区别主要在于投资者的资金实力与投资者的成熟度上,"大私募"即面对适当降低标准合格投资者的"私募股权众筹"市场,而"小公募"则是未来即将构建的"公募股权众筹"市场,逐步形成"五四三二一"的股权众筹发展框架(见表 3)。

表 3　资本市场划分与相关法律法规

市场分级	监管机构	法律法规(除《公司法》《证券法》)
主板/中小板	证监会	《上市公司证券发行管理办法》 《上市公司信息披露管理办法》 《上市公司收购管理办法》 《上市公司重大资产重组管理办法》 《上市公司股权激励管理办法》 《首次公开发行股票并上市管理办法》 ……
创业板	证监会	《首次公开发行股票并在创业板上市管理暂行办法》 《创业板上市公司证券发行管理暂行办法》 ……

〔1〕《中国人民银行金融研究所股权众筹调研报告》,载希财网:http://www.csai.cn/zhongchouzixun/773847.html,最后访问日期:2016 年 9 月 16 日。

续表

市场分级	监管机构	法律法规(除《公司法》《证券法》)
新三板	证监会	《全国中小企业股份转让系统业务规则(试行)》 《非上市公众公司监督管理办法》 ……
区域股权市场	地方人民政府	《区域性股权市场监督管理试行办法(征求意见稿)》 ……
股权众筹	证监会/证券业协会	《私募股权众筹融资管理办法》 《私募投资基金监督管理暂行办法》 ……

资料来源:笔者整理。

(二)学界讨论变化

国内学界最初探讨股权众筹问题时,并没有对公募股权众筹与私募股权众筹进行区别,导致部分文献的论证过程及结论建议方面出现逻辑混乱,错将公募与私募股权众筹原理及制度交叉使用。

彭冰教授在《"诺米多"诉飞度"人人投"股权众筹合同纠纷案评析》[1]一文中阐释了公募股权众筹与私募股权众筹之间的关系,并且认为私募股权众筹更加适合中国国情。证监会将公募股权众筹作为股权众筹的唯一定位是十分有道理的,因为股权众筹的含义就是利用互联网向公众进行小额集资的行为。但是在"互联网+"的背景下,公募股权众筹并未能形成及时的法律豁免制度。同时,彭冰教授认为通过互联网向公众募集小额资金创新的核心在于互联网之应用,在互联网公募股权众筹尚未能得到发展之际,私募股权众筹似乎更加具有生命力。

刘明研究员在《论私募股权众筹中公开宣传规则的调整路径——兼评〈私募股权众筹融资管理办法(试行)〉》[2]一文中认为,现行私募融资发行

---

〔1〕 彭冰:《"诺米多"诉飞度"人人投"股权众筹合同纠纷案评析》,载《中国法律评论》2016年第2期。

〔2〕 刘明:《论私募股权众筹中公开宣传规则的调整路径——兼评〈私募股权众筹融资管理办法(试行)〉》,载《法学家》2015年第5期。

规则中的公开宣传禁令，将可能成为制约私募股权众筹健康发展最主要的制度“瓶颈”。美国《JOBS 法案》解除了私募股权众筹中的公开宣传禁令，转而选择以投融资主体资格为中心进行风险监管。我国可借鉴此种监管思路，通过设置公开宣传行为的安全港规则，允许私募股权众筹融资者在履行合格投资者验证义务的前提下，以符合法律规定的形式和内容，向潜在投资者进行公开宣传。

彭冰及刘明两位老师是国内较早回应公募与私募股权众筹之分的学者，与学界之前大部分概而论之的观点有所区别。私募股权众筹基于私募发行的基本理论，通过创设安全港制度实现经由互联网进行私募融资，其作为股权众筹的一种形态，应单独构建区别于公募股权众筹的另一套制度体系。

第二节　两种模式的分野与立法逻辑比较

从全球范围观察，85% 的股权众筹平台设立在美国和欧洲，剩余的 15% 分布在巴西、加拿大和澳大利亚等国家和地区。[1] 该融资模式依靠网络和中介平台，将小型公司融资需求与个人手中少量富余资金进行有效对接，为初创企业提供了新型融资工具，而对投资者来说，其则丰富了金融市场的多样化参与方式。[2] 股权众筹已经成为全球化现象，且呈现国际化发展态势，英国股权众筹网站已经开始服务整个欧洲市场，加拿大股权众筹网站也已经开始提供跨国股权众筹服务。面对偏爱致力于推动初创企业融资流动性的观点，域外学者不禁纷纷表达出对股权众筹投资者权益保护的担心，正如

---

〔1〕 Javier Ramos, *Crowdfunding and the Role of Managers in Ensuring the Sustainability of Crowdfunding Platforms*, Jrc Scientific and Policy Reports (2014), http://ftp.jrc.es/EURdoc/JRC85752.pdf，最后访问日期：2016 年 9 月 15 日。

〔2〕 Bradford, C. Steven, “Crowdfunding and The Federal Securities Laws”, 1 *Columbia Business Law Review* (2012), pp. 10 – 14.

美国银行家报评论员 Kevin Wack 的洞察:"众筹能够使初创企业更加便利地获得互联网庞大的资金池,但其也为精心设计骗局的'艺术家'提供了新舞台。"[1]因此,在为真正的优质初创企业提供最大化融资便利之际,兼顾有效防范并减少融资过程中的欺诈,自然成为各国权衡和探索股权众筹制度设计的核心所在。然而,囿于各国既有法律体系的差异,股权众筹具体规则也不尽相同,但其具有内在逻辑上的一致性。

一、立法逻辑的共同点:解决信息不对称与代理成本困境

股权众筹与传统证券融资活动类似,需要解决如下两个问题:信息不对称和代理成本。

(一)信息不对称

信息不对称是指发行人所掌握的投资者不了解的信息,其导致的直接结果是逆向选择,并最终使股权众筹市场陷入失灵。由于潜在投资者意识到发行人往往掌握很多未公开的重要内容,很难以现有信息辨别发行人质量高低,因此投资者会进而降低对该市场中所有发行人的评价,优质发行人难以获利并最终被迫退出,而市场中仅留下劣质公司,即出现"柠檬问题"。这种现象在公募股权众筹市场中表现更为明显,[2]这也成为公募股权众筹发展的主要困境。有学者认为,优质投资者更加倾向于将资金投向更可靠的私募股权众筹市场,而被筛选后剩余的次优或者劣质项目才会进入公募股权众筹市场。[3] 因此,在未能有效解决信息不对称问题前,公募股权众筹市场发展前景十分堪忧。私募股权众筹市场

---

[1] Kevin Wack, *P-to-P Regulatory Risks Exposed in Crowdfunding-Fraud Case*, AM. BANKER, https://www.americanbanker.com/news/p-to-ps-regulatory-risks-exposed-in-crowdfunding-fraud-case, 最后访问日期:2016 年 9 月 15 日。

[2] Ibrahim, Darian M., "Equity Crowdfunding: A Market for Lemons", 561 *Minnesota Law Review* (2015), pp. 587 – 589.

[3] 彭冰:《"诺米多"诉飞度"人人投"股权众筹合同纠纷案评析》,载《中国法律评论》2016 年第 2 期。

也存在信息不对称问题,但作为资金提供方的投资者不仅具有更强的规则设定权,[1]可以要求发行人完善或进一步提供其认为能够影响投资决策的重要信息,而且投资者投资经验相对丰富,能够甄别信息真实与否。因此,尽管私募股权众筹中同样存在信息不对称问题,但能够通过多元化的措施加以应对。

无论是股权众筹抑或是沙哈尔教授所论及广泛社会生活的各个方面,[2]立法目的是要确保个体能够根据其所获得的信息进行有效决策,那么将这一目的转换到股权众筹中,则可以表述为——立法如何解决经验不足投资者的投资决策问题。对此,Ibrahim 教授与沙哈尔教授的观点似乎有些不谋而合。Ibrahim 教授认为股权众筹的核心困境在于信息不对称,并且其将信息不对称的解决方式总结为三类,即信息披露(disclosure)、群体智慧(the wisdom of the crowd)以及信用中介(reputational intermediaries)。[3] 其中,信息披露是最为传统的方式,也被沙哈尔教授认为在特定情况下是失败的;群体智慧则表现为信息整合者和精明的读者;而信用中介则属于沙哈尔教授所列举的顾问。[4] 上述理论反映到立法实践中,则表现为不同国家股权众筹立法的制度选择。目前最具有代表性的国家有美国、英国。这其中,美国公募股权众筹立法选择了以信息披露和群体智慧作为解决信息不对称的工具;而英国以及美国私募股权众筹则依赖于信用中介。

(二)代理成本

代理成本是制度经济学企业理论的重要组成部分,诚如 Jesen 和 Meckling 所言:"委托人希望不费分文就使代理人(受托人)按照自己的观点做出

---

[1] 杨东:《互联网金融的法律规制——基于信息工具的视角》,载《中国社会科学》2015 年第 4 期。

[2] [美]欧姆瑞·本·沙哈尔、卡尔·E. 施奈德:《过犹不及:强制披露的失败》,陈晓芳译,法律出版社 2015 年版。

[3] Ibrahim, Darian M., "Equity Crowdfunding: A Market for Lemons", 561 *Minnesota Law Review* (2015), pp. 593 – 603.

[4] 信息整合者、精明的读者以及顾问的详细分析,参见本书第三章第二节。

看来是最优的决策,这几乎难以实现。"[1]由于代理人往往试图最大化自身利益,这便导致委托人和代理人之间出现目的分歧,由此产生的损失即代理成本。将代理成本置于公司法语境中,则体现为 Berle 和 Means 在《现代公司与私有财产》一书中所描述的公司控制权与所有权分离后,股东只有在很少情况下才有权对董事会决议进行表决。这种分离同时也导致股东与管理层利益之间出现分歧,由于公司财产和盈利的剩余请求权是股东,而决定公司盈余如何分配的却是管理层,这便会导致管理层把公司盈利分配给有利于自己而非有利于公司股东的项目上。

如何解决代理成本是两类股权众筹所面临的共同问题。一方面,公募股权众筹表现出更为明显的控制权与所有权分离,发行人可能利用经营管理特权侵占投资者利益,这实际上也是发行人和投资者之间的博弈过程,投资者希望发行人能够尽职尽责管理公司,而发行人也意识到,投资者在不能确保有效控制代理成本的情况下亦不会轻易做出投资决策。另一方面,传统风险/天使投资已经基本形成了解决代理成本的一整套措施,而将传统风险/天使投资转化到互联网环境下的私募股权众筹后,则相关措施还需稍做调整。

二、公募股权众筹的核心困境与立法逻辑

公募股权众筹在理论上带来的另外一个问题便是,小的是否比大的好?目前来看,似乎持肯定观点者居多。许多美国学者将 2008 年金融危机归咎于对大型银行的管控失灵,并且之后经济复苏也是因为小企业创造了更多劳动岗位的功劳。《JOBS 法案》的公布试图给大公司施压,来结束"太大而不能倒"的困境。但立法者似乎忽略了一个事实,大型公司首选上市融资是因为上市带来的收益超过了监管成本,而公募股权众筹规则的设计在于强

[1] Jensen M. C. ,Meckling W. H. ,"Theory of the firm:Managerial Behavior,Agency Costs and Ownership Structure",305 *Journal of Financial Economics*(1976),pp. 312 – 320.

制初创企业保持适度规模,来避免适用复杂的上市公司规则,这在实质上也限制了法律对投资者的保护能力。同时,公募股权众筹可能陷入另一个困局,即"太小而难以成功"。[1]

（一）核心困境:投资者的非理性决策行为

公募股权众筹依赖于一项稍有争议的理论和一项重要的制度创新——群体智慧理论和投资额度上限制度——来解决投资者的非理性决策行为,并且将投资者因非理性决策行为而造成的损失控制在一定范围之内。不可否认,"设置投资额上限是股权众筹为证券法理论带来的最大创新"。[2] 由法律强制设置统一标准,参考个人收入水平和净资产数额,将投资者的投资额度限制在一定范围内,这样能够保证在出现投资失败时,投资者不至于损失全部个人财产,以此实现大众、小额的目的。但同时,另一个不可回避的问题便是 Thomas Lee Hazen 教授提出的指责和质问。[3] 因此,《JOBS 法案》在 Bradford 教授的理论基础上,仍然加入了传统信息披露与反欺诈制度的投资者保护逻辑,但其造成的负面影响却遭到众多学者的批评。囿于上述困境,美国学者对于公募股权众筹发展前景分成两派观点,反对者认为公募股权众筹制度正在接受死魂曲的召唤(siren call),[4] 而支持者则将希望寄托于稍有争议的群体智慧理论上。

法律限制发行人向公众投资者募集资金的主要理由是公开市场上投资

---

〔1〕 Thompson, Robert B.,"Langevoort, Donald C., Redrawing the Public-Private Boundaries in Entrepreneurial Capital Raising", 1573 *Cornell Law Review*(2013).

〔2〕 彭冰:《公募众筹的理论基础》,载郭峰主编:《证券法律评论》(2016 年卷),中国法制出版社 2016 年版,第 54 页。

〔3〕 Thomas Lee Hazen 教授认为《JOBS 法案》中对于投资者保护的设计实际上是很幼稚的,并对放松监管的观点提出严重质疑——"对几百美元的小额投资的保护价值难道低于大额投资?小额投资者利益难道不值得进行保护吗?" See Hazen, Thomas Lee, "Crowdfunding or Fraudfunding-Social Networks and the Securities Laws-Why the Specially Tailored Exemption Must Be Conditioned on Meaningful Disclosure", 1735 *North Carolina Law Review* (2012), pp. 1757 – 1760.

〔4〕 Dorff, Michael B., "The Siren Call of Equity Crowdfunding", 493 *Journal of Corporation Law*, 2014.

者成熟度较低，难以辨识披露信息的真实性并做出有效的投资判断。因此，立法要求公开发行的证券必须要遵守严格的法定程序，即信息披露，同时以法律强制性监管规范来保证信息披露的真实性，但这同时也增加了企业融资成本。因此，美国1933年《证券法》为缓解该矛盾，另设立了一些豁免规则，其中包括私募发行豁免和小额发行豁免。公募股权众筹的本质与美国1933年《证券法》上小额发行豁免类似。《JOBS法案》中公募股权众筹豁免监管要求主要体现在三个方面：(1)发行人每年发行额度不超过100万美元，投资者投资额度的上限也有所限制；(2)根据发行额度不同，有不同等级的信息披露要求；(3)股权众筹平台承担多项监管责任。

《众筹条例》基本沿用了美国1933年《证券法》的思路，即(1)强制信息披露制度，要求证券发行人必须向投资者披露所有相关信息；(2)规定了一套注册程序，其核心是统一信息披露的格式、内容和公开方式，并由监管者对信息披露内容进行审查；(3)对证券中介机构许可并进行监管；(4)反欺诈制度。但学者已经意识到这种逻辑在公募股权众筹市场无法有效运行，因此在原有逻辑之上增加了"交流渠道"，来实现群体智慧的价值功能。这种规制逻辑的问题在于两方面：其一，信息披露并不能有效解决股权众筹信息不对称困境。一方面，由于披露内容的专业性十分之高，普通投资者根本无法理解披露信息内容；另一方面，股权众筹市场并不符合有效市场假说(Efficient Capital Markets Hypothesis，ECMH)，该市场中的投资者并不能根据信息披露内容做出理性决策。[1] 其二，群体智慧的不确定性。群体智慧和社交媒体是解决信息不对称的备选方案，但效果如何还不甚明晰。正如Heminway教授所言，群体智慧在公募股权众筹中的发挥并不稳定，其可能成为"疯狂"与"理智"的集合体。在一批具有专业知识的理性群体带领下，必然能够使更多投资者获益。然而实践中，项目后期投资者很容易受到早期投

---

〔1〕 傅穹、杨硕：《股权众筹信息披露制度悖论下的投资者保护路径构建》，载《社会科学研究》2016年第2期。

资者影响,无论早期投资者是不是那些具有专业知识并且能够真正识别优质项目“理智”群体。[1]

(二)公募股权众筹立法逻辑的争论

1. 公募股权众筹的支持派观点

公募股权众筹支持派的观点也是推动公募股权众筹立法的主要力量,其中最为重要的观点是公募股权众筹鼻祖 Steven Bradford 教授提出的五项原则。[2] 与 Bradford 教授同样支持公募股权众筹的还有 Stuart R. Cohn、[3] Heminway[4] 以及 Andrew A. Schwartz[5] 等。上述学者分别从公募股权众筹的制度假设、制度修改以及包容性特征方面展开论述。然而支持派观点多是基于学理的讨论,由于 2015 年 10 月 SEC 才正式通过《众筹条例》,因此没有太多实践信息回馈。美国目前各州的股权众筹立法主要表现为对《JOBS 法案》第三章的模仿,由于 SEC 在立法进程上的耽搁,导致科罗拉多州、马萨诸塞州、密歇根州、田纳西州和得克萨斯州等地均提前制定了自己州内的公募股权众筹规则。尽管各地政府进行了积极的立法推进,但是当地发行人的热情似乎并不是十分高涨。[6] 对此学者认为,将公募股权众筹仅仅限于州内并不能达到预期效果,而当其在联邦层面开展时,则会有所不同。[7]

---

[1] 本书第三章第三节对此进行了详细论述。

[2] Bradford, C. Steven, “Crowdfunding and The Federal Securities Laws”, 1 *Columbia Business Law Review*, 2012.

[3] Cohn, Stuart R., “The New Crowdfunding Registration Exemption: Good Idea, Bad Execution”, 1433 *Florida Law Review*, 2012.

[4] Heminway, Joan MacLeod, “How Congress Killed Investment Crowdfunding: A Tale of Political Pressure, Hasty Decisions, and Inexpert Judgments That Begs for a Happy Ending”, 865 *Kentucky Law Journal*, 2014.

[5] Schwartz, Andrew A., “Crowdfunding Securities”, 1457 *Notre Dame Law Review*, 2013.

[6] Weitz, Theodore, Halket, Thomas D., “State Crowdfunding and the Intrastate Exemption under Federal Securities Laws-Less than Meets the Eye”, 521 *Review of Banking and Financial Law* (2015), pp. 554 – 556.

[7] Parsont, Jason W., “Crowdfunding: The Real and The Illusory Exemption”, 281 *Harvard Business Law Review* (2014), pp. 292 – 293.

2. 公募股权众筹反对派观点

反对派学者则多认为,私募股权众筹在未来能够成为市场的主导,并批判公募股权众筹是“花架子”甚至是“不可行的”。在反对公募股权众筹的同时,该方学者也更加支持私募股权众筹的规制逻辑。由于私募股权众筹没有个人投资额度限制,并且也不存在强制信息披露要求,这种低成本的监管负担使私募股权众筹更加诱人。〔1〕同时,我国学者也认为,私募股权众筹更具有商业优势。〔2〕可见公募股权众筹似乎面临十分严峻的发展困境:一方面,较为有前景的优质项目都已经被私募投资者优先选出;另一方面,从投资者角度看,公募股权众筹能够获得丰厚汇报的概率并不大。即便是在美国,私募股权众筹的发展也强于公募股权众筹。既然私募股权众筹具有如此之多的优点,以至于有学者认为公募股权众筹是略显多余的,〔3〕那么我们是否还需要公募股权众筹呢?对此,Andrew A. Schwartz 教授给出肯定的回答,并且详细阐述了公募股权众筹的独有价值,即包容性。

3. 公募股权众筹的独有价值

Andrew A. Schwartz 教授在其发表的一系列文章中认为,公募股权众筹

〔1〕 Dorff, Michael B., "The Siren Call of Equity Crowdfunding", 493 *Journal of Corporation Law* (2014), pp. 500 – 505.

〔2〕 彭冰教授认为私募股权众筹的优势主要体现在如下几个方面:第一,公募型股权众筹主要招揽的是公众投资者,每个人投资额度有限,并且可能面临募集失败风险。因此,发行人可能更加倾向于私募股权众筹,其人数有限,并且能够为发行人提供经验指导。实践中,较为有前景的优质项目都已经被私募投资者挑选,而剩余项目才会选择公募众筹。第二,从投资者角度看,能够获得丰厚回报的概率并不大。其中可以进行两种解释:一是没有好项目;二是即使是投资了优质项目,但结果上看,能够获取暴利的可能性也不大。其原因在于:(1)投资者投资额度有限;(2)在经过股权众筹创业企业初轮融资后,优质的项目在之后必然会走上私募的多轮融资。而在其后的多轮融资中,最初公众投资者的股权将会被进一步稀释。因此,对于更容易吸引天使投资和风险投资的高科技企业而言,并不适合公募型股权众筹;而对于消费类和服务类的企业来说,可以通过公募型股权众筹来锁定消费者,使消费者成为股东,并以此来预测消费市场,并同时解决资金问题。参见彭冰:《“诺米多”诉飞度“人人投”股权众筹合同纠纷案评析》,载《中国法律评论》2016 年第 2 期。

〔3〕 Parsont, Jason W., "Crowdfunding: The Real and The Illusory Exemption", 281 *Harvard Business Law Review* (2014), pp. 292 – 293.

是最有前途的。[1] 其论述中强调,公募股权众筹的核心本质在于包容性(inclusivity),这也是与其他类型股权众筹最为本质的区别,其在一定程度上被法律赋予了促进经济发展的特殊价值。而私募股权众筹将投资者限制在合格投资者范围内,已经排除了中产阶级和资金不足的小额投资者,这种包容性的优势,是私募股权众筹(以及美国各州股权众筹)所必然缺乏的。

Schwartz 教授认为,一个包容性的环境能够使在其中的所有人"感到有价值,受到尊敬,并且享有平等的机会",并且这种平等已经被经济学家证明是实现社会经济繁荣的必要因素。[2] 诚如吴敬琏教授所言:"包容性制度体系下,可以促进创新,投资及社会进取心。整体社会效率高,于是走向容易正向循环;而汲取性制度则因为精英层不肯放弃权利,任意剥夺普通大众的产权,阻碍创新而造成贫穷,更重要的是汲取性制度形成了贫富分化的社会结构使社会陷入专制泥沼而无法自拔。"[3]这种包容性在公募股权众筹中,则体现为允许所有人来投资自己感兴趣的初创企业,打破合格投资者与非合格投资者之间的界限,这也符合公募股权众筹的立法初衷。

三、私募股权众筹的核心困境与立法逻辑

(一)核心困境:传统私募发行的线上运营

1. 允许公开宣传是实现私募融资线上运营的基础

《JOBS 法案》第二章中增设 Rule 506(c)条款,解除私募发行公开宣

---

〔1〕 Andrew A. Schwartz 教授通过下列文章,展开了一系列相关论述:(1)Schwartz, Andrew A, "Nonfinancial Returns of Crowdfunding", 565 *Review of Banking and Financial Law*, 2015;(2)Schwartz, Andrew A, "Teenage Crowdfunding", 515 *University of Cincinnati Law Review*, 2015;(3)Schwartz, Andrew A, "Crowdfunding Securities", 1457 *Notre Dame Law Review*, 2013;(4)Schwartz, Andrew A, "Rural Crowdfunding", 283 *UC Davis Business Law Journal*, 2013。

〔2〕 [美]德隆·阿西莫格鲁、[美]詹姆斯·A. 罗宾逊、[美]阿西莫格鲁:《国家为什么会失败》,李增刚译,湖南科学技术出版社 2015 年版,第 203~224 页。

〔3〕 《湖南出版〈国家为什么会失败〉　吴敬琏:启示中国现状》,载网易新闻:http://news.163.com/15/0529/12/AQPJ8U5400014AEE.html,最后访问日期:2016 年 11 月 12 日。

传的限制，这也是实现传统私募融资线上运营的基础。实际上，美国学者最初并不看好这种将传统风险投资由线下转换到线上的做法，因为传统天使/风险投资具有极强的地理限制因素，若投融资双方之间相距过远，则投资者无法对企业进行管理和风险控制。然而实践中，一方面由于电子技术发展使初创企业所需融资数量降低（例如，云计算[1]技术发展后，初创企业不再需要购置大量计算机设备），在一定程度上避免了复杂风险投资协议安排；另一方面由于网络技术的进步，使投资者对发行人进行远距离监管成为可能。因此，互联网技术的进步解决了部分传统天使/风险投资难以逾越的鸿沟，为私募股权众筹提供了技术基础。综上所述，私募股权众筹能够成功的原因在于两方面：其一，网络技术极大地降低了传统天使/风险投资的运行成本。其二，同时可以通过网络以较低的成本吸引更多跟投人。

2. 如何确保传统私募融资功能实现

美国目前基于传统天使/风险投资模式运营的线上私募股权众筹平台表现更为优秀。不可否认，互联网技术使借由私募股权众筹进行融资的发行人能够接触到更加广泛的投资者群体，进一步减少对风险投资的资金依赖。目前来看，美国最为成功的私募股权众筹平台网站 AngelList，仅在 2013 年一年就为 500 家企业成功融资 1.25 亿美元。[2] 除互联网技术革新之外，私募股权众筹与传统天使/风险投资模式也更加相似。传统天使投资便是由经验丰富的领投天使（active angels）对项目进行详细尽职调查并决定是否

---

[1] 云计算（cloud computing）是基于互联网的相关服务的增加、使用和交付模式，通常涉及通过互联网来提供动态易扩展且经常是虚拟化的资源。参见百度百科“云计算”词条，百度百科：http://baike.baidu.com/link? url = UikMzExMiCUgGQjW9Szy0Hzj0PzjlqzK6T_dcY-i0QDRn2EyFT8JpMdHJDDYqAmpX8QfM6czHUtX_hADmSGLGDSnnKKnSxEuWsQM43Fw_ni6 Qj-FYSMzOJ79fVlJa5mJJ，最后访问日期：2016 年 11 月 12 日。

[2] Brad Stone, *AngelList, the Social Network for Startups*, BLOOMBERG BUS, http://www.bloomberg.com/bw/articles/2014-01-16/angellist-the-social-network-for-startups，最后访问日期：2016 年 10 月 11 日。

投资,其他投资者(passive angels)相信领投天使的经验和信誉并"搭乘"领投天使的"便车"。这种传统天使投资模式在私募股权众筹的语境下转换为 AngelList 和 FundersClub 两种模式。

信用中介是解决信息不对称的重要工具。在证券市场中,会计事务所和投资银行为公司提供信用担保,以此来减少投融资主体之间的信息不对称。诚如 Bernard Black 教授指出的:"信用中介的主要角色便是保证信息披露的质量,从而减少证券市场中的信息不对称。"[1]这种信用中介对于经验丰富的合格投资者来说可能并不是十分重要,但是对于部分投资经验不足的私募股权众筹投资者而言则另当别论。AngelList 和 FundersClub 两种平台模式便是作为信用中介,解决私募融资线上运营后的信息不对称问题。

(二)私募股权众筹立法逻辑的经验

1. 美国私募股权众筹的经验

在《JOBS 法案》第二章框架下,美国目前最为成功的私募股权众筹平台分别是 AngelList 和 FundersClub,两者都源自传统天使投资,但却在实践中衍生出两种完全不同的运营模式。

(1)FundersClub 平台。在 FundersClub 模式中,领投天使表现为投资委员会(investment committee),投资委员会由平台自身设立并对发行人项目进行详细尽职调查。实际上,能够通过投资委员会审核的发行人不足申请总数的2%,[2]FundersClub 以平台自身的信誉和业务能力,来确保只有高成长企业才能进入平台。因此,所有的来到 FundersClub 的跟投人只需要提供资金,选择平台上提供的投资项目投资即可。

---

〔1〕 Black, Bernard S., "The Legal and Institutional Preconditions for Strong Securities Markets", 781 *UCLA Law Review*(2001), pp. 786 - 788.

〔2〕 Laura Baverman, *FundersClub Fills Void for Start-Up Investors*, USA TODAY, http://www.usatoday.com/story/money/business/2014/03/17/baverman-funders-club-online-venture-fund/6291007,最后访问日期:2016 年 10 月 13 日。

(2)AngelList 平台。相比于 FundersClub 平台运营模式,AngelList 平台则提供了更为开放的项目筛选方式。AngelList 设立一种名为“Social Proof”的制度,将投资业绩突出的领投人信息发送给新注册的投资者,作为其投资选择的参考。

AngelList 和 FundersClub 平台的成功证明了传统投资模式能够与互联网技术实现有效对接。一方面,利用领投天使的专业知识来保证项目质量,另一方面,互联网技术的发展也极大降低了传统天使投资模式的代理成本和交易成本。两者相较而言,为何 AngelList 更为成功呢?这可能是因为 AngelList 不仅致力于寻找优秀的初创企业,同时还寻找优秀的投资者。通过吸引优秀投资者,即领投人,来为项目提供更多附加值服务。正如 Funders Club 创始人之一 Laura Baverman 所言:“我们并不是致力于金融民主化创业投资,而是试图将金融民主化引入可以承诺高回报的初创企业。”[1] 而 AngelList 则强调:“我们允许有丰富经验的合格投资者能够实实在在地帮助初创企业,而不是仅仅提供资本支持。”[2]

2. 英国高增长市场的经验

(1)英国高增长市场的制度基础

英国股权众筹在制度设计上并没有严格区分公募和私募股权众筹,这与英国既有金融体系密不可分。另类投资市场(Alternative Investment Market,AIM)是伦敦证券交易所于 1995 年 6 月 19 日建立的专门为小规模、新成立和成长型公司提供融资服务的市场,是美国纳斯达克之后欧洲设立的第一个“二板”性质的股票市场,由伦敦证券交易所(London Stock Ex-

---

〔1〕 Laura Baverman, *FundersClub Fills Void for Start-Up Investors*, USA TODAY, http://www.usatoday.com/story/money/business/2014/03/17/baverman-funders-club-online-venture-fund/6291007, 最后访问日期:2016 年 10 月 13 日。

〔2〕 Tomio Geron, *The Most Influential Angel Investors on AngelList*, FORBES, http://www.forbes.com/sites/tomiogeron/2012/05/01/the-most-influential-angel-investors-on-angellist, 最后访问日期:2016 年 10 月 13 日。

change,LES)负责监管和运营,但又具有相对独立性。该市场最为突出的监管特点表现为终身保荐人制度(nomads),[1]所有在AIM上市的公司必须获得终身保荐人的担保,保荐人参与并帮助公司运营和管理。Ibrahim教授认为在初创企业面临的欺诈、企业质量以及其商业计划可行性三个方面问题中,保荐人只能够解决前两个。由于没有专业风险投资的经验,故保荐人也难以承担对初创企业商业计划以及未来发展的预测,只能实现传统信用中介之功能。[2] 这与美国私募股权平台AngelList以及FundersClub的运营模式十分相似。

(2)英国股权众筹的监管逻辑

与美国相比,英国股权众筹的制度设计更像是一个允许非合格投资者[3]参与的私募股权众筹。英国FCA为保护消费者、增加市场信用度以及促进金融市场公平竞争,在2014年3月公布了股权众筹新规则PS14/4(以下简称英国股权众筹规则)。

第一,投资者方面的要求。英国股权众筹规则"旨在建立一个投资更为基础的能够被更多人接受的众筹,但需要对投资者进行必要限制",FCA担心将非合格投资者暴露在投资市场中,故要求中介机构确定潜在投资者是否为"高净值""成熟投资者"(sophisticated investor),并且必须符合FCA关于投资者适当性测试要求,[4]满足投资者分类认定的标准。FCA对"高净资产"投资者以及成熟投资者进行了定义。首先,"高净资产"投资者实际年

---

[1] 周文英:《英国AIM终身保荐人制度对我国保荐人监管的启示》,载《暨南学报》(哲学社会科学版)2013年第4期。

[2] Ibrahim, Darian M., "Equity Crowdfunding: A Market for Lemons", 561 *Minnesota Law Review* (2015), pp. 598-603.

[3] 合格投资者制度参见本书第四章第二节。

[4] PS14/4对投资者做出如下规定:(1)专业投资者;(2)有经授权的机构提供投资咨询服务的一般投资者;(3)风险投资联络人或公司有融资关联的一般投资者;(4)被认证的成熟投资者;(5)被认证的高净值一般投资者;(6)承诺投资额不超过资产净值10%的一般投资者。参见*PS14/4*, FCA, https://www.fca.org.uk/publications/policy-statements/ps14-4-fca's-regulatory-approach-crowdfunding-over-internet-and,最后访问日期:2016年3月6日。

收入至少为100,000英镑(约168,000美元)或者净资产至少为250,000英镑(约419,000美元)。其次,对于"成熟投资者"的定义采用两个标准:其一,具有合格机构颁发的认证,能够证明投资者具有足够知识水平来理解投资活动的风险;其二,投资者通过提供证明,来进行自我认证。其中,投资者自我认证的证明应包括其作为天使投资成员(business angel network),在之前的两年内有投资经验并且在金融相关部门工作;或者作为公司董事且年收入在100万英镑以上。[1] 尽管FCA限制了投资者类型,但是其并没有对"高净值"和"成熟投资者"的投资限额进行限制。其中,不属于上述类型的一般投资者,在12个月内投资总额不得超过其可投净资产的10%,这点与美国公募股权众筹的要求相似。接纳该类受限合格投资者参与,则是英国股权众筹制度发展最为明显的变化。

第二,股权众筹平台的"看门人"角色。英国股权众筹平台在很大程度上扮演了"看门人"(gatekeeper)的角色。FCA之所以采取宽松监管政策,是考虑到市场发展的基础,即英国股权众筹行业内部已经主动形成详细的自律规范,主动寻求法律保护并维持品牌形象。在FCA出台相关规定之前,所有在英国注册的股权众筹平台都主动承担起"看门人"角色,审核并排除可能存在欺诈的项目,这或许是FCA没有专门制定平台尽职调查义务具体标准的原因。可见,英国股权众筹市场行业内部已经形成良好自律框架,主动履行尽职调查义务。

3. 英国股权众筹规则评述

FCA没有选择制定统一的尽职调查标准,而是赋权由股权众筹平台根据发行人提供的财务披露信息及市场可行性等内容选择优质发行人。英国各股权众筹平台致力于建立自己独有品牌形象,以求在吸引发行人和各类投资者的"战役"中取胜。在英国,作为信用中介的平台不仅有效解决了投

---

[1] See COBS § 4.12.6 – 4.12.8, *Conduct of Business Sourcebook*, FIN. Conduct Auth, http://media.fshandbook.info/content/FCA/COBS.pdf,最后访问日期:2016年6月2日。

资过程中的信息不对称,同时通过运营模式创新解决了投资之后的代理成本问题:

(1)定价困境突破。英国学者认为,股权众筹困境之一在于定价。由于缺少既有销售和利润记录,发行人可能只获得最低限度融资量,即便是经验丰富的投资者也很难对其价值进行评估。传统天使/风险投资中,投资者能够进入公司并且指导公司发展,股权众筹并不具备此种优势。支持股权众筹学者也并没有直接给出答案,或者模棱两可地回避了该问题。对此,英国股权众筹平台采取了较为灵活的方式,其允许已经成功达到融资目标的公司增加资金募集量,以弥补定价困境。[1]

(2)股东权利突破。英国股权众筹面临的另外一个挑战是赋予股东何种权利。发行人通常选择不赋予投资者表决权,这导致成熟投资者因无法参与公司管理而失去投资兴趣。同时,公司本身也面临股东人数过多的治理困境。在进退两难之际,Crowdcube 平台鼓励发行人设立拥有投票资格股东的门槛,达到标准的投资者享有表决权。[2] Startup-focused Seedrs 平台则采用了委任模式(nominee structure),由平台代替发行人和股东管理公司。[3] 股东则保留如表决权等特定权利,其内容会在投资协议中详细说明。

(3)其他问题。首先,一些平台鼓励发行人通过网络社交媒体(例如,Face Book)进行宣传,而这与 FCA 规则产生冲突(因为只有前述几类投资者能够符合投资条件,这可能导致范围以外的投资者获得信息)。其次,以平

---

[1] Collins, Liam, and Yannis Pierrakis. *The venture crowd: Crowdfunding equity investment into business*, Nesta, https://www.nesta.org.uk/sites/default/files/the_venture_crowd.pdf,最后访问日期:2016 年 6 月 2 日。

[2] 其警告公司采用双层股权结构,大多数投资者享有 B 类股票,并不享有投票权。See *How Does Investing Actually Work?*, CROWDCUBE, http://www.crowdcube.com/pg/crowdcube-faq-20?search_term=voting+rights,最后访问日期:2016 年 6 月 2 日。

[3] See *Contra Seedrs and Crowdfunding FAQs*, SEEDRS, http://www.seedrs.com/faq/items/83_what_am_i&uscore;buying_with_my_investment_am&uscore;i_buying_shares_in_the&uscore;startup_or_something_else,最后访问日期:2016 年 6 月 2 日。

台为核心的模式下,投资者与发行人之间互动非常少,发行人提供的信息可能会偏向于面向专业投资者。最后,由于缺少类似《JOBS法案》中关于分级投资限额和信息披露的详细规定,英国股权众筹规则也备受指责。而英国则通过扩展股权众筹平台商业模式、制定市场导向的支持政策来缓解缺少相应监管规则之困境。

第三章

公募股权众筹规则的分析与功能解释

对于捕捉群体的智慧而言，决策市场是一种精致和设计得很完善的手段。蜂群向不同的方向派出侦查蜂，相信其中至少有一支队伍会发现最好的花圃，返回时会通过曼妙的舞姿告诉蜂群，它知道哪有食物来源。你可以让成千上万朵花含苞怒放，然后从中挑选出最芬芳的一朵。由谁来挑选最芬芳的那朵花呢？理想的情形是，由群体进行筛选。

——詹姆斯·索罗维基《群体的智慧》

公募股权众筹在国内尚处于理论探讨阶段,目前无立法资料可供参考,故本章首先全面梳理了《JOBS 法案》第三章以及《众筹条例》的豁免规则、发行规则、中介规则、集资门户额外规则以及其他规定五个方面的内容,并阐释 SEC 对部分规则的调整理由。其次,进一步讨论学界目前争议较大的信息披露制度和群体智慧理论两个问题。在信息披露制度方面,囿于公募股权众筹市场的特殊性,导致信息披露制度陷入难以破解的逻辑悖论,这在徒增发行成本的同时也无法避免其变为柠檬市场,因此应合理控制信息披露成本,回归其反欺诈的价值功能,将群体智慧作为信息披露的配套制度,共同解决信息不对称问题。但群体智慧可能走向其反面,即羊群行为和信息瀑布,为确保群体智慧功能实现,立法增设交流渠道制度对交流信息进行统一监管,以控制发行过程中的恶意欺诈。

第一节 美国公募股权众筹的规则构成与分析

美国公募股权众筹规则由2012年4月出台的《JOBS法案》第三章及2015年10月出台的《众筹条例》[1](Regulation Crowdfunding)共同构成。期间,SEC曾于2013年10月就《众筹条例》发出征求意见稿(Proposed Regulation Crowdfunding),[2]公开征求修改意见。《众筹条例》基于《JOBS法案》第三章授权制定,并对既有规则进行细化,具体体现在豁免条件、发行人规制、中介机构规制等方面,是美国公募股权众筹立法的最终规则。《众筹条例》制定历程达三年之久,其中难点是如何在实现投资者有效保护和降低企业融资成本之间求取最佳平衡。

《众筹条例》亦是各方博弈之结果。SEC积极听取各方反馈意见,其中各股权众筹平台、创业企业等市场各方主体的提议,对部分规则调整和修正起到了重要影响。下文将详细分析《JOBS法案》第三章与《众筹条例》的规则构成,并将部分核心规则修改与争议点分条列明。

一、《JOBS法案》第三章与公募股权众筹

(一)Bradford教授与公募股权众筹

《JOBS法案》之所以创设全新豁免融资制度,其主要原因在于现有融资渠道(银行贷款、风险投资者、天使投资等)无法满足高成长型初创企业以及小型初创企业的需求,这被称为"初创企业融资缺口"。为解决上述问题,许多学者建议创设公募股权众筹制度,其中代表便是C. Steven Bradford教授

---

〔1〕 本章为说明需要,将《众筹条例》分别标注为《众筹条例(意见稿)》和《众筹条例(最终稿)》。而本书其他章节所提到的《众筹条例》如无特殊说明,均指《众筹条例(最终稿)》。

〔2〕 *Proposed Regulation Crowdfunding*, SEC, http://www.sec.gov/rules/proposed.shtml, 最后访问日期:2016年1月5日。

的议案,且对美国国会立法产生了十分重要的影响。Bradford 教授建议借鉴奖励型众筹(例如,Kickstarter)的成功经验,将这一模型移植到证券领域中,并且重新创设了一系列制度来实现投资者保护之目的。为兼顾融资成本与便利发行,Bradford 教授提出公募股权众筹五项原则,这也成为《JOBS 法案》第三章的基本逻辑结构〔1〕:(1)发行人和公募股权众筹网站能够承受的发行成本;(2)不设置任何投资者障碍(例如,公开宣传和投资者资格);(3)通过限制个人投资限额来防止全部资产损失,并且对潜在风险进行提示;(4)要求股权众筹网站充当投资者的"看门人",明确责任并限制利益冲突;(5)通过设立公开交流渠道,利用"群体智慧"来发现欺诈行为。

1. 最初议案框架

Bradford 教授提出的公募股权众筹豁免议案间接影响了 Patrick McHenry 议员,其根据 Bradford 教授的观点进行了一些变通,也被学者称为"零监管区域"。〔2〕 具体而言:(1)为控制发行成本,议案并没有要求强制信息披露,同时免除平台网站必须注册为经纪商的要求。议案同时免除当公司股东人数超过 500 人时,被认定为美国 1934 年《证券交易法》下的公开公司,从而避免公募股权众筹公司履行强制信息披露义务,以此解决投资者人数过多的问题。此外,议案允许发行人按照投资者自我提供的验证信息来确定其投资限额,这将减轻发行人验证投资者资格的负担。上述方案将有效控制公募股权众筹发行成本。(2)允许公开宣传。议案允许发行人进行公开宣传,任何投资者都可以参与,但发行人必须受到反欺诈规则的约束。(3)议案通过设置个人投资额度上限,来防止投资者受到毁灭性的财产损失。(4)议案要求平台网站履行"看门人"职责,来维护投资者利益。也就是说,

---

〔1〕 Bradford, C. Steven, "Crowdfunding and The Federal Securities Laws", 1 *Columbia Business Law Review*(2012), pp. 117 – 148.

〔2〕 Parsont, Jason W., "Crowdfunding: The Real and The Illusory Exemption", 281 *Harvard Business Law Review*(2014), pp. 294 – 296.

平台网站必须以投资者利益为主,杜绝欺诈行为,履行投资者利益保护职能。(5)议案提出利用“群体智慧”理论来保护投资者,通过开放投资者交流渠道,来监督发行人行为。

2. 议案的修正

在美国众议院通过上述议案之后,学界又陷入一场关于“监管责任过重以及发行成本过高”的争论之中。2011 年 12 月 1 日,参议院反馈的信息认为议案并没有为投资者提供足够的保护,首要问题便是缺少信息披露规则。在参众两院争执不下之际,参议院决定引入一项新的众筹法案来强化投资者保护力度。新议案中加入强制信息披露规则,并对公募股权众筹网站平台科以监管责任。上述规则经过调整后,公募股权众筹的发行成本已经被大大提高。因此,之后学者的建议则转为尽可能降低公募股权众筹发行成本。由于参众两院的严重分歧导致议案无法通过,故最终公布的《JOBS 法案》实质是双方妥协让步的结果。

(二)《JOBS 法案》第三章的规则构成

1. 发行限制方面

发行限制功能的实现依赖于两个机制:发行额度上限规则(offering cap)和累加规则(aggregation rules)。发行额度上限非常容易理解,即公司每年通过公募股权众筹融资总额不能超过 100 万美元。累加规则是对于发行上限的补充,即发行人通过类似融资渠道的融资总额需累计计算。“including any amount sold in reliance on the exemption...during the 12 - month period preceding the date of such transaction”对于累加计算的问题开始有些歧义,由于对“相关”一词所涉及范围不明,未能明确是否包含利用私募股权融资这一渠道筹集的资金。其后 SEC 在《众筹条例(意见稿)》中明确,100 万美元累计总额中不包括通过私募股权众筹融资的部分。[1]

---

[1] Parsont, Jason W., “Crowdfunding: The Real and The Illusory Exemption”, 281 *Harvard Business Law Review* (2014), pp. 301 - 302.

具体而言:(1)发行人每年可以获得最高不超过100万美元的豁免发行。该数额仅仅是指通过公募股权众筹豁免筹集的股权融资总额,不包括发行人通过其他途径获得的融资。(2)12个月内在该豁免项下出售给任何投资者的数额以10万美元为界限分为两个级别:如果投资者的年收入或者净资产少于10万美元,则不能超过2000美元或者家庭年收入或者净资产总额的5%;如果年收入或者净资产在10万美元以上,则不能超过年收入的或者净资产总额的10%,后者上限为每年10万美元。年收入和净资产可以使用投资者认可的计算方式来确定。这其中,投资者主要的住宅将被排除在计算范围之外,但投资者的年收入和净资产可以与配偶合并计算。(3)豁免发行的证券交易必须在网上通过经纪商(broker-dealer)或者集资门户(funding portal)进行。(4)提案规则还排除了特定发行人,包括没有具体商业计划书的发行人,已经注册的公众公司、外国发行人、投资公司和对冲基金。(5)公募股权众筹发行证券的购买者受到1年的转售限制。

2. 信息披露责任

信息披露费用构成了公募股权众筹发行的主要成本。首先,在美国证券市场公开发行语境下,高标准信息披露标准产生高额相关费用,而私募发行则仅仅需要遵守美国1933年《证券法》的反欺诈规则,这将大大降低发行人在发行时所支付的费用。公募股权众筹信息披露成本之所以较高,是因为其必须遵守类似公开发行的信息披露规则框架。其次,由于私募发行没有公开的发行文件,并且在发生欺诈时需要由原告来举证双方之间的关系,因此,私募发行中发行人承担相对较低的反欺诈风险。反观之公募股权众筹,《JOBS法案》规定发行人在诉讼中,若"不能举证证明该发行人确实不知晓,以及在尽到合理注意义务后仍然不知晓该不实陈述或遗漏的",[1]便需

[1] 15 U.S.C. § 77d-1(c)(2)(B)(2012). 原文为 that the defendants "did not know, and in the exercise of reasonable care could not have known, of such untruth or omission"。

要承担相应责任,同时责任人的范围也有所扩大。[1]

3. 强制信息披露规则

公募股权众筹信息披露的内容和范围包括金融和非金融信息两个部分。其中非金融部分的信息披露包括业务描述、收益使用、风险因素等。[2]金融方面的信息披露取决于发行额度大小。例如,发行人的发行额度在10万美元至50万美元的,需要提供经独立于发行人的公共会计师,按照SEC设定的专业标准和程序审核之后的财务报表;发行额度在50万美元至100万美元的,需要提供经审计的财务报表。[3]

4. 中介平台

发行人通过经纪商或者集资门户进行融资时需要支付相关费用,[4]二者提供服务和收费的内容有所不同。立法并没有限制经纪商的业务范围,而作为中介平台的集资门户则被禁止提供如下服务:"①提供投资意见或建议;②通过宣传性的购买、销售或发行方式,吸引投资者购买其网站或门户上发行或展示的证券;③因实施此类宣传行为或根据其网站或门户上所展示或宣传的证券销售,对相应员工、代理人及其他个人支付报酬;④持有、管理、拥有或以其他方式处理投资者资金或证券;⑤参与SEC按照规则确定的其他行为。"[5]

5. 投资者资格验证

投资者资格验证费用也是发行成本的组成部分。《JOBS法案》并没有对公募股权众筹投资者资格验证做出详细规定,而是委托SEC来制定详细规则。先前众议院的议案中,允许发行人根据投资者自己提供的信息进行

[1] 15 U.S.C. § 77d-1(c)(3)(2012). 原文为:"any person who offers or sells the security in such offering."

[2] 15 U.S.C. § 77d-1(b)(2012).

[3] 之后颁布的《众筹条例》对《JOBS法案》最初确定标准进行调整,降低了部分信息披露审计标准,下文将详细说明。

[4] 15 U.S.C. § 77d(a)(6)(C)(2012).

[5] 15 U.S.C. § 78c(a)(80)(2012).

资格验证,为确保投资者符合投资限额要求,中介平台就必须承担投资者资格验证工作,而这部分成本在很大程度上被平台转嫁给了发行人。因此,Bradford 教授一直主张投资者进行自我证明即可。综合可考虑各方意见后,SEC 在《众筹条例(意见稿)》中提出,允许发行人和中介机构基于投资者的自我证明来确定投资限额。

6. 流动性风险

流动性风险会增加发行人的融资成本,投资者可能会要求一定的折扣来弥补无法变现或者转售带来的损失。《JOBS 法案》对公募股权众筹证券的转售进行限制,[1]具体而言:第一,自购买之日起 1 年内,购买者不得转让证券,除非证券转让满足如下情况:(1)转让给该证券的发行人;(2)转让给合格投资者;(3)作为已在 SEC 注册上市发行的一部分;(4)转让给购买者的家庭成员及其他等同身份的人,或者与购买者死亡或离婚或由 SEC 自行确定的其他相似情况有关的人。第二,上述情况应遵从 SEC 按照规则确定的其他限制。

7. 公开宣传内容

允许进行公开宣传是此次《JOBS 法案》修改,并且促进私募股权众筹发展的重要变化之一。相应地,在公募股权众筹部分,公开宣传规则也有其特殊性,即"除指引投资者至集资门户和经纪商的告示外,不得对发行条件进行广告宣传"。[2] 根据《众筹条例(意见稿)》本条款仅适用于公募股权众筹,也意味着发行人只能进行简短概述,其中包括:发行数量、证券性质、价格、截止日期、简要介绍公司情况以及平台网站的连接。

8. 评述

自《JOBS 法案》进入国内学者研究视域以来,一直被认为是解决我国初创企业融资困境的"一剂良药"。实际上在美国,从《JOBS 法案》到 SEC《众

---

[1] 15 U. S. C. § 77d - 1(e)(2012).
[2] 15 U. S. C. § 77d - 1(b)(2)(2012).

筹条例(意见稿)》均受到域外学者的指责与批判。

从上述内容看,法案似乎对集资门户科以较重责任,但与公募股权众筹发行人的信息披露义务标准相比仍然相去甚远。有学者建议通过规范公募股权众筹信息披露制度实现投资者保护之目的,而反对方则强调集资门户应该承担这项责任,而美国国会最终同意了双方的观点。[1] 美国1933年《证券法》Section 4a(b)设定了详细的信息披露规则,这导致许多学者所倡导的公募股权众筹低成本、高效率豁免发行目标近乎破灭,统一标准的发行信息披露加之发行成功后的持续信息披露,已经使公募股权众筹无法实现其预设的理想状态,规则的实际效果似乎已经偏离了满足初创企业便捷融资需求的初衷,过分详细的财务信息披露标准可能使发行人望而却步。尽管上述标准相比于IPO简化许多,但复杂程度和成本已经超过了学者的预期。

2013年10月23日,SEC发布《众筹条例(意见稿)》以解释说明美国1933年《证券法》Sections 4(6)和Sections 4A的内容,由于《JOBS法案》对公募股权众筹框架已经进行了比较详细的规定,并没有给SEC预留足够的调整、补充的空间,因此,《众筹条例(意见稿)》没有对《JOBS法案》进行过多的修正,部分学者的修改意见亦未被充分采纳。尤其是财务信息披露方面,学者认为过分细致的信息披露将会有损公募股权众筹目标实现,并且这一观点已经成为美国学术界的共识。[2] 由此可见,《JOBS法案》并不是如此完美。但公募股权众筹发展并不能因噎废食,作为一种实验性的制度设计,只有经过市场实践检验才能得出最终评价。实际上,SEC先前制定的

---

〔1〕 Hazen, Thomas Lee, "Crowdfunding or Fraudfunding-Social Networks and the Securities Laws-Why the Specially Tailored Exemption Must Be Conditioned on Meaningful Disclosure", 1735 *North Carolina Law Review*, 2012.

〔2〕 *SEC's Crowdfunding Proposal: Will It Work for Small Businesses? Hearing Before the Subcomm. on Investigations, Oversight, and Regulations of the H. Comm. on Small Bus.*, House Hearing, 113 Congress, https://www.gpo.gov/fdsys/pkg/CHRG-113hhrg86267/html/CHRG-113hhrg86267.htm,最后访问日期:2016年10月2日。

小额发行豁免制度也有部分被证明是失败的。例如，原本可以通过 Rule 504 和 Rule 505 规则进行融资的发行人，多数选择了 Rule 506(b)规则。[1] 因此，公募股权众筹制度自产生之初，便与其他融资规则一样带有未来效果的不可预期性，只有通过立法评估和进一步修正调整，才能推动规则体系完善。

二、《众筹条例(最终稿)》的规则构成与分析

SEC 于 2015 年 10 月 30 日通过的《众筹条例(最终稿)》成为美国公募股权众筹立法的最终规则，其调整了《众筹条例(意见稿)》中的部分内容。《众筹条例(最终稿)》主要由公募股权众筹豁免、发行人规制、中介规制、集资门户的额外规制以及其他规定五个方面组成。下文将结合《众筹条例(最终稿)》内容，对美国最终确立的公募股权众筹制度进行评介。[2]

(一)关于豁免的规制

1. 发行额度上限

SEC 在《众筹条例(最终稿)》中仍然坚持了在 12 个月的期限内发行总额不超过 100 万美元的限额标准，即"发行人在依据美国 1933 年《证券法》Section 4(a)(6)向投资者出售证券前的 12 个月期间内，向投资者出售的包括在该次交易中发行的证券之总额不超过 100 万美元"。[3] 多数评论者认为可以提高意见稿设定的发行融资额度上限，但 SEC 坚持从保护投资者角度出发，强调这种低额度限制是十分必要的。此外，在累加计算的问题上，SEC 明确了发行人通过其他途径融资得的资金不应累加在 100 万美元的总额度中，但是发行人不能利用公募股权众筹豁免进行重复融资，这里的发行

---

[1] 中国人民银行金融研究所：《新金融时代》，中信出版社 2015 年版，第 262 页。

[2] *Final Rule: Crowdfunding*, SEC, http://www.sec.gov/rules/final/2015/33-9974.pdf，最后访问日期：2016 年 1 月 5 日。

[3] 17 C.F.R. § 227.100(a)(1).

人是指:“发行人应包括受发行人控制或与发行人处于同一控制下的所有实体以及发行人的任何前身。”〔1〕

2. 个人投资限额

在个人投资限额方面,《JOBS 法案》最初的语言表述稍有歧义:“发行人出售给任一投资者的总额,包括该交易发生前 12 个月内依照本豁免规定累计出售的所有金额,应不超过:①2000 美元,或该投资者年收入或资产净值的 5%,两项中的较大值,如果该投资者年收入或资产净值不超过 10 万美元;并且②该投资者年收入或资产净值的 10%,最多不超过 10 万美元,如果该投资者年收入或资产净值达到或超过 10 万美元。”这种表述歧义点在于,如果投资者的年收入低于 10 万美元,但净资产超过 10 万美元时,会同时符合上述两条标准,造成适用上的困境。因此,SEC 在《众筹条例(意见稿)》中将表述修改为:“发行人在向投资者出售证券前的 12 个月期间内,发行人向任一投资者出售的证券总额,包括在该次交易中向该等投资者出售的证券,应不超过:①当该等投资者的年收入或净资产均低于 10 万美元的,2000 美元或者该投资者年收入或净资产中较小者的 5%,取其中较大者;②当该等投资者的年收入或净资产任意一项大于或等于 10 万美元时,该等投资者年收入或净资产中较大者的 10%,且出售总额不得超过 10 万美元。”

有提议认为可以适当放宽投资限额,但相反 SEC 在《众筹条例(最终稿)》中的表述为:“发行人出售给任一投资者的总额,包括该交易发生前 12 个月内依照本豁免规定累计出售的所有金额,应不超过:①投资者的年收入或净资产中的任一项低于 10 万美元的,在 2000 美元或者该投资者年收入或净资产中较小者的 5% 中,取其中较大者;②投资者的年收入或净资产均大于或等于 10 万美元时,在该投资者的年收入或净资产中,取较小

〔1〕 17 C.F.R. § 227.100(c)认为“控制”一词是指拥有直接或间接指示实体的管理与政策或确定其方向的权力,不管是通过对有表决权的证券的所有权,还是通过合同或其他方式。

者的10%，且出售总额不得超过10万美元。”[1]对此结果，SEC解释为：“我们认识到这种修改将限制资本形成，但这种限制是实现投资者最小化风险的必要手段。”

此外，有提议认为可以适当提高合格投资者群体在公募股权众筹中的投资额度，但SEC亦没有采纳此项建议。其认为公募股权众筹的本质便是“小额”和“大众”，所有投资者必须被平等对待，无论合格投资者抑或是机构投资者都应遵守上述投资额度限制。

3. 交易中介

《JOBS法案》规定公募股权众筹业务必须通过经纪商或者集资门户开展，因此SEC在《众筹条例（意见稿）》中规定，发行人只能选择一个中介平台进行融资，并将中介平台定义为“注册的经纪商或者集资门户，使用互联网或者其他类似电子中介，开展1933年《证券法》Section 4(a)(6)项下的证券销售业务或提供其他相关服务”。

SEC在修改关于中介的规则时，采用了《众筹条例（意见稿）》Rule 100(a)(3)的规定，并且将其调整为Rule 300(c)。[2] SEC坚持要求发行人只能通过唯一中介开展公募股权众筹融资活动，此项要求有助于保障发行人和投资者之间的交流，确保信息传递的透明性及有效性，避免“群体”被稀释分散。此外，如果允许发行人通过多平台融资，也难以实现对发行人融资额度上限的监管要求。

4. 排除特定发行人资格

《JOBS法案》排除了四类群体的发行资格：(1)非按照美国州、领土或哥伦比亚特区法律组建的证券发行人；(2)按照美国1934年《证券交易法》应当提交报告的发行人；(3)美国1940年《投资公司法》规定的投资公司，或者该法Section 3(b)或3(c)所排除的投资公司；或(4)由SEC另行制定规则或

[1] 17 C.F.R. § 227.100(a)(2).
[2] 17 C.F.R. § 227.300(c).

条例确定。

《众筹条例(最终稿)》在《JOBS 法案》基础之上,增加了几种被排除资格的发行人,并最终确定为:(1)非按照美国州、领土或哥伦比亚特区法律组建的证券发行人;(2)按照美国 1934 年《证券交易法》应当提交报告的发行人;(3)1940 年《投资公司法》规定的投资公司,或者该法 Section 3(b)或 3(c)所排除的投资公司;(4)因《众筹条例(最终稿)》Rule 227.503(a)被取消美国 1933 年《证券法》Section 4(a)(6)发行或出售证券资格的;(5)已经依据美国 1933 年《证券法》Section 4(a)(6)出售过证券,但在提交本法所要求的发行说明书之前的两年内未向 SEC 备案,也没有向投资者提供本部分所要求的年度报告;(6)没有特定的商业计划,或者表明其商业计划只是拟并购一家或多家未经确定的公司。[1]

SEC 对排除特定发行人资格条款给出如下解释。首先,由于国外公司、报告公司以及投资公司参与公募股权众筹,不能给该市场带来预期利益故予以排除,并且公募股权众筹市场也无法有效监管国外公司与投资公司固有的特殊风险。其次,第 4 类主体涉及的失格条款是《众筹条例(最终稿)》对《JOBS 法案》的补充,该类主体主要包括有不良记录的发行公司,具体内容将在下文进行详细阐述。再次,SEC 认为持续提供年度报告有助于投资者进行投资决策,如果发行人未能符合此项要求,则将失去发行资格。最后,SEC 排除了没有提供明确商业计划的发行人的发行资格,由于公募股权众筹豁免的目的在于为发行人的商业创意提供初期资金,因此发行人必须提供足够的信息说明其创意内容,以便投资者做出有效决策。

(二)关于发行的规制

1. 发行相关的信息披露

《JOBS 法案》规定了公募股权众筹信息披露的框架,按照要求发行人

---

〔1〕 17 C.F.R. § 227.100(b).

必须提供如下信息：(1)证券发行人的名称、法律身份、地理位置和网站地址；(2)董事和高管(及任何具有相似职位或履行相似职能的人)以及任何拥有超过20%表决权的股东姓名；(3)证券发行人的业务介绍和商业计划；(4)证券发行人的财务状况；(5)融资款项使用目的和规划的明确介绍；(6)目标发行额、目标发行额截止日期，以及发行人融资目标进展情况的定期更新；(7)发行证券的价格或定价方法；(8)对发行人的所有权和资本结构的介绍；(9)SEC认为其他必要的信息。除此之外，发行人在发行成功后，每年还需要向SEC提交Form C进行持续信息披露。《众筹条例(最终稿)》基于上述框架，对信息披露规则进行进一步调整和细化，具体而言有如下一些方面。

(1)发行人、董事、高管以及特定股东

《众筹条例(最终稿)》此部分规则与意见稿内容基本保持一致，即要求披露：(1)发行人名称，法律性质(包括组织形式，设立所在法域和设立日期)，公司住址及网址；(2)发起人的董事和高管(以及任何享有类似地位或承担类似职责的人)名单，其在发行人中的职位，在该职位上的任职期间，及其过去3年的业务经验；(3)持有发行人已发行的有表决权股票、并按表决权比例计算达到或超过20%的各权益所有人的姓名，期间不早于发行说明书或报告提交之日前120天。[1]

SEC对上述信息披露要求的解释包括如下两方面：其一，发行人可能并非需要上述所有职位，故只要披露设置了相应职位的个人相关信息即可。根据征求的意见反馈，SEC认为要求发行人披露上述所有信息也不尽合理，并且这些信息对投资者的决策影响并不是十分明显。因此，不同类型初创企业可以视具体情况而定。其二，SEC对20%以上权益所有人姓名信息披露增加了120天的限制，这是为了防止期间不统一而引发争议。

---

〔1〕 17 C.F.R. § 227.201(a)-(c).

(2)商业计划、资金用途

《众筹条例(最终稿)》在 Rule 227.201(d)(e)(f)(i)中规定了商业计划以及资金使用等方面的信息披露要求。[1] 由于此部分内容较为清晰且不存在争议,故 SEC 并没有对上述条款进行过多说明。SEC 没有采纳统一规定商业计划信息披露内容的提议,其认为不同行业、不同类型、不同发展阶段的企业千差万别,应提供相对灵活的商业计划信息披露标准。

(3)发行数量、截止期限以及发行价格

《众筹条例(最终稿)》中增加并细化了发行数量、截止日期及发行价格相关条款,涉及 Rule 227.201(g)(h)(j)(k)(l)部分。[2] 这部分内容要求发行人披露目标融资额度以及融资截止日期,发行人必须明确说明他们是否接受超过目标融资额度的资金,并且还需要明确说明超出的部分应如何分配,规则同时赋予发行人提前结束发行和投资者在规定期限内撤回投资的权利。此外,SEC 根据建议,保留了要求发行人披露发行价格或确定发行价格方法这一条款。

(4)所有权以及资本结构

《众筹条例(最终稿)》Rule 227.201(m)要求发行人对公司所有权和资

---

[1] 17 C.F.R. § 227.201(d)(e)(f)(i). 具体内容:(d)对发行人业务的描述和发行人的预期商业计划;(e)发行人现有雇员人数;(f)对于影响向发行人投资的投机性或者风险的重要因素之讨论;(i)对募集资金的目的和预期用途描述。

[2] 17 C.F.R. § 227.201(g)(h)(j)(k)(l). 具体内容:(g)目标发行总额和实现目标发行总额的期限,如果在预定期限投资承诺不能达到目标发行总额时,将终止发行证券,投资承诺将被取消,且所承诺的资金将被返还。(h)发行人是否接受超出目标发行总额部分的投资,若接受发行人将会接受的最高额以及超额认购部分将如何分配,比如按比例或其他标准。(j)描述发行或取消投资承诺的程序,包括对以下事项的声明:一是投资者可以在发行人发行说明书预定结束期限 48 小时前取消一项投资承诺;二是中介应在目标投资总量完成时通知投资者;三是如果发行人在其发行说明书所确定的结束期限前即达到了目标投资总量,发行人可以提前结束发行,须在新结束期限前 5 个工作日公布;四是如果投资人在发行结束期限 48 小时前未取消投资承诺,则该笔资金将在发行结束时转至发行人。(k)声明当发行条件发生实质性变更后,投资者若不对其投资承诺进行再次确认,则投资者的投资将被取消且投资资金将被退还。(l)证券发行的价格,或确定价格的方法,在销售前,所有投资者都应得到书面的最终价格和获得所有要求的披露信息。

本结构进行描述。[1] 该规则要求发行人披露证券发行的数量以及已发行证券的信息,内容包括上述证券是否有投票权以及其他方面的权利限制。从SEC收到的反馈内容看,大部分意见持认可态度,仅有两份反对意见认为可以适当减少披露内容。尽管《JOBS法案》没有对所有权以及资本结构披露做出特别要求,但SEC坚持认为向投资者披露发行人的整体资本结构信息,将有助于投资者进行决策。

(5)小结

上述四个部分构成了公募股权众筹(除财务信息披露以外)发行信息披露的主要内容,SEC基于《JOBS法案》框架,有针对性地调整完善部分条款,具体表现为:①完善发行人基本信息披露要求(所有权以及资本结构部分);②充分考虑投融资双方需求(发行数量、截止期限以及发行价格部分);③设置相对弹性条款(商业计划、资金用途部分)。此外,发行信息披露还包括SEC认为需要披露的若干内容,具体包括如下部分:①要求发行人披露发行中介费用;[2] ②发行人的网站上必须能够找到年度报告和发布日期;[3] ③发行人之前是否有未遵守持续信息披露要求的情况;[4] ④为使报表被做出,以及在报表做出后使报表不产生误导的重要信息。[5]

---

[1] 17 C.F.R. § 227.201(m). 具体内容:(1)所发行证券的性质以及其他种类证券,包括此次发行数量和已经发行的证券数量,是否享有表决权,表决权是否有限制,所发行证券性质如何修改,发行的证券与发行人的其他类别证券之区别,以及所发行证券权利可能受到发行人其他证券权利的限制、稀释或影响;(2)发行人主要股东权利行使将如何影响正在发行证券的购买人;(3)至最近可行日期时,各持有发行人已发行的有表决权股票、并按表决权比例计算达到或超过20%的权益所有人的姓名和持股量,最近可行日期不早于发行申明或报告被提交之日前120天;(4)所发行证券的估值方式,以及在随后的公司行为中,证券可能如何被发行人评估的具体方法的示例;(5)作为发行人小股东的证券购买人的风险,以及公司行为风险,公司行为包括额外发行,回购证券,出售或与关联方的交易行为;(6)对于第17 C.F.R. § 227.101所规定的证券转让限制。

[2] 17 C.F.R. § 227.201(o).

[3] 17 C.F.R. § 227.201(w).

[4] 17 C.F.R. § 227.201(x).

[5] 17 C.F.R. § 227.201(y).

2. 发行财务信息披露要求

《JOBS 法案》要求发行人就相关财务信息进行披露，并且给出层次化的披露框架，即当证券发行以及之前 12 个月内按照美国 1933 年《证券法》Section 4(6)规定进行的其他证券发行的发行总额为：(1)10 万美元或以下的，应提供发行人最近一次完整年度（若有）的所得税申报表；以及经发行人的主要管理人员确认真实性和完整性的发行人财务报告。(2)超过 10 万美元，但不超过 50 万美元的，提供经独立于发行人的公共会计师按照委员会规则设立的专业标准和程序审核的财务报表。(3)超过 50 万美元的（或 SEC 按照规则确定的其他额度），提供经审计的财务报表。

(1)财务状况讨论

基于上述内容，《众筹条例（最终稿）》中设定了 Rule 227.201(s)，要求发行人提供的财务状况讨论（discussion）必须包括，流动性、资本来源以及运营结果。[1] SEC 对该条进一步细化，包括要求发行人提供每个周期财务报告的讨论等。SEC 希望最终确定的这项讨论财务状况规则，能够将必要的投资信息传递给投资者，同时兼顾到通过公募股权众筹进行融资的发行人本意是寻求简单、便捷的融资途径，故在财务讨论方面仅设定了原则性要求，并没有规定具体的内容和格式。此外，SEC 要求没有经营历史信息记录的公司，必须就重要财务事件、运营和流动性等风险进行分析。

(2)财务信息披露

《众筹条例（最终稿）》Rule 227.201(t)进一步详细解释说明了《JOBS 法案》规定的财务信息披露标准。在过去 12 个月内融资额度：①10 万美元或以下，发行人应提交在最近一个完整年度（若有）的联邦所得税申报表上所载的总收入、应纳税收入和纳税总额，或其他相当之项目，以及发行人的财务报表。上述内容应由发行人首席执行官保证其真实性和完整性。②超过 10 万美元

[1] 17 C.F.R. § 227.201(s).

但不超过 50 万美元的,发行人应提交经独立注册会计师审阅的财务报表。③超过 50 万美元的,发行人应提交经独立注册会计师审计的财务报表。[1]由于其中涉及十分复杂的美国税收和财务报表内容,本书在此不做细致讨论。但须强调的是,根据发行额度确定不同财务披露标准是最终稿规则修改过程中重点讨论的问题,对于每个发行档需要披露的内容均是多方权衡后的结果。此外,对于存续时间少于 12 个月的公司,SEC 仍然坚持要求其履行相关披露义务。

3. 发行进度报告与发行说明书的修订

《众筹条例(意见稿)》Rule 277. 201(v)规定发行人必须按照 Rule 277. 203(a)(3)的要求,对融资额分别达到目标发行总额 50% 和 100% 之日起的 5 个工作日内披露发行进度情况。如果发行额度超过目标额度,则应在发行结束后 5 个工日内披露证券销售的总额度。但在征求意见过程中,提议普遍反对这种不必要的工作。SEC 经过考虑,在该条中增加了"当相关中介在其平台上有关于发行量完成进度动态的频繁更新时"可以免除上述两项重复披露义务,但发行人需要在发行结束后填写 Form C – U 来报告发行总额。[2]

《众筹条例(最终稿)》Rule 277. 203(a)(2)规定发行人在结束发行之前,披露的信息若发生重大变更、补充和更新的,其应当向 SEC 提交并为投资者、相关中介提供 Form C – A,用以说明修改内容,如果投资者未能在 5 个工作日内重新确认投资承诺,则视为撤销投资。

4. 持续信息披露

《众筹条例(最终稿)》Rule 277. 202 和 Rule 203 中规定了发行人持续信息披露之义务。对持续信息披露的讨论和争议主要涉及披露频率、报告提供方式、财务陈述内容以及是否可以仅要求特定发行人履行持续信息披露义务。但 SEC 最后采纳减轻持续信息披露的部分提议,并明确特殊情况下免除发行人持续信息披露义务的情形。修订后的规则要求发行人在每个会

[1] 17 C. F. R. § 227. 201(t).
[2] 17 C. F. R. § 227. 203(a)(3).

计年度结束后的120天内将年度报告提交SEC备案，并且在发行人网站上进行公布。持续信息披露的年报不用必须经过会计审计或者审阅，可以由发行人的首席执行官做出保证。[1] 在免除或终止持续信息披露条款方面，最终稿中增加了两种适用情形，共给出5条标准。[2]

5. 禁止广告宣传

在广告宣传方面，《JOBS法案》规定，"除指引投资者至集资门户和经纪商的告示外，不得对发行条件进行广告宣传"，[3] 此条款类似"墓碑广告"，[4] 告示内容只能够起到将投资者指引到中介平台之功能，此外不得透露过多信息。一方面，SEC最终没有采纳扩大告示内容的提议，认为将投资者指引到中介平台后，投资者能够获取更多投资决策信息。另一方面，SEC也没有对告示宣传的途径进行限制，发行人可以通过报纸、网络、甚至微博发布告示信息。此外，《众筹条例(最终稿)》允许发行人通过中介以外的交流渠道与投资者进行沟通，但其必须标明发行人身份。[5]

---

〔1〕 17 C.F.R. § 227.202(a). 具体内容：依据美国1933年《证券法》Section 4(a)(6)出售过证券且符合Section 4A条及本部分规定的发行人，必须向SEC提交并且在发行人网站上公布其年度报告和经发行人首席执行官保证的真实且完整的财务报表，以及一份如Rule 227.201(s)条所述对发行人财务状况的描述。但是如果发行人有经一名独立注册会计师审计或审阅过的财务报表可用，则必须提供财务报表，此时发行人首席执行官无须作出保证。年度报告中应包含Rule 227.201条(a)，(b)，(c)，(d)，(e)，(f)，(m)，(p)，(q)，(r)和(x)所要求的信息。年度报告应符合Rule 227.203条和Rule 239.900的规定，发行人应在不迟于报告所涉会计年度结束日之后的120天内将年度报告提交披露。

〔2〕 17 C.F.R. § 227.202(b). 具体内容：发行人须不间断地遵循持续报告要求直至下列任一事项发生：(1)发行人被要求按照1933年《证券法》Section 13(a)或15(d)规定提交报告；(2)发行人自最近一次证券销售后已经按照本部分的规定提交了至少一次年度报告，且其记录在案的证券持有人不足300人；(3)发行人自最近一次证券销售后已经按照本部分的规定提交了至少三次年度报告，且其总资产不超过1000万美元；(4)发行人或其他人回购了发行人按照1933年《证券法》Section4(a)(6)条规定发行的全部证券，包括对债券的全部清偿，或全部赎回可回购证券；或(5)发行人依照州法清算、解散。

〔3〕 15 U.S.C. § 77d(6).

〔4〕 在美国证券公开发行中，"墓碑广告"常被用于在注册文件等候生效阶段进行有限度的信息传递，通常在报纸上出现，并因形似讣告而得名。参见郭雳：《美国证券私募发行法律问题研究》，北京大学出版社2004年版，第101页。

〔5〕 17 C.F.R. § 227.204.

6. 推广报酬

SEC在解释此条款时,强调中介平台提供的交流渠道是为投资者交换信息而设置,因此投资者需明确知道其中某些个人是否收取了发行人的报酬。该条款旨在帮助投资者识别发行人是否雇用个别人员为自身利益在交流渠道上进行专门推广,[1]以试图影响投资者的判断。此外,SEC还要求发行人不得雇用人员在平台官方交流渠道之外进行推广,除非推广内容与上述宣传限制部分相一致。该条款主要是为防止发行人规避禁止广告宣传的限制。[2]

(三)关于中介的规制

1. 定义集资门户及其相关人员范围

首先,《JOBS法案》要求公募股权众筹发行必须通过注册的经纪商或者集资门户进行。其中经纪商是依据美国1934年《证券交易法》Section 3(a)(4)注册,并从事证券交易业务的组织。其次,《JOBS法案》定义了集资门户的概念,即专门开展公募股权众筹业务的中介平台。集资门户不得提供如下服务:(1)提供投资意见或建议;(2)通过劝诱性的购买、销售或发行方式,吸引购买其网站或门户上发行或展示的证券;(3)向实施此类劝诱行为,或根据其网站上所展示内容进行推介的证券员工、代理人及其他个人支付报酬;(4)持有、管理、拥有或以其他方式处理投资者资金或证券;或(5)参与证券交易委员会按照规则确定的其他行为。根据上述内容SEC在《众筹条例(最终稿)》Rule 300(c)(1)和(2)对集资门户相关人和集资门户的概念进行定义,并且依据《JOBS法案》要求,限制了集资门户部分功能。[3] 因此,美国目前能够开展公募股权众筹业务的中介有两类,即经纪商和集资门户,经

---

[1] 17 C.F.R. § 227.205(a).

[2] 17 C.F.R. § 227.205(b).

[3] 17 C.F.R. § 227.300(c)(2). 具体内容:集资门户指的是,依据美国1933年《证券法》Section 4(a)(6)作为中介进行证券发售或出售交易的经纪人,但并不从事以下行为:(1)提供投资建议或推荐;(2)为平台上展示的证券招揽购买、发售、出售;(3)因实施此类劝诱行为或根据其网站或门户上所展示或推介的证券销售,对相应员工、代理人及其他个人支付报酬;或者(4)拥有、管理、持有或处理投资者资金或证券。

纪商必须遵守美国1934年《证券交易法》的既有规定，并且可以提供咨询等服务；另一类则是集资门户，SEC认为现有集资门户规则足以保护投资者。

2. 中介的一般要求

对中介的一般要求主要体现在两个方面：其一，要求中介必须成为全国性证券业协会的注册会员；[1]其二，经济利益方面的要求。[2] 其中较为复杂的是第二点。在理解经济利益时，首先需要明确两个问题：其一，《JOBS法案》规定"禁止经纪商或集资门户的董事、高管或合伙人（或任何具有相似职位或履行相似职能的人）在使用其服务的发行人处拥有经济利益"。[3]其二，根据《众筹条例（意见稿）》Rule 300（b）的定义，"发行人的经济利益"是指"直接或间接的股权或者其他具有经济利益的证券"。在征求意见期间，SEC收到许多提议，建议中介平台可以持有发行人的经济利益，这样可以激励中介平台提供更好的服务。但在权衡之后，SEC部分采纳了提议内容，并规定一般情况下平台不应持有发行人的经济利益，但是若满足以下两个条件：发行人收取经济利益作为服务报酬并且所拥有的证券种类与发行的证券相同，[4]中介可以持有发行人的经济利益。

3. 降低欺诈风险的措施

（1）发行人合规

《众筹条例（意见稿）》Rule 301（a）要求中介平台有理由相信发行人

---

[1] 17 C. F. R. § 227. 300(a). 注：目前美国唯一的全国性该类组织为Financial Industry Regulatory Authority(FINRA)。

[2] 17 C. F. R. § 227. 300(b).

[3] 经过《JOBS法案》修改后的美国1933年《证券法》Section 4A(a)(11)，原文为："an intermediary to prohibit its directors, officers or partners (or any person occupying a similar status or performing a similar function) from having any financial interest in an issuer using its services."

[4] 17 C. F. R. § 227. 300(b). 原文为："(1) the intermediary receives the financial interest from the issuer as compensation for the services provided to, or for the benefit of, the issuer in connection with the offer or sale of such securities being offered or sold in reliance on Section 4(a)(6) through the intermediary's platform; and (2) the financial interest consists of securities of the same class and having the same terms, conditions and rights as the securities being offered or sold in reliance on Section 4(a)(6) through the intermediary's platform."

在发行证券时符合豁免条件要求。除非中介平台有理由质疑发行人的陈述,否则其可以认为发行人已经符合相关条件。对上述规则,有提议要求中介平台承担尽职调查责任,而非仅仅依据发行人的陈述进行判断,甚至有提议要求中介平台在证券发行过程中履行持续监督义务。但SEC并没有采纳上述提议,在充分考虑中介平台运营成本后,最终稿仍然坚持中介平台依赖发行人陈述进行判断,免除平台尽职调查责任。[1] SEC认为,中介平台在对发行人提供的资料进行合规审查时,应当以其表述是否足够详细为判断标准,而判断的准确性不可避免地受限于平台工作人员的能力水平。

(2)记录和拒绝发行人使用平台

按照《众筹条例(最终稿)》Rule 301(b)的要求,中介平台应有合理的理由相信发行人已经建立有效方法,并准确记录通过该中介平台持有其股票者的名单。[2] SEC认为这种记录具有以下功能:①监督发行人的发行行为;②反映发行证券的所有权;③保存每次交易记录;④记录证券种类变换;⑤记录证券登记材料;⑥投资者的签字证明。为确保投资者的市场信心,发行人和中介必须确保各项交易记录的准确性。

《众筹条例(最终稿)》Rule 301(c)规定了发行人的失格条件,主要包括两个方面内容:其一,中介平台有合理理由(reasonable basis)相信发行人或其高管具有《众筹条例(最终稿)》Rule 227.503所载明的情形;其二,中介平台有合理理由相信发行人或发行人行为具有欺诈的可能性。[3]

有评论认为"合理的理由"这一判断标准并不具有可操作性,除非SEC能够建立一个专门的数据库,否则难以准确考察发行人的背景资料。

---

〔1〕 17 C.F.R. § 227.301(a).

〔2〕 17 C.F.R. § 227.301(b).

〔3〕 17 C.F.R. § 227.301(c).

对于如何降低确认发行人资格成本的问题,有提议认为可以只审查已经成功完成融资的发行人资格而非所有发行人。上述问题引发的争议分为两派观点,即是否需要单独设立统一的发行人背景审查规则。SEC 并没有支持这项提议并解释为:①要求中介平台对发行人的资格进行判断符合《JOBS 法案》规定;②通过设置相对弹性的标准,并将这一技术问题交给中介平台的经验来解决,能够有效控制中介平台的运营成本;③设置专门的数据库不会明显提高投资者保护的效果。SEC 还特别强调,拒绝特定发行人使用平台融资是每个中介平台应尽的责任和义务,中介平台可以根据第三方数据库提供的信息进行辅助判断,而非严格按照数据信息做出决定。

《众筹条例(意见稿)》Rule 301(c)(1)中使用的是"believes"一词,[1]也即,中介平台相信发行人可能存在发行欺诈,因此有提议建议 SEC 要求中介平台在网站公布可能存在欺诈的标准。而在最终稿中,SEC 将 Rule 301(c)(2)的"相信"(believes)修改为"合理理由"(reasonable basis),为了配合这一修改,SEC 在 Rule 301(c)(2)中增加了两条:(1)中介平台如果有理由相信其无法全面有效评估发行人或潜在的欺诈风险,应当拒绝发行人使用平台融资;(2)如果中介平台在允许发行人融资后获知新的信息,认为发行人有欺诈可能或者威胁到投资者资金安全,应当立即取消其发行资格,并且将资金退还投资者。对此修改,SEC 认为这样能够使评价标准更加客观,当发行人存在任何可能的欺诈行为时,中介平台必须采取行动来保护投资者免受损失。此外,关于要求中介平台公布不合格发行人信息以供其他平台做参考的提议也没有得到 SEC 支持,基于同样的理由,SEC 认为发行人是否存在欺诈应由平台根据相关信息自行判断,强制设定该要求会增加平台运营成本。

---

[1] See *Proposed Rule*:*Crowdfunding*, SEC, https://www.sec.gov/rules/proposed/2013/33-9470.pdf,最后访问日期:2016 年 11 月 5 日。

4. 开设账户

《众筹条例(最终稿)》Rule 227.302 为公募股权众筹账户开设条款,其中共包含四项内容:账户和电子送达、教育材料、推广人、披露报酬。[1] 该条款内容旨在明确规定投资者在中介平台开设账户时必须得到的告知信息,由于此部分内容似乎并没有产生太多争议,并且推广人和披露报酬也在前文已经有所介绍,故此处不再赘述。[2]

5. 交易相关的要求

《众筹条例(最终稿)》Rule 227.302 规定了与交易相关的要求,其中包括对发行人信息要求、投资者资格、交流渠道、投资承诺通知、资金的保存和转移及交易确认六个部分,此条款部分内容在上文中也有所涉及,下面将逐一阐述。

(1)发行人信息

《JOBS 法案》要求中介平台在向任何投资者出售证券之日前至少 21 日(或 SEC 规定的其他期间),向 SEC 和投资者提供美国 1933 年《证券法》Section 4A(b)规定的所有信息。根据上述要求,《众筹条例(最终稿)》Rule

---

[1] 17 C.F.R. § 227.302(a)(b)(c)(d).

[2] 17 C.F.R. § 227.302(b). 具体内容:(1)在为投资者开设账户时,中介必须递送给该投资者教育材料,材料使用通俗语言或者其他有效准确的方式解释以下事项:(i)通过中介发售、购买、发行证券的程序以及购买依据 Section4(a)(6)发售和出售证券的风险;(ii)在中介平台上购买的依据美国 1933 年《证券法》Section4(a)(6)发售和出售证券的类型和各类型证券的相关风险,包括在股权稀释后表决权下降的风险;(iii)依据美国 1933 年《证券法》Section4(a)(6)发售和出售的证券将受到转售的限制;(iv)Rule 227.202 要求发行者提供的信息的类型,递送该信息的频率以及这些义务将来终止的可能性;(v)Rule 227.100(a)(2)对投资者投资额度的限制;(vi)对投资者撤销投资承诺权利的限制和投资承诺被发行人撤销的可能性;(vii)投资者需要考虑投资依据美国 1933 年《证券法》Section4(a)(6)发售和出售的证券对其是否合适;(viii)通过该中介完成的发行结束后,发行人和该中介之间有可能不再保持关系;并且(ix)特定情形下发行人可能终止公布年度报告,投资者因此可能无法持续获得关于发行人的最新财务信息。(2)中介必须始终在其平台上公布最新版本的教育材料,当中介对教育材料做了实质性调整时,在投资者对依据美国 1933 年《证券法》Section4(a)(6)发售和出售的证券做出承诺或进一步交易之前,其必须使所有投资者可获得该修改后的教育材料。

227.303 制定了更为详细的内容。[1] 对于"中介不得要求任何人必须在平台上开设账户后才能获得该信息"这一规则,有提议认为这可能会导致因网络抓取(data scraping)技术带来潜在风险,故建议设立分层信息展示制度,只有通过注册的会员才能了解到信息披露文件、财务等更为详细的信息。SEC 并没有支持这项提议,并指出,为使更多感兴趣的投资者了解相关信息,这种潜在风险是必要的。

(2)投资者资格

中介平台需要从投资者处取得相关材料,并有合理的理由相信投资者满足投资额度限制要求。从投资者处收取的材料包括投资者已经阅读了前述《众筹条例(最终稿)》Rule 227.302(b)内容的声明,以及一份理解相关风险的调查问卷。[2]

(3)交流渠道

交流渠道制度是"群体智慧"理论得以付诸实践的重要工具之一,[3] 但《JOBS 法案》并没有设定交流渠道的相关规则,SEC 意识到这一问题并在《众筹条例(最终稿)》Rule 303(c)部分增加了相关条款。SEC 强调设立便利的交流渠道是中介平台应尽的责任,交流渠道能够提供一个集中并且透明的渠道供投资者讨论并分享投资意见,正确评估发行人行为以及信息披

---

[1] 17 C.F.R. § 227.303(a). 具体内容:发行人信息。中介若涉及依据美国 1933 年《证券法》Section 4(a)(6)发售和出售证券的交易,其必须保证 SEC 和投资者可获得 Rule 227.201 和第 203(a)条要求证券发行人提供的任何信息。(1)该信息必须在中介平台上公开,并以合理方式允许个人利用平台保存、下载或者储存这些信息。(2)在证券于发行中出售、中介可以接受投资承诺之前至少 21 天,中介应当将该信息在中介平台上公开。(3)该信息必须在依据美国 1933 年《证券法》Section 4(a)(6)的发售和出售完成或者取消前在平台上持续公开。(4)中介不得要求任何人必须在平台上开设账户后才能获得该信息。

[2] 17 C.F.R. § 227.303(b)(2)(ii). 具体内容:(1)投资者取消投资承诺和收回投资所受的限制;(2)投资者依据美国 1933 年《证券法》Section 4(a)(6)获得的证券,存在转售困难;以及(3)投资依据美国 1933 年《证券法》Section 4(a)(6)发售和出售的证券,存在风险,除非投资者可以承担其全部投资都损失的风险,否则不应当投资任何依据 Section 4(a)(6)发行的证券。

[3] 公募股权众筹制度实现的主要理论之一便是"群体智慧",此部分内容将在本章第三节中详细阐述。

露内容,来实现投资者利益的保护。[1]

(4)投资承诺通知、资金保管、交易确认

《众筹条例(最终稿)》Rule 227.303 最后三部分(d)(e)(f)分别规定了投资承诺通知、资金保管、交易确认的相关事项。首先,在投资者承诺通知方面,中介平台必须在接到投资者投资时,立刻告知投资承诺的金额、价格、发行人名称以及可撤销的日期。其次,在资金保管方面,只有作为经纪商的平台才有权持有投资者资金,而作为集资门户的中介平台,则必须委托合格的第三方完成资金保存和转移工作。所谓的合格第三方,是指书面同意为享有受益权的主体持有资金或者为投资者或发行人开设账户的银行,并且只有发行完成之后,资金才能转移给发行人,否则必须退还给投资者。最后,在交易确认方面,中介平台必须在证券交易完成时或完成前向投资者发送通知,披露交易日期、投资者购买证券的特征等信息。

6. 发行完成、撤销和重新确认

《众筹条例(最终稿)》Rule 227.304 规定了发行完成、撤销和重新确认的相关规则。首先,投资者在发行说明书确定的截止时间 48 小时之前可以无理由撤销其投资承诺。截止日期前的 48 小时内投资者除依据 Rule 227.304(c)外,禁止撤销其投资承诺。有提议认为,允许投资者在发行结束前 48 小时之前无理由撤销承诺,可能会导致不当投资行为,即发行人会尝试安排一个“剧本”让部分“扮演的投资者”在前期快速提高项目关注度,以吸引其他投资者关注。而在最后时刻,这些“扮演的投资者”则顺势撤回投资。SEC 认为发行人的此种行为符合反欺诈规则,可以对其提起诉讼。但同时,

---

[1] 17 C.F.R. § 227.303(c). 具体内容:中介必须在其平台上提供交流渠道供投资者互相交流,以及与发行人代表就发行相关问题进行交流,具体要求:(1)如果中介是集资门户,除了建立交流规则和移除辱骂性或可能的欺诈信息外,不得参与任何交流;(2)中介允许公众查看交流渠道中的讨论;(3)中介仅允许已经在中介平台开设账户的人在交流渠道中发布评论;以及(4)中介要求每次在交流渠道中发布评论时,明确而醒目地披露评论人是不是代表发行人从事推广活动的发行人的员工和创始人,或是已经或预期因推广发行获得报酬的人。

给投资者提供足够充分的时间讨论和考察发行人也十分必要。其次，发行人在发行至少开放 21 天后，达到发行说明书中目标发行总额，可以提前结束发行，但必须按规定完成通知工作。[1] 最后，中介平台在收到发行人关于其提供的信息或发行条件发生重大变化的告知时，必须在 5 个工作日通知并要求投资者重新确认，若投资者未能重新确认则中介平台应告知投资者其投资承诺已经取消，并返还资金。[2]

（四）集资门户的额外规制

如前所述，《JOBS 法案》中规定了两类主体可以开展公募股权众筹业务，即依据美国 1934 年《证券交易法》注册的经纪商（已经在美国有几十年历史）以及按照《众筹条例（最终稿）》Rule 227.400 注册的集资门户。《众筹条例（最终稿）》Rule 227.300 – 304 是对中介平台的一般要求，而 Rule 227.400 – 403 则是对集资门户的额外监管规则（additional funding portal requirements），具体涉及集资门户注册、豁免、附条件的安全港以及合规四个方面，即对上文（三）中部分规则的补充和额外要求。两者区别在如下几方面：其一，禁止从事的业务。《众筹条例（最终稿）》Rule 227.402（a）规定，集资门户不得从事：（1）提供投资建议或推荐；（2）为平台上证券的购买、销售或购买的要约进行劝诱；（3）不因上述行为或者向平台引流而向员工、代理商及其他人提供报酬；（4）不得持有、管理、占有或以其他方式处理投资者的资金或证券。其二，集资门户制作和保存的记录。《众筹条例（最终稿）》Rule

[1] 17 C.F.R. § 227.304（b）. 具体内容：发行提前完成。如果发行人在依据 Rule 227.201（g）规定的发行说明书中确认的截止日期前完成目标发行总额，发行人可以提前停止发行，只要符合下列条件：（1）依据 Rule 227.303（a），发行至少开放了 21 天。（2）中介向任何潜在投资者公告，特别是向已做投资承诺的投资人提供或发送了通知，其内容为：（i）新的预计发行截止时间；（ii）在新发行截止时间前 48 小时，投资人有无理由撤销投资承诺的权利；以及（iii）在新截止时间前 48 小时内，发行人是否继续接受投资承诺。（3）新的截止时间必须安排在提供此条（b）（2）要求的通知后的 5 个工作日后。（4）在新发行截止时间到达时，应达到或超过目标发行总额。

[2] 17 C.F.R. § 227.304（c）.

227.404 规定,集资门户应当对投资者、发行人的信息披露、交流渠道内容等记录保存 5 年。

(五)其他规定

其他规定主要涉及 3 项内容,即转售限制、不明显的偏差(Insignificant Deviations)以及具体的发行人失格条件。

1. 转售限制。投资者购买的公募股权众筹证券受到为期 1 年的禁止转让限制,除非将其转让给发行人、合格投资者、购买者的亲属或者转让已经在 SEC 经过注册部分的证券。[1] 此处需要强调的是,SEC 在《众筹条例(最终稿)》中修改了相关表述,即 1 年时间限制的起算点以证券发行(first issued)时为准,而非投资者首次购买(initial purchaser,意见稿中的表述为"首次购买")。意见稿中的表述只能限制投资者首次购买证券时的投资限额,这可能导致投资者因购买转售证券而超过投资额度上限的问题出现。

2. 不明显的偏差。此条旨在为发行人出现未能完全遵守发行规定,但不存在明显违规行为时提供一个安全港制度。[2] 允许不明显的偏差存在,能够有效促进发行人积极提供服务。

3. 失格条款。失格条款是此次《JOBS 法案》制定中增加的新规则之一,也是源自《Dodd-Frank 法案》的立法经验,在公募[3] 和私募股权众

---

〔1〕 17 C.F.R. § 227.501(a).

〔2〕 17 C.F.R. § 227.502.

〔3〕 17 C.F.R. § 227.503(a). 取消资格的事项。若发行人及其相关人等符合下列条件,则其销售证券的行为不能根据美国 1933 年《证券法》Section 4(a)(6)获得豁免,这些人等包括:发行人;发行人之前身份;任何相关发行人;该发行人的董事、高管、普通合伙人或管理人;持有发行人已发行有表决权的股票超过 20% 或者更多(以表决权为基础计算)的权益所有人;在证券发售时与发行人有关系的推广人;为本次证券发售招揽购买者的已经或即将收到(直接或间接地)酬金的人;或者该招揽商的任何普通合伙人、董事、高管或管理者:(1)在提交发行说明书之前 10 年内曾经因证券有关的重罪或者轻罪被判刑(如果是发行人或它的前身和关联发行人,则要求在 5 年之内);(2)在根据美国 1933 年《证券法》Section 4A(b)规定提交所需文件前 5 年内,因有管辖权法院的命令、判决或裁定而禁止或者限制其从事或继续从事证券有关行为,并且在提交上述文件时该禁止或者限制仍然有效;(3)州证券委员会等发出的禁止主体从事证券相关活动的禁止令;(4)在发行人根据被暂停或撤销该主体作为证券经纪人、自营商、市政证券经销商、投资顾问或集资门户的注册等情形;(5)在提交美国 1933 年《证券法》Section 4A(b)

筹[1]中均有体现。SEC 认为,在未来实践中进一步完善失格条款的适用,能够逐步简化中介平台的调查责任。

(六)规则比较

上文对 SEC 于 2015 年 10 月 30 日公布的《众筹条例(最终稿)》内容进行了全面介绍,并阐明了部分规则的修改内容和理由。《众筹条例(最终稿)》更是学者、实务界各方意见争论后的最终结果,尽管 SEC 也承认最终稿仍有不完备和有待观察改进之处,但其依然也成为各国公募股权众筹立法的重要参考范本。此处先就《JOBS 法案》项下的公募和私募两类股权众筹规则进行比较,本书第四章将详细介绍美国私募股权众筹制度的构成与演进过程(见表 4)。

表 4　美国私募与公募股权众筹规则比较

类型	私募股权众筹	公募股权众筹
相关规则	新 Rule 506(c)	《众筹条例(最终稿)》
公开宣传	可以通过网络、广告等进行公开宣传	通过网络宣传,但主要信息仅能公布在中介平台上;通过社交媒体等途径的宣传受限
发行人	向在 SEC 注册的或者未注册公司开放	只向未在 SEC 注册的公司开放
投资者	必须全部为合格投资者且无上限限制	没有对投资者类型进行限制,但所有投资者必须接受投资额度限制
合格投资者验证	发行人通过多种方法,来鉴定投资者是否符合"合格投资者"标准	—

规定的申请文件之前 5 年内,被 SEC 颁布禁止令;(6)因为作为或故意不作为违反了交易的公平和公正原则,被证券交易所或证券业协会或其关联协会暂停或者开除会员资格,或者暂停或禁止与其成员合作;(7)在向 SEC 提交美国 1933 年《证券法》Section 4A(b)规定的申请文件前 5 年内,发行人或注册人曾经因受到过拒绝令、终止令或被暂停了 Regulation A 的豁免资格;或者,发行人在提交文件时仍处于调查过程或者决议过程中,SEC 将根据调查或者决议结果决定是否发布终止令或暂停命令;(8)在提交美国 1933 年《证券法》Section 4A(b)规定的申请文件前 5 年内,受到美国邮政局关于虚假陈述的禁令。

[1] 参见本书第四章第一节内容。

续表

类型	私募股权众筹	公募股权众筹
发行额度	无上限	100 万美元上限，但不包括通过 Rule 506(c)筹集到的资金
信息披露	信息披露内容根据市场需求而定	SEC 制定了详细的发行信息披露、财务报表以及持续信息披露规则
责任	受 Rule 10b－5 的反欺诈条款规制	受 Rule 10b－5 的反欺诈条款规制
转售	受 Rule 144、Rule144A 转售限制	一年内转售限制
平台	必须是注册的经纪商	注册的经纪商或集资门户

资料来源：根据 Rule 506(c)和众筹条例整理。

第二节　公募股权众筹信息披露制度的功能解释

世界范围内，信息披露制度作为证券市场得以建立和发展的基石，是各国证券法律体系的核心制度，是政府进行证券监管、实现投资者保护的重要手段。信息披露与反欺诈是证券信息披露制度的构成要素，两者相辅相成，共同回应了证券法应在何种程度上保护何类投资者的问题。

一、公募股权众筹信息披露制度失败的原因

（一）信息披露制度

信息披露制度是证券公开发行时，发行人依照法律、证券主管机关或交易所的规定，以特定方式向公众投资者公开与证券有关信息的惯例或准则。信息披露制度作为现代证券法基石，能够反映证券这种特殊商品的价格及内在品质，因此，准确、完整地披露真实信息有利于实现投资者利益保护，保证公平、公开、公正原则的实现。此项制度旨在帮助普通人在与行家（specialist）打交道时，能够根据信息披露内容，就陌生复杂

的问题进行决策。[1] 虽然对证券市场不甚了解甚至茫然，普通投资者始终在直接或者间接地购买证券或证券相关的金融产品。在这一过程中，投资者所支付的价格到底是否处于公平、合理的范围之内？投资过程是否存在误导和欺诈？哪些信息是发行人必须告知投资者的？

在公开发行市场中，投资者保护制度是以信息披露为基础构建的，准确和完整的信息披露亦是各国证券法保护投资者的主要手段。但问题在于，以信息披露为基础构建的制度逻辑，不仅要求确保投资者获得必要信息，并且还要求投资者利用这些信息做出合理的投资决策。因此，目前大部分规则都是基于投资者能够根据信息做出合理决策的假设而制定，但有学者对近 50 年资本市场中的小额投资者进行研究后认为，这一群体基本不具备此能力。实际上，早在 20 世纪八九十年代，美国学界便已经展开了一场关于信息披露是否合理的大讨论，其内容不仅涉及信息披露是否能够有效保护投资者，还包括了发行人披露信息动机不足，以及其可能产生的一些代理成本及分配效率问题。有理论认为，信息披露在实现分配效率方面的功能作用，在某种程度上已经超越了投资者保护功能的范畴。因为资本市场的功能便是通过资金需求者之间的充分竞争，合理分配稀缺的资本资源，以实现资源有效配置。20 世纪 20 年代中期，Goshen 和 Parchomovsky 教授认为，通过信息披露保护投资者的功能已经开始发生异化，其更像是为专业投资者提供市场竞争信息的工具。[2] 正如 Easterbrook 教授早些时候提出的疑问："小额投资者究竟是否会去阅读信息披露内容？"[3] 事实证明，信息披露制度在保护小额投资者时，有些略显多余。

---

〔1〕［美］欧姆瑞·本·沙哈尔、［美］卡尔·E. 施奈德：《过犹不及：强制披露的失败》，陈晓芳译，法律出版社 2015 年版，第 3 页。

〔2〕Parsont, Jason W., "Crowdfunding: The Real and The Illusory Exemption", 281 *Harvard Business Law Review* (2014), pp. 322 – 323.

〔3〕Easterbrook, Frank H., Fischel, Daniel R., "Mandatory Disclosure and the Protection of Investors", 669 *Virginia Law Review*, 1984.

（二）信息披露制度失败的原因

1. 失败的原因与解释

沙哈尔教授在《过犹不及：强制披露的失败》一书中详细论述了信息披露[1]失败的原因与应对策略。沙哈尔教授的结论是：信息披露制度并没有实现预期效果，不仅收益效果微乎其微，且成本异乎寻常的高昂。既然如此，为何信息披露仍然受到如此青睐？其原因不仅在于该制度与美国自由市场和个体自治原则的基本意识形态产生了共鸣，并且相对而言，信息披露只是一种相对轻微的监管，即便它没有带来什么好处，但也确实没有造成什么坏处，因为它的失败几乎没有被注意到，并且这种失败也是能够得到令人心安理得的辩解。

信息披露制度依赖于一条简单但十分脆弱的逻辑链，只有当立法者、信息披露者以及信息披露的接受者都能够熟练扮演各自角色时，该制度才能有效运行。然而，信息披露在实际中很少能够满足上述要求。信息披露的内容不仅很难读懂，也没有人去读，而披露主义者的主张——将复杂的事情简单描述出来——也是难以实现的。具体来说，沙哈尔教授就信息披露失败的原因给出如下具体解释：（1）“无所谓”的心理。信息披露失败原因可能并不在披露，而在于披露的对象。这其中，应质疑的问题并不是信息披露是否有效传递了信息，而是信息披露是否帮助人们进行了有效选择。“无所谓”的心理并非真的无所谓，而是一种厌恶心理。更多情况下，信息披露对象并非是像逻辑链中的假设一样，能够根据披露的信息做出有效决策，而往往是选择根据少量的信息做出未经深思熟虑的非理性决策。因此，由于信息披露的逻辑违背了人们思考、行动和生活最基本、最真实的

[1] 《过犹不及：强制披露的失败》一书所涉及的强制披露不仅特指证券市场的信息披露，而是生活中的各类信息披露。但该书中所论及的内容及结论，恰恰可以用来解释公募股权众筹市场的实际问题。下文将先阐述沙哈尔教授的观点，并尝试利用该观点，审视公募股权众筹信息披露制度中存在的问题。

需求，导致逻辑链中最后一环的断裂。(2)阅读能力和信息过载。阅读能力和信息过载是产生上述厌恶心理的原因，由于信息披露提供的内容过多，未经专业训练的大脑是无法记忆、识别并使用这些信息的。这种信息超负荷会降低人们自己做决定的意愿，进而寻找替代方案、选择默认选项或者什么都不选。(3)决策时的惯性思维。人们的决策结果很大程度上取决于解读、重新诠释和曲解信息的方式方法，个人经历、思维惯性也必然导致没有任何一个立法者制定的信息披露法律能够充分预估人们对信息解读的特殊思维方式。

因此，沙哈尔教授并没有否认信息披露制度的作用，而是强调其仅仅对一部分人有益处，并不可因此要求所有人都具有根据信息内容进行有效决策的能力。那么，信息披露制度还有救吗？

2. 应对策略

面对上述困境，沙哈尔教授认为简化信息披露并不是一条可行的道路，而一些替代品似乎能够更好地解决这一问题，具体而言：

(1)把复杂化的信息披露变简单是否可行？答案是，这种做法并不总是会奏效，并且随时可能被“消灭”。因为复杂的事情本身就很难用简单的表述说清楚，其结果可能会导致另外一种更为“复杂”的结果出现，并且以简单的方法向不懂行的人描述复杂的问题也不符合基本常理。此外，立法的政治因素会提出简单化披露失败时的救济措施，即更多的信息披露。这种信息披露的合理性如同永不失败的神祇，因为失败只能说明披露规则应该被重新进行设计。这种追求表现出强烈的“棘轮效应”，促使立法者倾向于要求更加全面、彻底的信息披露，因此被简化的信息披露很快便被立法者“消灭”。

(2)信息披露所导致损害的承担者，恰恰可能正是那些最需要保护的人。信息披露绝不是“至少，没有害处”这一结论，恰恰相反，信息披露可能会导致立法者为缓解立法压力进而削弱、排除其他更好的监管制度。

(3)沙哈尔教授的结论并没有回答应该用什么制度来完全替代信息披露,而是旨在说明某些特定领域中去除它并不会让谁失去什么。因为信息披露制度正在完成一个有意义且应该有人来替代的工作,能够完成这一替代任务的正是一些中介组织。相比于各种用于决策的复杂数据信息,人们更加想希望得到的是“建议”。例如,各类电商网站上的评分机制似乎为消费者提供了购买建议。类似的中介机构有:顾问、信息整合者(information aggregators)以及精明的读者这三类群体。这些中介机构在很大程度上可以成为信息披露制度的替代品,成为“建议”的提供者。

上述沙哈尔教授指出的信息披露失败问题,在公募股权众筹中表现得更为明显。尽管《众筹条例》设置了“相对合理”的信息披露标准,但在面对几乎没有投资经验的投资者时,这些信息披露的内容似乎仍然十分“深奥”,公募股权众筹投资者往往具有资金实力有限、风险承受能力有限、信息获取能力有限的特征,是投资者群体中最为脆弱的部分。因此,沙哈尔教授提出的信息披露替代制度,似乎为公募股权众筹提供了一条新的发展思路。

二、公募股权众筹信息披露制度的功能悖论

(一)公募股权众筹信息披露制度的悖论

哈佛大学法学院马克·罗教授在研究融资与经济的互动关联过程中,发现一个普适性的定律,即企业融资越便利,越容易促进经济发展。[1] 但融资便利的另外一面,则是如何实现投资者的有效保护。对于公募股权众筹信息披露制度究竟会导致何种结果的问题,学者纷纷表达了不同的认知:一方面,公募股权众筹豁免发行似乎过于倾向于关注资金需求方的融资效率,致使不诚实甚至抱有欺诈目的的发行人混入其中,难以实现投资者保护之目的;另一方面,信息披露制度固有的逻辑困境,可能最终导致公募股权众

〔1〕[美]马克·罗:《法律起源与现代证券市场发展》,载吴敬琏主编:《比较》(第29期),中信出版社2007年版,第81页。

筹市场消亡。信息披露制度的重要性不容否认,但已出现的制度弊端更需反思。因此,在公募股权众筹市场中,发行人究竟应该传达给投资者哪些信息便成为值得再商榷的问题。在面对降低发行成本、投资者保护以及难以避免的柠檬问题时,信息披露制度是否能够有效保护公募股权众筹投资者的合法权益?

1. 有效控制欺诈的悖论

公募股权众筹市场中存在难以避免的欺诈。与传统证券市场类似,公募股权众筹市场中投资者仍需要通过发行人披露的内容获取有关证券品质的信息。各国证券法及信息披露规定通常对上市公司IPO科以严格规制,当回归到低管制标准的公募股权众筹发行之中,信息披露制度则显得力不从心。监管部门一方面要求公募股权众筹发行人披露最基本的信息以降低发行成本,另一方面还希望其能够实现预期的投资者保护之目的,这种规则标准与目的之间,似乎天然存在不可调和的矛盾。

与许诺以实物回报类众筹不同,公募股权众筹企业最终失败和存在欺诈的可能性则要高很多。一方面,源自初创企业的本身特性。因为初创企业发展受到许多不确定因素影响,企业管理人员的经验以及对市场发展的判断能力,较传统上市公司相去甚远,难以保证初创企业能够完全执行其最初提供商业计划的所有内容。另一方面,无论是否设定了反欺诈措施,也难以避免合法注册的发行人通过夸大融资回报来吸引更多投资者。尽管欺诈在证券市场中难以避免,但是公募股权众筹是各种融资方式中风险最小的。因为公募股权众筹高度透明,交流渠道中大量用户反馈信息,足以发挥“众”的智慧,来实现监督发行人行为之目的。

2. 降低发行成本的悖论

现有信息披露制度难以降低公募股权众筹发行成本。如前所述,《众筹条例》无疑同时加重了发行人的发行成本和集资门户的运营成本。除发行人需要按照规定披露相关信息外,中介平台还必须验证投资提供的投资额度符合标准的证明等。《JOBS 法案》似乎对中介平台科以较重责任，但与公募股权众筹发行人的信息披露标准相比，仍然相去甚远。《众筹条例》确定的信息披露规则规定发行人提交给 SEC 信息披露文件的内容主要如下：(1)持有发行人总发行 20% 以上表决权股份股东的信息；(2)目前的业务和预期的商业计划；(3)财务情况；(4)募集资金的用途；(5)目标发行金额，发行期限到达时的募集金额，并且定期更新关于目标募集金额的进展情况；(6)证券价格和价格制定的方法；(7)所有权和资本结构；(8)风险因素；(9)关联交易；(10)支付给中介的费用。可见，与公开市场 IPO 相比，公募股权众筹信息披露标准虽已经明显降低，但这似乎并未能与公募股权众筹的发行规模相匹配，以致产生"太小而难以成功"的困局。正如 Thompson & Langevoort 教授所指出的："对于初创企业来说，这可能将不是一块特别肥沃的土壤，监管成本在融资额中所占比例过大。"[1]

3. 真实信息披露有效性的悖论

公募股权众筹如果不能有效解决发行成本和柠檬问题，将会严重限制这项制度的发挥。[2] 实践中，多数发行人考虑发行成本问题后，也倾向于选择更为便捷的私募股权众筹渠道获取融资。据统计，若试图通过公募股权众筹完成 100 万美元的最高额度发行时，粗略估计需要花费 152,260 美元的成本才能满足《众筹条例》的要求。假如发行成本问题尚可接受，那么柠檬问题则是公募股权众筹市场面临最为严重的逻辑困境。对每个投资者投资额度加以限制的最初目的在于控制投资风险，将投资者损失控制在可以接受的范围之内，然而正是如此，也进一步导致所有投资者均没有动机去仔细进行尽职调查。

---

[1] Thompson, Robert B., Langevoort, Donald C., "Redrawing the Public-Private Boundaries in Entrepreneurial Capital Raising", 1573 *Cornell Law Review* (2013), pp. 1615 – 1618.

[2] Parsont, Jason W., "Crowdfunding: The Real and The Illusory Exemption", 281 *Harvard Business Law Review* (2014), pp. 333 – 334.

(1)公募股权众筹中的柠檬问题

柠檬问题(Lemons Problem)是诺贝尔奖获得者 George Akerlof 提出的,简言之,在一个信息不对称市场中,通常卖者知道商品质量的真实情况,而买者不知。但买者清楚地意识到,在这一市场中肯定存在一些高质量商品,而其余的都是次品(lemons)。然而,当买者无法辨别产品质量好坏时,其便不愿意出高价钱购买好的产品,因为买者会认为这些产品的价格与价值不相对等,也就是说,买者只愿意支付市场上该产品的平均价格。这种结果是提供高质量产品的卖者无法接受的,导致其只能选择退出该市场。随着时间推移,高质量产品卖者退出数量的增加会使市场整体平均价格下降,最终只有劣质的"lemons"被留下,从长远角度看,该市场将可能不复存在。

柠檬问题同样可能出现在公募股权众筹市场中,即无论发行人是否披露真实的公司信息,投资者都会存在疑虑,进而主观地低估公司股票真实价值。这会导致高成本的信息披露,即便能够将公司真实的信息传达给投资者,投资者也难以甄别出真正优质的初创企业,进而只准备购买那些"反映出市场中所有产品平均质量"的证券。这会给提供低质量证券的发行人带来收益,而对于优质初创企业来说是难以接受的,后者可能会选择退出市场。公募股权众筹市场中存在大量质量参差不齐的初创企业,在吸引投资者的激烈竞争中,一些初创企业夸大投资回报,导致其他公司在融资过程中依次效仿,最终导致"公募股权众筹市场中充斥着不切实际的,带有欺诈色彩的融资产品"。[1]

(2)柠檬问题不可避免

从另一个角度看,即使发行人不存在欺诈行为,柠檬问题同样难以避免。初创企业掌握有关公司项目盈利能力和市场前景信息,但其在公募股权众筹中介平台上披露的相关商业计划信息也不是非常准确,而仅仅是一

---

〔1〕 Burkett, Edan, "A Crowdfunding Exemption-Online Investment Crowdfunding and U. S. Secrutiies Regulation", 63 *Transactions: The Tennessee Journal of Business Law* (2011), p. 97.

个有根据的推测，[1]其中包含很多公司未来发展的不确定结果。总之，在公募股权众筹发行中，发行人拥有绝对话语权，而投资者仅拥有很少信息，难以预测公司未来走向，更加无法控制企业行为。

从初创企业角度看，过于详细或者细节的信息披露也并非明智之选。因为初创企业要将商业计划公布在网站上，并且可被所有投资者浏览。而传统融资模式中，发行人仅需要将商业计划内容展示给银行、风险投资人或者天使投资人等有限群体，同时可以要求所有潜在投资者(通常是少数)签署保密协议，这种需求在公募股权众筹中几乎无法实现。要求公司监督和确定另一公司是否盗用了其创意也是不现实的。因此，无论何种原因产生的信息不对称都将导致投资者无法轻易甄别出优质投资项目，于是投资者将会“给所有初创企业都打上一个折扣”，把他们当作“普通产品”。

公募股权众筹信息披露制度似乎被加以了“不能承受之重”，在这种特殊市场中，其在承载投资保护功能的同时，还决定了发行人的命运归属——“To be, or not to be”。

(二)悖论的再思考：或许与披露无关

实现公募股权众筹便利初创企业融资和投资者利益保护的双重要求，成为各国立法共同追求的目标，目前一个倾向性的思路是提高信息披露标准以缓解投资者信息不对称的弱势地位。但公募股权众筹市场投资者成熟度较低，信息披露制度的逻辑难以有效实现投资者保护之目的。那么，作为投资者保护的黄金法则，在公募股权众筹领域中是否能实现理论预设的制度功能，还有待市场实践的试错回馈。此处，我们首先进行一个假设，即认为在公募股权众筹市场中，即使设定严格细致的信息披露标准，也并非是实现投资者保护的有效手段。故而，信息披露制度在公募股权市场中更凸显出沙哈尔教授的结论：“他能够做到的是如此之少，去除它不会让

[1] Cable A. J. B., “Fending for Themselves: Why Securities Regulations Should Encourage Angel Groups”, 107 *University of Pennsylvania Journal of Business Law*(2010), p. 113.

谁失去什么。"[1]这里需要对"去除"加以说明,笔者认为"去除"不是信息披露制度本身,而是除去不必要的信息披露,即放弃严苛标准信息披露的要求,因为在证券市场中必要的信息披露不可避免,那么剩下的问题便是如何寻找合适的替代机制。沙哈尔教授给出的三种中介机构——顾问、信息整合者以及精明的读者,似乎能够为公募股权众筹发展路径提供指引。

1. 信息披露制度错在哪

在寻找可行路径之前,我们还需要进一步解释为何信息披露并不能解决公募股权众筹市场的信息不对称问题。假设抛开上述信息披露制度的悖论,设定更为严格的信息披露标准是否可以实现披露主义者的主张?答案应该是否定的,根据沙哈尔教授对信息披露制度实现的逻辑链来看,[2]由于公募股权众筹投资者多数是没有投资经验或者投资经验不足的群体,故无法熟练扮演其应有角色,这类群体在本质上更加类似普通产品的消费者,而非金融产品的投资者,其对于信息披露所持有的"无所谓"心态相比于合格投资者更加明显,并且囿于阅读能力所限,即使设定更为严格的信息披露标准,也只会出现更加严重的信息过载,而且这些过载的成本,最终将由投资者承担。

因此,在公募股权众筹中,提高信息披露标准绝非是解决信息不对称问题的有效路径,其所面向的投资者群体特征属性已经注定信息披露制度在

[1] 沙哈尔教授认为中介是信息披露制度的替代,在某些地方可以完全放弃强制信息披露制度。但笔者认为,沙哈尔教授在《过犹不及:强制披露的失败》一书中,将社会中存在的各种强制披露纳入了考察范围(包括合同、医疗等诸多方面),而并非专指证券市场的强制信息披露。故而,笔者认为在此可以按照"除去不必要的信息披露"进行理解。参见[美]欧姆瑞·本·沙哈尔、[美]卡尔·E. 施奈德:《过犹不及:强制披露的失败》,陈晓芳译,法律出版社2015年版,第205~206页。

[2] 强制披露制度依赖于一条简单但十分脆弱的逻辑链,只有当立法者、信息披露者以及都能够熟练扮演各自角色时,该制度才能有效运行。然而,在实际中,很少能够满足上述要求。信息披露不仅很难读懂,也没有人去读,而披露主义者所认为的——复杂的事情简单的描述出来——也是难以实现的。参见[美]欧姆瑞·本·沙哈尔、[美]卡尔·E. 施奈德:《过犹不及:强制披露的失败》,陈晓芳译,法律出版社2015年版,第61~132页。

公募股权众筹市场的失败,这一方面有上述悖论的存在,而忽略受众群体讨论信息披露制度,也可能陷入"把它变简单"的无解循环之中。公募股权众筹的投资者对于投资意见获取建议的心态比获取发行人披露的信息更为强烈。因此,信息披露制度固然存在争议,但解决这一争议的关键并非是信息披露制度本身,而是其面对的投资者群体的固有特性,为公募股权众筹投资者寻找信息披露的替代机制——中介机构,则似乎成为一条修补断裂逻辑链的有效路径。

2. 寻找可行的中介机构

沙哈尔教授给出了三种中介机构,即精明的读者、信息整合者、顾问。这三者似乎都为解决公募股权众筹发展提供了可行路径。

(1)精明的读者。沙哈尔教授将精明的读者解释为:"研究信息披露为他们自己所用,去理解他们并进行理性的选择。"沙哈尔教授并不看好这一群体,因为其发挥功能空间十分有限。但公募股权众筹设置的交流渠道,似乎能够汇聚"精明的读者",并且当汇聚意见变得足够典型时,交流渠道便成了一个好的中介(代理人)。

(2)信息整合者。对信息整合者的解读,沙哈尔教授认为其是"通过收集信息,并将这些信息转化为有用的形式,比如价格比较、评级、标签等"。这种信息整合者甚至可以完全代替信息披露制度,因为评价者给出的评价,通常是根据未披露信息做出的。例如,个人使用感受等。若希望在公募股权众筹中实现信息整合者的功能,则需要构建一种类似大数据的评价机制。上述(1)(2)的内容,将在本章第三节进行详述。

(3)顾问。相比于前两者,顾问则是更为专业的一类中介。沙哈尔教授指出,在某些领域内顾问有可能并不存在,即使存在,也可能经常是不可靠的。倘若依据《JOBS 法案》所设计的公募股权众筹制度,在整个过程中实无顾问这一类型的中介存在,但从比较法视野观察,英国以及部分美国私募股权众筹平台,则恰恰承担了顾问这一角色。

综上所述，解决公募股权众筹投资者非理性决策困境的突破点，可能并非是改变信息披露内容的详与略，由于症结在于投资者群体的固有属性，故而解决策略也需要进行调整。沙哈尔教授的超越披露主义似乎为公募股权众筹发展提供了新路径，但不可忽视的是，“披露并不总是没用。信息可能是重要的”。[1] 新的中介只是解决了信息披露制度的一个问题，即信息不对称。而在证券市场中，与信息披露配套的反欺诈制度则是无可替代的，而反欺诈制度的功能实现又与信息披露密制度不可分。因此，下文将继续就公募股权众筹中的反欺诈制度展开讨论。

三、公募股权众筹信息披露制度反欺诈功能的回归

如前所述，在面对融资效率和投资者保护的矛盾时，作为黄金法则的信息披露制度似乎难以实现理论预设的功能价值。而当其陷入几乎无法克服的制度悖论甚至失灵时，即便发行人按照法律要求，真实、全面地披露公司信息，也无法解决非成熟投资者阅读、筛选信息能力缺失的现实状况。在找到替代制度之后，公募股权众筹信息披露制度应承担起另一项重任，即反欺诈功能。信息披露制度在证券发行中的功能无可替代，因此，制定与传统信息披露有所区别的“重大性”标准，确立一套行之有效的反欺诈制度来保护投资者，则是公募股权众筹语境下信息披露制度理应承载的价值功能。当投资者因受到欺诈而起诉时，法院需要根据发行人披露的信息内容来判断其是否存在欺诈。美国1933年《证券法》为遭受欺诈的投资者提供了诉讼救济手段，并解决了信息重大性的认定标准，但在公募股权众筹语境下，这一标准似乎需要稍做调整。

（一）发行人重大虚假陈述与遗漏的法律责任

除要求发行人必须具备公募股权众筹发行的基本资格外，《JOBS 法案》

---

〔1〕［美］欧姆瑞·本·沙哈尔、［美］卡尔·E. 施奈德：《过犹不及：强制披露的失败》，陈晓芳译，法律出版社2015年版，第205页。

还增加了美国1933年《证券法》Section 4A(c)部分，确立了公募股权众筹中发行人重大虚假陈述与遗漏的法律责任。在Section 4A(c)项下，投资者有权在发行人提供的信息披露存在错误或者重大遗漏时，对发行人提起诉讼(书面或者口头)。Section 4A(c)中的法律责任制度，与美国1933年《证券法》Section 12(a)(2)存在相似之处。[1]

美国1933年《证券法》Section 12(a)(2)[2]规定了证券销售人(此条款适用于发行人和销售人)重大虚假陈述与遗漏的法律责任。根据Section 12(a)(2)条款内容，当出现"通过招股说明书或口头沟通的方式"传递信息存在重大虚假陈述或遗漏时，发行人"不能证明其不知道，且运用合理注意标准也不可能注意到此种错误或遗漏的情况"，所有发行人或者证券销售者(除政府债券)应当承担法律责任，原告无须证明被告存在过失。在Section 12(a)(2)语境下，原告无须证明其基于相关误导信息而受骗，而只要证明"购买者不知道"该信息是错误信息即可，这是一种较轻的举证责任。购买者必须证明错误信息在销售中已经起到作用，例如，证明影响其做出购买决定的正是该错误信息。美国1933年《证券法》Section 12(b)规定的损失因果关系，[3]可以对抗原告基于Section 12(a)(2)提出的诉讼请求。因此，被

[1] 美国证券法将虚假陈述按照"发行时的文件申报和信息公开"和"持续性信息披露"两个不同阶段分别规制，前者为美国1933年《证券法》Section 11和Section 12(a)(2)，后者则为美国1934年《证券交易法》Section 18(a)、Section 14(a)和Rule 10b-5。

[2] Thomas Lee Hazen, *The Law of Securities Regulation*, Fifth Edition, Thomson, 2005, pp. 203-307.

[3] 英美法系国家在认定侵权因果关系时常援引"近因理论"。所谓近因是被告对原告承担责任的最近原因。在确定近因关系以前，必须确定"事实上的原因"。只有存在事实上的原因，才考虑近因的确认。因此，没有事实上的原因，也就肯定没有近因。在英美法实践中，事实上的原因是确认侵权行为与损害事实之间的客观联系性问题，近因则是确认侵权人是否承担责任的问题。美国法院在实践中，通常将欺诈的因果关系分为两个层次：其一，交易因果关系(transaction causation)，也就是说，如果行为人没有实施违法行为，则不会有交易的发生。其二，损失因果关系(loss causation)，也就是说损失(一般是指投资价值的减少)系直接因为不法行为所造成。两者虽然关系密切，但是性质并不相同。交易因果关系强调欺诈行为与投资决定之间的关系，而损失因果关系则强调欺诈行为与损失之间的关系。参见陈洁：《证券欺诈侵权损害赔偿研究》，北京大学出版社2002年版，第51页。

告(销售人)若要成功进行抗辩,必须能够证明其已经对发行人可能存在的欺诈情况进行了调查但没有发现异常,或者其以合理谨慎的标准无法发现异常。[1]

Section 4A(c)增加了公募股权众筹的发行人存在任何"口头或书面"虚假陈述和重大遗漏的法律责任。按照此条款,诉讼只能由证券的首次购买者提起,而通过转让获得证券者则无此项权利。同时,Section 4A(c)规定了公募股权众筹"发行人"的范围,且只有下列"发行人"需要承担责任:发行人的董事或合伙人,主管行政人员,主管财务人员,以及其他股权众筹中的主要负责人员。但这种被告范围的表述仍然存在不明确之处,例如,列举范围外其他人员是否可以成为被告。

(二)责任承担的基础:准确界定"重大性"信息

虚假陈述责任制度要求法官在审判时,准确甄别并确认"重大性"信息:"究竟哪些信息是公募股权众筹发行人必须提供给投资者的?"如果更进一步追问的话,便需要回答公募股权众筹中的理性投资者应如何界定。

1. 为何需要界定"重大性"信息

信息披露制度中"重大性"标准(materiality)概念的发展,不仅为发行人提供了信息披露的参照,同时也决定了重大虚假陈述与遗漏的民事责任基础。

首先,准确界定"重大性"信息标准,符合证券法信息披露制度的价值追求。证券法的核心目的便是追求融资效率与投资者保护之间的最优选择,全面详细的信息披露必然能够为投资者决策提供更多信息,但这也加重了发行人的披露责任。而准确界定"重大性"信息后,可以使发行人有重点地进行披露,在保证影响投资者决策的主要信息能够有效传达的基础上,控制信息披露成本。

---

[1] Thomas Lee Hazen, *The Law of Securities Regulation*, Fifth Edition, THOMSON, 2005, pp. 302 - 306.

其次,准确界定"重大性"信息标准直接决定了披露内容的详略差异。一方面,由于发行人自身盈利、规模、所属行业千差万别,同一信息在不同行业中的重要性亦有所差异;另一方面,由于投资者群体存在差异,导致同一信息对不同类型投资者做出投资决策的影响程度也不尽相同。因此,在复杂的投资环境中,影响投资者决策的"重大性"信息需要从多个角度进行界定。

最后,准确界定"重大性"信息标准影响到相关主体是否需要承担民事责任。"证券价格标准"和"投资决策标准"是判断信息"重大性"的两种标准,也是判断发行人是否存在虚假陈述,是否需要对其科以民事责任的重要依据。

2. 美国1933年《证券法》中"重大性"信息的认定标准

"重大性"信息扮演着"看门人"角色,即保证发行人披露适当、必要信息而非无关紧要的其他信息。"重大性"信息标准的经典定义被描述为:一个理性投资者将会用来考虑并影响他投资决策的信息。可见,信息的"重大性"与否并非取决于字面内容,而由其所传递内容对理性投资者决策的影响程度而定。

在美国,三个重要判例奠定了"重大性"信息的认定标准。[1] 首先,TGS案在"重大性"信息认定标准方面的贡献体现在,其确立了判断信息"重大性"的主观标准问题,即判断某信息是否具有"重大性"时,需要结合案件具体事实进行综合考虑。本案上诉后,联邦最高法院认为,"重大性"是法律与事实的结合,评价某个理性投资者会从信息中得出什么结论以及这种结论对他的重要性仅仅是一个事实问题;只有当该信息导致所有理性投资者在

〔1〕 SEC v. Texas Gulf Sulphur Co., 401 F. 2d 833 (1968); TSC Industries, Inc. v. Northway, Inc., 426 U. S. 438, (1976); Basic Inc. v. Levinson, 485 U. S. 224, (1988). 参见赵薇、孟翔:《证券信息披露标准比较研究:以"重大性"为主要视角》,中国政法大学出版社2013年版,第73~80页。

面对这一"重大性"问题都会得出相反结论时,才涉及法律问题。其次,美国联邦法院 12 年后在 TSC 案基础上确立了经典的"重大性"信息判断标准:"当理性的股东有很大的可能性会认为,一项遗漏的事实在他决定如何投票时具有重要意义,该事实具有重大性。换言之,所遗漏的事实必须具有很大的可能性会被理性的股东认为,其披露会显著影响已经被公开的信息综合体(total mix)。"[1]对这一表述可以做如下解读,在判断信息是否为"重大性"信息时,并非以涉案原告和被告的理解角度为准,而应从一个理性投资者的角度出发进行判断,如此,特定案件中投资者个人经验(无论是受过良好教育的投资者抑或是相关知识不足的投资者)并不会影响"重大性"信息标准的认定。最后,联邦最高法院在 Basic 案中对不确定信息的"重大性"认定标准进行了解释,即一个理性的投资者对事件发生的可能性做出预测。Basic 公司认为三次公司合并谈判均未达成合意,不具有确定性,因此州法院认为 Basic 公司存在的不实陈述都不是重要的,不符合"重大性"信息标准。而最高法院认为,对不同类型的公司来说,合并谈判这一信息是否符合"重大性"标准应有所区别的,对大公司来说可能无甚影响,但对于规模较小的公司来说,则可能会影响到理性投资者决策,需要根据具体事实来确定。

综上所述,美国证券法对"重大性"信息界定的标准是:该信息是否会影响理性投资者的决策(或该信息对于理性投资者投资决策的影响),这产生了另一个问题,即公募股权众筹中的"理性投资者"应如何认定。

（三）公募股权众筹中"重大性"信息认定标准的修正

信息披露与反欺诈条款是美国证券法投资者保护的重要构成要素,其中"重大性"标准明确了哪些信息需要被披露,而反欺诈条款则与理性投资者标准密不可分,两者共同回答了证券法应在何种程度上保护何类投资者

---

[1] 汤欣:《美国证券法上针对虚假陈述的民事赔偿机制——兼论一般性反欺诈条款制度的确立》,载《证券法苑》2010 年第 1 期。

的问题。目前我国证券法律法规中有关信息披露“重大性”标准的规则，采用了“证券价格标准”和“投资决策标准”的二元体制，其中“证券价格标准”通常被用于判断上市公司持续披露信息的“重大性”，而“投资者决策标准”则被用于发行环节，[1]这也代表了当今各国普遍采用的评价标准。由于公募股权众筹的核心在于证券发行环节，故“投资决策标准”应成为认定“重大性”信息的主要方法。

1. 理性投资者的基本特征

在美国证券法语境中，理性投资者并非是单纯字面上的“理性”，而是指在证券市场中，具有一定投资基础知识、能够理解财务会计以及宏观经济材料所表述内容的投资者，并且能够推断发行人所公布信息的经济、财务及法律后果。此外，理性投资者还应具备理性的认知和基本计算能力，能够对发行人披露信息的潜在风险进行理性评估，可以基于自身计算和推理能力处理各类数据。[2] 总体而言，传统证券市场语境中的理性投资者不仅应具备理解信息的能力，还须具备相应的信息处理能力。在公开交易的有效市场中，设定如此之高的理性投资者标准不乏一定道理，而非有效市场中的投资者往往表现出一种非理性，因此，该标准也难以适用。

2. 投资者决策标准：谁是公募股权众筹中的理性投资者

公开发行中理性投资者的界定为理解公募股权众筹中理性投资者概念提供了启示。理性投资者通常被描述为理性的市场参与者，他们依赖经验和信息获取能力参与市场交易。理性投资者在公开交易市场中表现出的最大特点是能够综合考虑所有可用信息，分析风险收益并做出适当选择。公

〔1〕 赵薇、孟翔：《证券信息披露标准比较研究：以“重大性”为主要视角》，中国政法大学出版社2013年版，第217页。

〔2〕 Black, Barbara, Gross, Jill I., "Making It up as They Go along: The Role of Law in Securities Arbitration", 991 *Cardozo Law Review* (2001), p. 1009.

开交易市场中理性投资者被假定为有效市场的一部分，能够利用分析工具来权衡风险和回报之间的多样化价值。[1]

如前所述，这项标准似乎无法适用于非有效市场。根据 SEC 调查显示，这类市场中投资者缺少基本金融知识，不懂得基础的证券定价知识。[2] 有效市场中理性投资者标准几乎无法用于非有效的公募股权众筹市场之中，因此，需要对该标准进行适当修正。

Sachs 教授提出，对于非有效市场中没有经验的投资者，应该像对待消费者一样进行保护，对他们不能适用传统理性投资者标准，而应当采用最不成熟投资者标准。[3] 基于上述观点，公募股权众筹市场中理性投资者应以非有效(inefficient)市场中最不精明的投资者(the least sophisticated investor)为标准，将其作为普通消费者一样进行保护，而非传统的理性投资者。一些在理性投资者看来无关紧要的信息，在公募股权众筹市场中则可能变为重大性信息。因此，信息披露的表述方式必须能够使非有效市场中的投资者所接受，若发行人未能提供适当信息，则可能承担重大虚假陈述与遗漏的民事责任。

第三节　公募股权众筹群体智慧的功能解释

一、传统融资模式的制度无法承载公募股权众筹

公募股权众筹作为一种全新融资模式，具有“公开、小额、大众”的基本特征，并且面向非合格投资者公开发行，传统融资模式的相关制度难以适用

---

〔1〕 Heminway, Joan MacLeod, “Female Investors and Securities Fraud: Is the Reasonable Investor a Woman”, 291 *William & Mary Journal of Women and the Law Female*(2009), pp. 298 – 301.

〔2〕 See *Study Regarding Financial Literacy Among Investors*, SEC, https://www.sec.gov/news/studies/2012/917 – financial-literacy-study-part1.pdf，最后访问日期：2016 年 11 月 12 日。

〔3〕 Sachs, Margaret V., “Materiality and Social Change: The Case for Replacing the Reasonable Investor with the Least Sophisticated Investor in Inefficient Markets”, 473 *Tulane Law Review*(2007), pp. 501 – 507.

其中。

(一)上市公司

首次公开发行(Initial Public Offering,IPO)是最为传统和标准的企业融资方式。相比于信息不对称,代理成本是上市公司需要解决的主要问题。

1.强制信息披露。强制信息披露制度作为现代证券法基石,能够反映证券这种特殊商品的价格及内在品质,因此,准确、完整地披露真实信息能够有利于投资者利益保护,保证公平、公开、公正原则目标实现。信息披露能够缓解投资者与发行人之间信息不对称问题,同时也便于股东行使监督权,以减少代理成本。[1] 然而这项制度在公募股权众筹领域内似乎难以发挥应有功能。沙哈尔和施奈德教授在《过犹不及:强制披露的失败》中系统解释了为何强制信息披露制度会失败。一方面,由于披露内容的专业性十分之高,普通投资者根本无法理解披露信息内容。另一方面,公募股权众筹市场并不符合有效市场假说(Efficient Capital Markets Hypothesis,ECMH),该市场中的投资者无法根据信息披露内容做出理性决策。

2.并购。在代理成本理论中,公司并购是缓解管理者与股东冲突的有效机制,由于管理者的不称职会导致公司成为并购或被接管的目标,而管理者会在被并购后丧失公司控制权,这也被称为"敌意收购"。例如,在面对与近期宝能万科、康达尔、上海新梅等一系列股权争夺案例相似的情况时,美国《威廉姆斯法案》对于一致行动人收购超过公司5%股票的违规行为,非但没有科以类似内幕交易的刑事责任,并且处罚措施也十分有限。这也是利用公司控制权机制,来抑制内部人士懈怠和专权,降低代理成本。[2] 由于公

---

[1] Paredes, Troy A., "Blinded by the Light: Information Overload and Its Consequences for Securities Regulation", 417 *Washington University Law Quarterly* (2003), p. 422.

[2] 《店大莫欺客:为什么不许董事会剥夺股东表决权?》,载比较公司治理:http://mp.weixin.qq.com/s?__biz=MzI3MjExMDYyNg==&mid=403921847&idx=1&sn=b572336d0d2920640d31b064f6690ee3&scene=1&srcid=0813JAqknhy2Znb7TrsAy16I#rd,最后访问日期:2016年7月29日。

募股权众筹股权构成过于分散,加之缺乏流动性,因此,通过并购解决代理成本问题似乎并不可取。

3. 股东派生诉讼。美国判例法对公司管理者科以忠诚勤勉的信义义务,在其实施侵害公司利益行为时,股东可以提起诉讼。除此之外,美国亦规定了证券集团诉讼制度来保护投资者权益。[1] 然而这两项制度在公募股权众筹领域内面临的困境十分相似,因诉讼成本与收益不成比例,导致对股东和律师都无法形成有效激励。[2]

(二)风险投资

风险投资关注处于发展早期的高风险、高成长型初创企业,由于任何一项决策都有可能影响公司发展及最终成败,因此,风险投资面临的主要障碍是未来结果不确定性过高。风险投资者与发行人之间信息不对称是最重要的影响因素,当然其中也存在代理成本问题。即便如此,风险投资之所以能够成功,是由于其通过风险投资合同,实现了投资人对初创企业发展全过程的监管。

1. 分段投资制度。风险投资者往往通过分阶段投资方式,来实现对发行人的控制和督促。分段投资能够有效减少发行人夸大宣传公司发展前景,并且投资者可以通过设立阶段性目标,来激励发行人赢取下一阶段投资。[3] 然而分段投资机制在公募股权众筹中作用似乎十分有限,由于《JOBS 法案》并没有设计分段投资制度,作为中介的平台在融资结束后应将所有募集资金交付给发行人,其并没有权利决定能否分阶段支付。相应地,《JOBS 法案》通过允许发行人每年发行固定上限额度来实现类似分段投资功能,但这种类分段投资机制对发行人的激励远远弱于风险投资。传统风

〔1〕郭雳:《美国证券集团诉讼的制度反思》,载《北大法律评论》2009 年第 2 期。

〔2〕耿利航:《论我国股东派生诉讼的成本承担和司法许可》,载《法律科学》(西北政法大学学报)2013 年第 1 期。

〔3〕Bartlett, Robert P., "Venture Capital, Agency Costs, and the False Dichotomy of the Corporation", 37 *UCLA Law Review*(2006), p. 63.

险投资的投资者享有看涨期权,其不仅能够追加投资,同时也可以放弃投资前景黯淡的项目,这对发行人来说会形成足够的压力,一旦投资者放弃后续注资,公司便很难从其他途径获得后续资金支持。[1] 而公募股权众筹则相反,由于发行人每次发行融资之间几乎是完全独立的,达到既定目标也仅仅能够获得次年再次融资的权利,现有投资人并没有继续追加投资之义务,因此,发行人能否获得后续融资的结果并不确定。此外,假设初创企业能够成功并进一步发展,发行人也可能不会再次选择公募股权众筹作为融资方式,而是选择风险投资或者银行贷款等更为便捷、成熟的融资路径。

2. 优先股制度。优先股被广泛应用于美国风险投资领域,[2]其赋予股东优先分配利润、清算等权利,但会受到表决权方面的限制。[3] 在应对风险投资中的信息不对称和代理成本问题时,优先股具有独到的优势。通常来讲,发行人足够自信并且相信公司潜在价值大于优先股利润分红时才会选择发行优先股,这便给投资者传递出优质公司的暗示。相对地,在协议中通过附加条款限制优先股股东权利以减少代理成本,能够激励发行人努力实现管理目标。[4] 然而,优先股适用是以发行人与风险投资者之间能够进行充分、专业的协商为基础,进一步划定各方权利义务内容,[5]这与公募股权众筹所追求的低成本显然背道而驰。此外,可转换优先股也是风险投资中最为常见的一种形式,[6]这可能导致控制权在发行人和投资者之

[1] 马乐声、汪波、陈德棉:《风险投资在信息不对称条件下的委托代理风险防范研究》,载《科学管理研究》2006 年第 3 期。

[2] 于莹、潘林:《优先股制度与创业企业——以美国风险投资为背景的研究》,载《当代法学》2011 年第 4 期。

[3] 汪青松:《优先股的市场实践与制度建构》,载《证券市场导报》2014 年第 3 期。

[4] 曾智、朱玉杰、雪莲:《我国私募股权投资中引入优先股的理论解析与现实思考》,载《山东社会科学》2014 年第 3 期。

[5] Wroldsen, John S., "The Social Network and the Crowdfund Act: Zuckerberg, Saverin, and Venture Capitalists' Dilution of the Crowd", 583 *Vanderbilt Journal of Entertainment and Technology Law* (2013), pp. 592 – 595.

[6] 曾智、朱玉杰、雪莲:《我国私募股权投资中引入优先股的理论解析与现实思考》,载《山东社会科学》2014 年第 3 期。

间转移,[1]对发行人控制权造成威胁。

3. 股权激励。公司通过与高管或员工签署股权激励协议,使员工持有部分公司无表决权股份或利润分红权,以激励其遵守信义义务并勤勉工作,来减少代理成本。我国已有上市公司和非上市公众公司股权激励相关制度,[2]但这套股权激励体系似乎难以适用于公募股权众筹。一方面,掌握初创企业控制权与利润分红是激励发行人的主要动因,发行人并不希望过度稀释公司股份,而倾向于通过债权等其他方式进行融资。另一方面,由于股权激励工具设计也需要精斟细酌,公募股权众筹投资者显然没有更多精力来过问具体制度应如何设计。

(三)天使投资

与风险投资有所区别,天使投资主要是以个人为核心开展的初创企业投资活动。[3] 天使投资人在面临与风险投资人类似问题时,没有选择采用设计复杂的投资合同,而是进行简化,仅仅要求几项关键的投资人保护条款,[4]并以自己的丰富投资经验和专业知识亲身参与初创企业治理。

1. 专业知识。天使投资人往往是具有专业知识和一定量自有资金的企业家、创业家,其通常会选择与其专业知识相关并且熟知的领域进行投资,天使投资人的专业知识是解决企业初期发展不稳定的有效工具。同时,天使投资人通过参与企业管理,能够最大限度化解信息不对称和代理

---

[1] 于莹、潘林:《优先股制度与创业企业——以美国风险投资为背景的研究》,载《当代法学》2011 年第 4 期。

[2] 参见《上市公司股权激励管理办法》(中国证券监督管理委员会令第 126 号,2016 年 8 月 13 日实施),载中国证券监督管理委员会:http://www.csrc.gov.cn/pub/shenzhen/ztzl/ssgsjgxx/jgfg/sszl/201607/t20160725_301111.htm,最后访问日期:2016 年 12 月 30 日;《非上市公众公司监管问答——定向发行(二)》,载中国证券监督管理委员会:http://www.csrc.gov.cn/pub/zjhpublic/G00306203/201511/t20151124_287081.htm,最后访问日期:2016 年 12 月 30 日。

[3] 王佳妮、刘曼红:《天使投资的行为、组织与政策研究综述》,载《经济问题探索》2014 年第 11 期。

[4] Ibrahim, Darian M., "The (Not So) Puzzling Behavior of Angel Investors", 1405 *Vanderbilt Law Review* (2008), pp. 1443 – 1451.

成本问题，而这在面向普通投资者融资的公募股权众筹之中几乎无法实现。专业知识的另一种解释是“群体智慧”，即在满足一定条件下，群体的智慧可能要高于其中的任何单一个体，传统经济学相信市场能够发挥“看不见的手”之功能，就是群体智慧的结果。[1] 每个公募股权众筹投资者贡献的特有知识和经验，对于初创企业来说都有可能成为“专业知识”，但这种“专业知识”并不能像天使投资人一样直接影响初创企业发展，而仅仅作为一种参考或辅助性建议被采纳。

2. 参与管理。天使投资人参与到初创企业日常经营管理之中，发挥类似董事职能，在这种高强度的监督环境下，能够最大限度降低代理成本。公募股权众筹投资者与上市公司投资者十分类似，二者均处于被动参与状态，甚至在某种程度上抱有“搭便车”的心态。当然，要求小额投资者花费时间和精力去关注并参与企业监督，本身也不符合逻辑。

综上所述，各类传统融资治理模式均有配套治理机制来应对信息不对称和代理成本的逻辑困境，但这些治理机制似乎难以完全移植到公募股权众筹之中，因此，基于公募股权众筹“小额”“大众”的基本特征，需要更新治理理念和治理机制。

二、群体智慧功能的理论基础

尽管公募股权众筹的制度设计饱受批判，但作为一种新型融资模式，仍然吸引了众多学者不断探索、丰富其治理理论，这中间最为主要的两项创新在于群体智慧理论（the wisdom of crowds）和大数据（big data）的运用。

（一）群体智慧理论

行为心理学领域中存在两个完全相反的“群体”理论。一种观点集中阐述了群体中的个体会罔顾自身理性，而盲从于群体中的其他人。而另一种

[1] 彭冰：《公募众筹的理论基础》，载郭峰主编：《证券法律评论》（2016 年卷），中国法制出版社 2016 年版，第 41 页。

观点则认为,群体意见作为群体中个体意见的总和,其结果总是优于个体意见,即群体的智慧。

1. 群体的疯狂(madness)

Charles Mackay 教授指出群体的疯狂特性,[1] 与之类似的经典理论便是勒庞(Gustave Le Bon)笔下的乌合之众。[2] Mackay 教授将研究的重点集中在因羊群行为(herding effects)引发的信息瀑布(information cascades)上。羊群行为与信息瀑布是两个不同的概念,根据 Lones Smith 教授的解释,信息瀑布是指序贯决策中,后续决策者就可能不再考虑自己拥有的个人信息而直接选择前人的决策结果。羊群行为中的个体并未忽略他们所拥有的信息。换言之,羊群行为中的个体在进行同类决策时,会因个体所掌握的信息不同,做出不同的选择结果。但是在信息瀑布的语境下,个体在选择跟随他人决策结果时,则完全忽略自己所掌握的信息,甚至当他们深信自己是正确时,也会放弃自己的选择。也就是说,信息瀑布中必然存在羊群行为,羊群行为则不必然导致信息瀑布。[3] 那么信息瀑布会导致何种结果呢?当群体的决策不是立刻做出而是依次做出时,由于个体掌握的信息是不完整的,如果最先做出决策的几个人恰巧得到的是错误信息,那么在这个信息瀑布模型中,按照假设选择的群体都做出了错误决策,其原因只不过是由于最先做出决策的人恰巧得到的是错误信息。信息瀑布并不是简单的盲从,而是后来的个体坚定不移地相信,他们从先前的"榜样"中学习到了重要的东西。于是个体不再关注自己的知识,转而开始关注其他人的行为,并进行模仿。当个体不再依赖于自己的知识进行决策时,所有人都认为自己的决策行为是依赖他们所了解的信息,但实际上个体在做决策时所依赖

---

[1] Phillips T., *Charles Mackay's Extraordinary Popular Delusions and the Madness of Crowds: A 52 brilliant ideas interpretation*, Infinite Ideas, 2009.

[2] [法]吉斯塔夫·勒庞:《乌合之众:大众心理研究》,戴光年译,新世界出版社 2010 年版。

[3] Celen B., Kariv S., "Distinguishing informational cascades from herd behavior in the laboratory", 484 *The American Economic Review* (2004), pp. 485 – 486.

的是其他人之前已经掌握的错误信息，这导致群体中所有人最终都做出了错误的决策。[1]

2. 群体的智慧

与上述观点相反，James Surowiecki 在《群体的智慧》一书中使用大量事实论证了群体的智慧优于群体中的任何个体。Surowiecki 认为，群体智慧功能的发挥依赖于三项要素，即多样性(diversity)、独立性(independence)以及分权化(decentralization)。

首先，多样性。Surowiecki 强调多样性是概念和认知方面的多样性，这种多样性能产生不同的思路，最终得到有意义的差异化结果，而非同一概念上的微小差异，并且这种多样性不仅有助识别和认知，还可以帮助决策。另外，多样化虽有上述优势，但多样化的消极方面在于其会受到权威因素的影响，导致群体难以进行决策，出现"群体迷思"(groupthink)。[2] 因此，多样性需要抵制群体迷思的决策困境。

其次，独立性。Surowiecki 认为独立性是群体智慧发挥功能的前提条件，也就是要求个体在发表意见时不应受到其他人干扰，尤其不能干扰个体的创意和决策。群体内成员之间相互影响越多，则群体的决策将越不可能是明智的。这种独立性与信息瀑布形成鲜明对比，因此，群体智慧成功的关键性因素是让个体在决策时，更少地受到其他人影响。独立性提供了两个重要的功能：其一，能够避免群体的判断失误；其二，确保群体内新信息的提供，保证群体的多样性。

最后，分权化。Surowiecki 定义的分权化是指，决策应由个体根据自己的知识判断独立做出，而非将最终决策权集中在特定人手中。分权化的目的是连接多样性与独立性，确保个体能够独立思考并做出有效决策。

---

[1] James Surowiecki, *The Wisdom of Crowds*, Anchor Books, 2005, p. 54.

[2] 群体迷思是指团体在产生凝聚力的同时，更加容易排斥外部意见，导致更加相信团体在重要问题上的判断是正确的。See James Surowiecki, *The Wisdom of Crowds*, Anchor Books, 2005, p. 36.

(二)公募股权众筹中的群体智慧

群体智慧理论认为,在大量个体共同努力下,能够及时发现企业问题并提出有效对策,这相比于少数专家的指导和监督更为有效,并且在足够的物质条件激励下,这种激励更为明显。[1] 因此,群体智慧的作用机理十分简单,由于群体的多元化构成能够平衡个体过高或过低的错误认知,及时发现潜在风险和不确定因素,形成较为理想和准确的平均结果。吸引传统风险/天使投资者项目最为重要的特点是巨大利润增长空间和短期投资回报,但从另一个角度看,合格投资者尽管具有专业知识,但毕竟人数有限,群体智慧更容易发现专业合格投资者并不知晓的特殊领域内的优势初创企业。《JOBS 法案》与《众筹条例》已经从多个方面体现出群体智慧理论的实践应用,例如,发行人必须达到预定的募集额度才能算作成功发行;[2] 以及投资者有权取消之前的投资决定。[3] 因此,当有足够投资者愿意为企业投资时,也在很大程度上证明其价值及合理性,即便这些项目曾经并没有得到传统风险/天使投资者的关注。

然而,群体智慧理论在实践中的发挥似乎并不是十分稳定,其可能成为"疯狂"与"理智"的集合体。[4] 学者根据 Surowiecki 教授的理论,进一步推导出在公募股权众筹中,实现群体智慧理论功能所依赖的四个条件:(1)多样性(这里多样性主要强调概念和观念上的分散,即参与主体知识结构和认

---

〔1〕 Karsten Hueffer, Miguel A. Fonseca, Anthony Leiserowitz, Karen M. Taylor, "The Wisdom of Crowds: Predicting a Weather and Climate-Related Event", 91 *Judgment and Decision Making* (2013), pp. 95 – 97.

〔2〕 15 U.S.C. § 77d. 具体内容:确保只有当筹集的资金总额达到或超过目标发行总额时,发行收益才能属于发行人,并允许所有投资者可以撤销其出资承诺,委员会应当制定规则确定适当方式。

〔3〕 17 C.F.R. § 227.304(a). 具体内容:一般情况。投资者在发行人的发行说明书所确定的截止时间 48 小时之前可以无理由撤销投资承诺。截止日期前的 48 小时内除依据本小节(c)条外,禁止撤销投资承诺。

〔4〕 Heminway, Joan MacLeod, "Investor and Market Protection in the Crowdfunding Era: Disclosing to and for the Crowd", 827 *Vermont Law Review* (2014), pp. 837 – 843.

知层次的多元化,并能够提出解决问题的新路径);(2)独立性(独立性强调最小化参与主体之间的相互影响,尤其要求其能够独立思考和决策);(3)分权化(分权化强调去中心化和权威化,最终决策制定是每个参与者智慧的集合,而非“先知者”高瞻远瞩的独裁[1]);(4)汇聚(学者认为汇聚的最好机制是价格,但公募股权众筹并不具备该条件[2])。然而公募股权众筹仅满足其中第一和第三个条件,正是因为缺少第二项独立性特点,才导致个体缺乏对信息的独立判断,进而出现“疯狂”的羊群行为。尽管理论上仍有争议,但实践中群体智慧仍然是解决公募股权众筹困境的首要工具。

群体智慧能够成功的理论依据是“众多投资参与者中,不乏具有相关专业知识背景的专业人才,其能够为发行人提供专业建议并促进项目改进”。然而,这条理想化的原理是否能付诸实践?传统风险/天使投资中,投资人可以被高额利润回报所激励,能够积极指导、帮助初创企业发展。反观公募股权众筹市场,《JOBS 法案》认为,在排除投资者利他主义、名誉或者其他额外物质回报情况下,仍然能够激励投资者积极分享信息。由于法律限制了每个投资者的投资额度,并且要求发行人必须达到预期发行额度才被认定为发行成功,若掌握优势信息的投资者不分享其掌握的内容,则可能导致项目因无法达到预期发行额度而失败。因此,将有价值的信息进行共享是投资者和发行人实现共赢的最优选择。这也与沙哈尔教授指出的一类中介机构——精明的读者——不谋而合,精明的读者能够“研究信息披露为他们自己所用,去理解他们并进行理性的选择”。[3] 为破解精明读者功能发挥的空间限制,公募股权众筹设置了交流渠道制度,来汇聚精明读者的意见,并且当汇聚意见变得足够典型时,交流渠道便成为了一个好的中介(代理人)。

---

〔1〕 James Surowiecki, *The Wisdom of Crowds*, Anchor Books, p. 10.

〔2〕 彭冰:《公募众筹的理论基础》,载郭峰主编:《证券法律评论》(2016 年卷),中国法制出版社 2016 年版,第 41 ~ 42 页。

〔3〕 关于“精明的读者”介绍参见本书第三章第二节。

(三)社交媒体、信誉评价与大数据

社交媒体、信誉评价可以理解为运用大数据对发行人和投资者行为进行预测[1]的工具集合。社交媒体和信誉评价作为解决公募股权众筹信息不对称的工具,[2]能够起到风险揭示的基本作用。[3] 这便是沙哈尔教授指出的另一类中介机构——信息整合者,信息整合者能够"通过收集信息,并将这些信息转化为有用的形式,比如价格比较、评级、标签等"。

信誉是社会对于个人和组织的概括总结或一般观念上的评价,[4]这类信息一旦被聚集,便可以帮助有类似需求的个体做出决策。信誉能够迫使个体关注行为后果,在个人和组织中形成群体道德约束力,促使个体在实施行为时遵守社会道德标准,以避免信誉受损。由于公募股权众筹活动所有过程都经由网络完成,并且在现代科技环境下,试图在网络上删除或隐藏一些记录变得更加困难,[5],通过大数据的记录功能来影响和约束公募股权众筹活动参与者的行为,可以减少信息不对称和代理成本。此外,《JOSB 法案》第302b(a)(5)条要求中介平台"按照SEC制定的规则采取措施,降低交易的欺诈风险,包括对销售证券发行人的所有高管、董事或任何拥有超过20%已发行股票股东的背景及其证券执法监管历史进行核查",而大数据也在某种程度上保障了此条款之目的的实现。具体而言,社交媒体和信誉评

---

〔1〕 大数据的核心作用在于预测。参见[英]维克托·迈尔-舍恩伯格、[英]肯尼思·库克耶:《大数据时代:生活、工作与思维的大变革》,盛杨燕、周涛译,浙江人民出版社2013年版,第16页。

〔2〕 Tomboc, Gmeleen Faye B., "Lemons Problem In Crowdfunding", 253 *John Marshall Journal of Information Technology and Privacy Law*(2014), pp. 270-276.

〔3〕 杨东:《互联网金融的法律规制——基于信息工具的视角》,载《中国社会科学》2015年第4期。

〔4〕 McNamara L. *Reputation and defamation*, Oxford University Press, 2007.

〔5〕 这主要涉及一项新兴人格权"被遗忘权"的问题,我国司法实践中已经开始关注这项权利构成及救济路径。参见杨立新、韩煦:《被遗忘权的中国本土化及法律适用》,载《法律适用》2015年第2期。此外,有学者对"被遗忘权"定位及内涵开展进一步探讨,并指出这项权利已经被欧洲所接受,但是美国却基于宪法上言论自由作为基本人权理论持坚决反对意见。参见段卫利:《论被遗忘权的法律保护——兼谈被遗忘权在人格权谱系中的地位》,载《学习与探索》2016年第4期。

价是大数据技术在非正式和正式两个层面的运用：

1. 非正式层面的社交媒体大数据。[1] 由于缺少原始数据来源并且投融资双方信任关系难以建立，故大数据实践的可行性也受到质疑，[2]而发行人和投资者的“微博”和“博客”等社交媒体上的内容，可能成为其信誉的基础数据来源。公募股权众筹发行人可以通过在各类社交媒体主页上发布链接将项目关联到中介平台，利用现有网络信誉基础向投资者提供许诺，而这也符合《众筹条例》的规定。[3] 目前，利用社交媒体提供的网络信誉推介融资项目的做法，已经运用于美国奖励型众筹之中。例如，在 Indiegogo 网站上，投资者通常会选择由 Facebook 授权金牌账户推荐的融资项目，并且 Indiegogo 也在其网站上声明：“我们提供这些附加信息，能够帮助您进行投资决策。”[4]当然，通过社交媒体账户进行推荐，也可能将发行人的网络信誉置于不利境地，一旦出现违约行为，投资者在网络上发表的批评言论会迅速传播。同时，由于社交媒体采用实名制度，投资者在发表评论时也会遵守道德标准，这种个人信誉“枷锁”能够对发行人和投资者双方形成约束，有效控制恶意言论出现。

2. 信誉评价系统。除利用既有社交媒体渠道外，公募股权众筹平台还应设置类似于电商的信用评价系统。理论上认为，这种电商评价机制起到三个作用：其一，尽管消费者可能面临欺诈风险，但评价机制汇聚的消费者反馈意见，却实现了鼓励网络消费活动之目的；其二，通过匿名评价机制积累信息，能够逐渐降低风险以及欺诈的发生概率；其三，评价机制能够在商家、消费者和平台之间建立双重信任关系。然而，将信誉评价机制运用于公

---

〔1〕 社交媒体实际上也具有“交流渠道”之功能，《众筹条例》并不倾向于鼓励投资者使用官方以外的社交媒体渠道交流信息，因此，本书采社交媒体另外一项功能，即信用或声誉的载体。

〔2〕 彭冰：《公募众筹的理论基础》，载郭峰主编：《证券法律评论》(2016 年卷)，中国法制出版社 2016 年版，第 54 ~ 55 页。

〔3〕 17 C. F. R. § 227. 204.

〔4〕 *About Verifications*, INDIEGOGO, https://support. indiegogo. com/hc/en-us/articles/202179638 - About-Verifications，最后访问日期：2016 年 8 月 2 日。

募股权众筹时,面临的最关键问题在于发行人可能并不会像普通电商一样长期销售产品,并逐渐累积用户评价。因此,信用评价系统在这种情况下的表现则弱于社交媒体。但从另一个层面看,信誉评价系统能够吸引优秀创业者同时开展多项创业,通过信誉累积,其后续融资或其他融资项目将更容易吸引投资者。

综上所述,群体智慧理论在《众筹条例》中已有所体现,而大数据的信用评价机制仍处于学理探讨和尝试性运用阶段。下文将重点解释《众筹条例》中群体智慧理论功能的两项实现机制。

三、群体智慧功能之一:缓解信息不对称

公募股权众筹中群体智慧理论的实践,需要两项制度相互结合:其一,确保信息准确性制度;其二,畅通股东交流渠道制度。而这两项制度的实施效果都依赖于公募股权众筹平台监管职能的发挥。

(一)信息准确性

信息准确性是群体智慧理论发挥功能并减少信息不对称的基础,如果投资者接收到误导或者虚假信息,则群体智慧也难以实现预设的功能。这其中,《JOBS 法案》沿用了美国 1933 年《证券法》中确保信息披露准确性的规制思路,要求信息由发行人提供,并对信息内容真实性负责,而平台则是负责对上述信息进行审核。具体而言:首先,信息披露制度,要求证券发行人必须向投资者披露所有相关信息;其次,详细的注册程序,SEC 要求所有发行必须通过已注册的集资门户或者经纪商进行;再次,中介平台审查发行人提供的材料,并且中介平台在有理由相信发行人具有潜在欺诈风险时,可以拒绝其使用平台发行证券;最后,反欺诈制度。因此,在确保群体获得信息的准确性方面,《JOBS 法案》并没有太多实质性制度创新。

(二)交流渠道制度

交流渠道是确保群体智慧理论功能发挥的重要工具,中介平台有责任

检查、确保交流渠道的正常运转。SEC 强调由中介平台设立官方的股东交流渠道,主要基于如下两方面因素考量。

1. 交流信息统一监管

投资者交流的内容和方式已经引起 SEC 关注。SEC 认为要求中介平台向不熟悉社交媒体的人群提供官方交流渠道并使其参与到在线讨论中,能够减少投资者寻求非官方网站获取信息情况的出现。[1] 由于法律并没有禁止投资者在平台提供的官方交流渠道以外进行信息交换,因此缺少集中交流渠道可能会导致投资者遗漏部分重要信息。

SEC 指出,中介机构有责任调查从各种非官方渠道流出涉及发行人违规行为的信息,如果这些信息确属为真,则发行人也应承担相应责任。介于 SEC 上述要求,中介平台可能会面临三个问题:其一,平台声誉及责任。如果发行人提供虚假信息所造成的损失是因中介对发行人审核不够充分引起的,那么中介需要对上述负面信息(官方或非官方渠道)进行调查、审核并处理,结果可能会有损于中介信誉。其二,信息完整性。中介平台建立官方交流渠道后,投资者需要通过注册才可以发言,在理想情况下,官方交流渠道理应成为发行人和投资者进行交流的唯一路径,并记载所有与发行有关的交流信息。其三,实现发行人与投资者的互动。发行人需要通过官方交流渠道回应投资者提出的问题,平台可以根据发行人对一些关键问题的回答内容,判断发行人是否存在重大虚假陈述或遗漏。因此,为确保交流信息的完整性,中介平台应要求所有发行人使用官方交流渠道,以确保所有投资者都能知悉与发行相关的信息。美国最大的股权众筹平台之一 RocketHub 在

---

[1] 17 C.F.R. § 227.303(c). 具体内容:关于交流渠道的要求。中介必须在其平台上提供交流渠道,以供人们互相交流和与发行人代表就中介平台上的发行进行交流,前提条件是:(1)如果中介是集资门户,除了制定交流规则和移除辱骂性或潜在欺诈性信息外,不加入任何交流之中;(2)中介允许公众查看交流渠道中的讨论;(3)中介仅允许已经在中介平台开设账户的人在交流渠道中发布评论;以及(4)中介要求每次在交流渠道中发布评论时,明确而醒目地披露评论人是不是代表发行人从事推广活动的发行人员工和创始人,或是不是已经或预期因推广发行获得报酬的人。

2014 年向 SEC 提交一份关于《众筹条例(意见稿)》的报告中提到,投资者很可能将与融资有关的信息发布在 Twitter 或者 Facebook 等社交媒体网站上,而中介平台发现后则需要再次通知发行人进行处理,其建议发行人应积极引导投资者通过官方渠道进行交流。[1]

2. 控制发行过程中的欺诈

中介平台积极构建符合 SEC 要求的交流渠道还有另一项重要作用,即控制发行过程中恶意促使发行成功的欺诈行为。具体而言,发行人可能利用其他关系人账户或者通过向部分投资者承诺投资金保证的方式,在发行初期营造融资项目受到高度投资关注的假象。由于《众筹条例》赋予投资者在投资后直至发行说明书所确定的截止时间 48 小时前享有无条件反悔权,不知真相的普通投资者跟进投资后,"扮演的投资者"将逐渐撤回前期投资,以此营造项目发行即将成功或者达到预定数额的假象来欺骗后跟进的投资者,这种欺诈发行行为被 RocketHub 称为"pump and dump"。[2] 然而,在 2015 年 10 月 30 日最终通过的《众筹条例》中,SEC 并没有修改该条款内容,采用类似于意大利股权众筹中 7 天短期反悔权制度设计。[3] 对此,SEC 给出的解释为:给予投资者足够反悔权期限,是为了实现群体智慧充分发挥与投资者利益保护之间的平衡,督促投资者持续关注交流渠道上的探讨内容,直到发行结束时才确定发行人最终是否能够成功发行。投资者需要足够长的时间来形成群体智慧结果,正如《众筹条例(意见稿)》中给出的说明:"群体智慧与群体兴奋(excitement of the crowd)是两个完全不同的概念。"尽管

---

〔1〕 RocketHub, *Implementation of Crowdfunding: Building on Title III of the JOBS Act Response to Proposed Rules*, SEC, https://www.sec.gov/comments/s7-09-13/s70913-206.pdf, 最后访问日期:2016 年 8 月 1 日。

〔2〕 RocketHub, *Implementation of Crowdfunding: Building on Title III of the JOBS Act Response to Proposed Rules*, SEC, https://www.sec.gov/comments/s7-09-13/s70913-206.pdf, 最后访问日期:2016 年 8 月 1 日。

〔3〕 CONSOB Reg. n. 18592/2013。参见冯果、袁康:《境外资本市场股权众筹立法动态述评》,载《金融法苑》2014 年第 2 期。

pump and dump 行为在后期很容易通过计算机技术来证明，并追究发行人责任，但在项目开始融资阶段却难以被察觉，因为发行人和投资者在表面上都是经过审核且符合标准的。了解并准确识别每个投资者是最为有效的应对策略。准确识别投资者还有另外一个原因，SEC 曾提醒发行人，其竞争对手可能会扮演投资者参与融资，并且在关键时刻撤资，故意造成发行失败。

因此，强调由中介平台提供官方交流渠道有益于融资活动的所有参与者。通过交流渠道，非成熟投资者能够快速了解投资项目的所有相关信息，发行人能够解答投资者提问，同时也便于平台进行集中监管，有效控制发行中恶意欺诈行为出现。可见，作为群体智慧理论实践重要的机制——交流渠道——所承载的价值功能远不止于简单的信息沟通。

四、群体智慧功能之二：降低代理成本

（一）公司融资与公司治理

公募股权众筹在发行结束之后，因缺少有效的后续监督机制，面临更为严峻的代理成本问题。在关注公募股权众筹公司治理问题前，需要理顺美国公司融资与公司治理法律之间的关系。《JOBS 法案》与美国 1933 年《证券法》和 1934 年《证券交易法》一样，解决了公司如何从社会融资的问题。而当融资程序完成后，公司治理问题则交由各州根据《特拉华州公司法》或《1984 年示范公司法》制定本州公司法来解决。[1]

首先，公募股权众筹公司在本质上属于公众持股公司而非紧密持股公司。[2] 美国公司法以公开公司作为默认调整对象，其他类型公司适用公司法时，采简化或者选择适用的方式。[3] 《JOBS 法案》新增 Section 303 内容，

---

〔1〕 [美]罗伯特·W. 汉密尔顿：《美国公司法》（第 5 版），齐东祥译，法律出版社 2008 年版，第 47～58 页。

〔2〕 同上书，第 1～3 页。

〔3〕 邓峰：《普通公司法》，中国人民大学出版社 2009 年版，第 91 页。

使公募股权众筹公司在股东人数超过500人时，不会被认定为美国1934年《证券交易法》项下的公开公司，进而避免其履行公开公司强制信息披露之义务。因此，公募股权众筹公司治理仍依循公开公司的基本治理结构。

其次，控制权与所有权分离。[1] Berle和Means在《现代公司与私有财产》一书所提出的控制权与所有权分离理论，对美国公司立法影响深远。基于这一理论，也衍生出两种对立的公司治理模式，即“股东中心主义”和“董事会中心主义”。在这场争论中，“董事会中心主义”似乎更胜一筹。[2] 董事被科以忠实和信义义务来尽职尽责地管理、经营股东财产，并且赋予股东以派生诉讼权利来维护自身权益。有学者已经指出这一问题，目前美国公司治理的基本结构是为大型公司而设计的，并不能很好地适应公募股权众筹这种小型的公开公司。同时，有限责任公司主要是为闭锁公司设计，其治理模式也无法适用。因此，公募股权众筹公司需要更加灵活及多样化的公司治理机制，[3] 来解决进入运营阶段的代理成本问题。

（二）公募股权众筹公司治理

1. 可能的发行人特征

Darian M. Ibrahim教授认为，向非合格投资者融资可能会使公司面临更高的被起诉风险，因为非合格投资者并不能像合格投资者一样承受投资失败的结果。因此，可能只有两类高质量初创企业倾向于使用公募股权众筹进行融资：其一，暂时不需要太多资金的优质初创企业。这类初创企业具有两个特征，一是天使投资规模超过其所需要的融资量，二是企业创始人也不希望通过债权来获取最初的启动资金。其二，需要进一步发展的优质初

---

〔1〕［美］阿道夫·A. 伯利、［美］加德纳·C. 米恩斯：《现代公司与私有财产》，甘华鸣、罗锐韧、蔡如海译，商务印书馆2007年版，第3～138页。

〔2〕［美］斯蒂芬·M. 贝恩布里奇：《理论与实践中的新公司治理模式》，赵渊译，法律出版社2012年版，第198页。

〔3〕Verret, J. W., “Uber-ized Corporate Law: Toward a 21st Century Corporate Governance for Crowdfunding and App-Based Investor Communications”, 927 *Journal of Corporation Law* (2016), pp. 936–937.

创企业。这类初创企业需要进一步发展的资金，但是并不希望获得天使投资提供的指导及附加服务。通过公募股权众筹融资能够让创始人更有效地掌握公司控制权，并且排除天使投资人对公司发展的影响和控制，也就是说，通过公募股权众筹进行融资的发行人希望在得到资金的同时，免除天使投资所提供的捆绑服务。[1]

2. 问题在哪

目前来看，董事会中心主义模式可能仍然会主导公募股权众筹公司的治理，但控制权归属却带来四个问题：第一，并不是所有的创业者都是扎克伯格。[2] 囿于个人能力有限和初创企业特殊状况，控制权完全由发行人掌握，无法发挥群体智慧作用。第二，集体行动的逻辑困境。制度经济学阐述集体行动的一个重要困境便是"搭便车"(free-ride)，[3] 由于人们通常寻求自我利益最大化，那么在集体行动当中，除非有更大的激励或独立的激励，个人通常不会采取行动来实现共同的或集团的利益，因此，股东并没有太多动力过问公司治理问题。[4] 第三，公募股权众筹二级流动市场相对较差，传统用脚投票来解决代理成本的方法可能无法适用。第四，股东也难以通过选举董事以及行使股东提案权来实现对公司管理层的监督。

3. 治理机制修正

控制权是公司融资领域内的永恒论题，尤其在创业企业中，控制权更是激励创始人的重要工具。在公司控制权问题上，法律似乎采取了更为中立的态度。具体表现为，《众筹条例》要求发行人披露包括"发起人的董事、高管以及各持有发行人已发行的有表决权股票、并按表决权比例计算达到或

---

[1] Ibrahim, Darian M., "Equity Crowdfunding: A Market for Lemons", 561 *Minnesota Law Review* (2015), p. 566.

[2] 马克·艾略特·扎克伯格，Facebook 公司创始人，为实现对公司的绝对控股，其不仅采用了双层股权结构，并且与投资者签署了一系列表决权代理条款。

[3] 卢现祥：《新制度经济学》，北京大学出版社 2012 年版，第 260～262 页。

[4] [美]奥尔森：《集体行动的逻辑》，陈郁、郭宇峰、李崇新译，格致出版社、上海三联书店、上海人民出版社 2011 年版，第 70～80 页。

超过20%的各权益所有人的姓名”。可见,立法者更加关注公司实际控制权归属,并且给市场预留了充分的选择空间。

实践中,美国学者已经对公募股权众筹公司治理模式展开更进一步地探讨。Verret提出公募股权众筹公司治理可以利用手机APP(Application,手机应用程序)来实现信息共享,减少股东参与公司治理的成本。[1] 作为众筹先驱的Kickstarter,在利用APP与投资者进行互动方面的尝试已经收到良好回馈。Verret参考Bainbridge[2]观点后认为,如果董事会作为决策形成与促进股东参与之间的必要中介时,该类公司应该在APP上被默认推荐为“董事会中心主义”模式,赋予董事会高度控制权。此外,利用APP还可以实现投资者与公司之间的高度互动,股东通过行使投票权参与公司管理,而传统方法几乎无法实现这一目的。因此,公募股权众筹公司需要以互联网技术为基础,采取更为灵活的治理模式,进一步尝试完善网上投票系统和虚拟股东大会制度。

---

〔1〕 Verret, J. W., “Uber-ized Corporate Law: Toward a 21st Century Corporate Governance for Crowdfunding and App-Based Investor Communications”, 927 *Journal of Corporation Law* (2016), pp. 950-954.

〔2〕 Bainbridge, Stephen M., Henderson, M. Todd, “Boards-R-Us: Reconceptualizing Corporate Boards”, 1051 *Stanford Law Review* (2014), pp. 1051-1120.

第四章

私募股权众筹规则的分析与功能解释

如果我们身上存在某个可以被人利用的弱点，从而能给欺骗者带来超额利润，那么在欺骗均衡中，一定会有某个欺骗者利用这个弱点获得这种利润。

——乔治·阿克洛夫、罗伯特·席勒

《钓愚：操纵与欺骗的经济学》

中国证券业协会公布的《私募股权众筹融资管理办法》旨在规范我国私募股权众筹发展,但无论是逻辑体系抑或是具体规则都未能体现出《JOBS法案》中美国私募发行制度调整的精髓。本章梳理了美国私募发行制度及原理,在对比新旧规则差异的基础上,进一步解释此次公开宣传与合格投资者制度修改的目的与功能。解除公开宣传限制实现了传统私募发行的互联网延伸,这也同时导致自然人合格投资者范围的变化,沿用现有资产标准认定合格投资者时,需要在资产证明、检验方法方面进行适当调整。但相关规则修改后更加凸显出现行合格投资者的制度弊端,相较修改合格投资者认定标准,利用大数据解决信用中介的信誉资本困局似乎是更为有效的应对措施。

第一节　美国私募股权众筹规则的构成与分析

一、美国私募发行制度演进

美国1933年《证券法》原则上禁止一切未经SEC注册的证券要约和销售行为，只有符合该法所列举豁免交易范围的证券可以除外。[1] 除IPO外，美国1933年《证券法》还为小企业提供了多元化的渠道，私募发行便是其中之一。为提高发行的效率、节省发行成本，美国1933年《证券法》在Section 3和Section 4中规定了豁免证券（exempted securities）与豁免交易（exempted transactions）两类证券发行注册豁免制度。具体而言，豁免证券是指在某类证券能够满足Section 3(a)(2)-(8)规定的条件后，自动地获得免于依照Section 5进行注册。而豁免交易则不同于豁免证券，豁免交易应当被理解为是一次性豁免，当涉及的证券被转售时，就必须进行注册或者之后的交易同样符合某种豁免要求。[2] 豁免证券与豁免交易是美国1933年《证券法》豁免制度的核心，也是SEC制定Regulation A、Regulation D等一系列规则的基础。当然，美国证券注册豁免制度是一个极其复杂的体系，本书仅选取其中与《JOBS法案》有直接关联的部分进行论述。

---

〔1〕美国1933年《证券法》Secion 5禁止在向SEC提交注册申请前进行任何形式的证券销售；严格限制在注册登记生效以前的促销活动；禁止在注册登记生效以前完成证券交付。该法规定，"使用邮件或者其他州际商务交通通讯工具"成为联邦证券法律得以适用的重要连接点。实践中，法院总是倾向于确认上述连接点的存在，比如在发行买卖证券的任何一个环节（无论是付款还是确认交易）中使用邮政系统，甚至仅仅使用州内电话，都会触发联邦证券法的管辖。参见郭雳：《美国证券私募发行法律问题研究》，北京大学出版社2004年版，第33页。

〔2〕[美]路易斯·罗思、乔尔·塞利格曼：《美国证券监管法基础》，张路等译，法律出版社2008年版，第260页。

（一）私募发行豁免制度基础

美国1933年《证券法》在Section 4[1]中规定了种类繁多的豁免交易规则，其中Section 4(a)(2)[2]提供了私募发行豁免注册的依据。证券私募发行(private placement或private offering)是针对特定对象、采取特定方式、接受特定规范的证券发行方式。[3] 其作为有别于公开发行的另一种融资渠道，共同满足不同发行人的融资需求。美国证券私募发行规范的核心在于界定发行人在何种条件下能够满足豁免注册标准。私募发行的对象是具有一定投资能力的特殊群体，因而这类投资者无须受到美国1933年《证券法》关于公开发行注册程序的保护，突出体现了制度对"促进融资便利"需求的反馈。

然而，美国1933年《证券法》起初对于私募发行的界定也十分模糊，仅仅为Section 4(a)(2)中的简单表述，"transactions by an issuer not involving any public offering"。之后SEC对于私募发行一直保持谨慎态度，直至美国

---

[1] 美国1933年《证券法》Section 4包含了许多适用于特定交易的豁免。这些豁免包括了发行人非公开发行证券，发行人、承销商、交易商之外的人进行的交易，经纪人的主动交易，交易商于生效日之后从事的某些交易，有不动产担保的某些抵押证券交易，仅向"授权投资者"发售的达到500万美元的交易。参见[美]托马斯·李·哈森：《证券法》，张学安等译，中国政法大学出版社2003年版，第134页。

[2] 本条在国内现有文献中被标注为美国1933年《证券法》Section 4(2)，在《证券法》1964年被修改前Section 4(2)实际为原先Section 4(1)第二小段。但在2013年9月23日，《JOBS法案》将1933年《证券法》Section 4(2)修改为Section 4(a)(2)。本书均采用修改后的条款表述。See 17 C. F. R. § 230. 152 Definition of"transactions by an issuer not involving any public offering"in section 4(2), for certain transactions. 之后，将其修改为："The phrase transactions by an issuer not involving any public offering in section 4(a)(2)(48 Stat. 77, sec. 203(a), 48 Stat. 906; 15 U. S. C. 77d) shall be deemed to apply to transactions not involving any public offering at the time of said transactions although subsequently thereto the issuer decides to make a public offering and/or files a registration statement."

[3] 私募发行的特定对象是指拥有相当资产或收入的机构或个人，具备足够投资知识经验的人，了解发行人有关信息、能够自我保护的人等，对其中某些对象还有人数方面的限制。特定方式主要涉及禁止性规范，指证券私募发行不得有一般性广告或公开劝诱之行为，包括采取公告、广告、广播、电视、网络、信函、电话、拜访、询问、发表会、说明会及其他方式。特定规范指的是法律在信息提供、转售限制、向主管机关报告备查等方面对证券私募发行所提出的要求。参见郭雳：《美国证券私募发行法律问题研究》，北京大学出版社2004年版，第3页。

联邦最高法院在1953年审理了SEC v. Ralston Purina Co.〔1〕一案之后,才出现不同观点。Ralston Purina公司在1947年至1951年,在未向SEC注册的情况下通过州际邮政系统,向员工出售约200万美元的股票。在诉讼中,Ralston Purina公司认为,其发出要约的对象均为公司"核心员工",而并非公司所有员工,公司章程规定了十分详细的"核心员工"认定方法。因此,Ralston Purina公司主张,不加区别地向公司所有员工要约才构成公开发行,这种向固定范围员工募集资金的行为,应当属于豁免的私募发行。SEC不认同上述观点,但Ralston Purina公司的主张却得到了一审和二审法院的支持。

但该案在上诉至联邦最高法院后则发生了反转。联邦最高法院援引了第九巡回法院Denman法官在审理SEC v. Sunbeam Gold Mines Co.〔2〕案时的观点,认为在判断"公开"抑或"非公开"时"以某一共同利益或特征为标准是不准确的",应当审查建立这种区分的情形和考虑进行这种区分的目的。同时,联邦最高法院对SEC主张的"无论在何种情况下,涉及很多受要约人的发行都不应获得该豁免"观点,也并不是十分赞同,因为美国1933年《证券法》似乎并没有以人数多少来认定是否构成公开发行。基于上述内容,联邦最高法院认为,解释私募发行的关键不应离开——"通过信息披露保护投资者,使其能够在掌握信息的基础上进行投资决策"——这一美国1933年《证券法》的基本立法宗旨。故而,对于那些有证据证明能够实现有效自我保护群体进行的要约,则不属于公开发行。

在Ralston Purina案中,公司员工并不属于1933年《证券法》所保护范围之外的群体,但如果某些员工能够基于其职位特殊性,获得注册程序要求的信息披露内容,则可以被排除在外。本案中,公司员工恰恰没有取得通过注册程序进行信息披露后才能获得的信息,因此,Ralston Purina公司主张的私

〔1〕 346 U. S. 119,73 S. Ct. 981,97 L. Ed. 1494.

〔2〕 95 F. 2d 699. (1938,9 Cir.).

募发行豁免也未能成立。Ralston Purina 案作为美国证券法历史上极其重要的案例,对美国私募发行制度影响深远,其意义超越案情本身,为私募发行豁免提供了一个新的解释标准。

此外,SEC 在 Ralston Purina 案中主张以 25 人为标准来界定公募与私募的方法,确已有些不合时宜。随后,人数标准在美国 1933 年《证券法》修正过程中虽几经争论,但总体发展趋势表明,其已经退化为一种用来判断"投资人与发行人是否具有必要的联系或了解"进而取得豁免发行资格的手段。[1]

(二)私募发行豁免标准演进

美国私募发行豁免标准的演进大致经历了三个阶段,即"需要保护"标准、"关系检验"标准以及"分离检验"标准。

1. 美国律师协会的解读:"需要保护"标准

Ralston Purina 案提出的"需要保护"标准,使私募发行豁免判断标准重新回归到美国 1933 年《证券法》之原有立法意图上,然而,这一标准似乎仍显得过于抽象,难以运用于实践操作。在这一时期先后,美国各法院和美国律师协会(American Bar Association,ABA)都在不断尝试探索和进一步解读"需要保护"标准。

1975 年美国律师协会下属的联邦证券管理委员会(Federal Regulation of Securities Committee)提出了一份报告,进一步细化解读先前 SEC 支持的"需要保护"标准,其认为在判断是否应适用私募发行豁免时,应考察四个关键因素:(1)受要约人的资格(offeree qualification);(2)信息的可获取性;(3)发行的方式;(4)非转售。当如果同时满足上述四个要件内容,则应被认定为私募发行。因此,私募发行的范围实质上非常广泛,从闭锁公司在有限范围内的小额筹资,到向机构投资者发行上百万数额的债券,只要符合美国

[1] 郭雳:《美国证券私募发行法律问题研究》,北京大学出版社 2004 年版,第 60 页。

1933 年《证券法》的基本立法意图,均可以获得豁免。[1] 这使“需要保护”标准从模糊逐步走向清晰。

2. 美国法院的判决:“关系检验”标准

该时期,美国法院也通过一系列判决,不断解释并完善 Ralston Purina 案确立的标准,而法院判决则体现出一种限制私募发行豁免的倾向。其中较为典型的案件有三个 Hill York Corp. v. American International Franchises Inc. 案、[2] Henderson v. Hayden Stone Inc. 案[3] 以及 SEC v. Continental Tobacco Co. 案。[4] 在 Hill York 案中,法院认为,发行人若想适用私募发行豁免必须满足两个条件:其一,受要约人全部是成熟投资者;其二,他们同时掌握与注册文件所披露相类似的信息。因为,单纯具有资产和投资经验并不能说明投资者能够获得相关发行信息。在 Henderson 案中,法院也认为被告没有证明发出要约的个数以及受要约人与发行人之间的关系,也无法证明受要约人了解发行公司的经营情况。这表明法院倾向于加重寻求豁免发行人的举证责任。这一严格认定“关系”的趋势,在 Continental Tobacco 案中被体现到了极致。根据第五巡回法院法官的判决内容来看,发行人与投资者之间的关系必须几乎等同于公司与公司内部人员之间的关系。法官认为,投资者除获得“类似注册文件中所提供的信息”之外,还应能够满足“自行查看或验证”相关信息之要求,如此严格的标准几乎完全限制了私募发行豁免制度的运用。

3. 认定标准缓和:“分离检验”标准

其后 1977 年,美国第五巡回法院在 Doran v. Petroleum Management Corp. 案[5] 中确立了“分离检验”标准,取代了 SEC v. Continental Tobacco

---

〔1〕 郭雳:《美国证券私募发行法律问题研究》,北京大学出版社 2004 年版,第 63 ~ 71 页。

〔2〕 448 F. 2d 680(5th Cir. 1971).

〔3〕 461 F. 2d 1069(5th Cir. 1972).

〔4〕 463 F. 2d 137(5th Cir. 1972).

〔5〕 545 F. 2d 893(5th Cir. 1977).

Co.案中的"关系检验"与"信息取得"标准。Doran案中法官认为,投资者是否"需要"被保护,应根据其能否获取必要信息来判断,私募发行中有两条获取信息的有效途径:其一,由发行人进行类似公开发行注册的信息披露;其二,每个受要约人都有办法获取相关信息。这种判断标准更加贴近立法原意。[1] 第一种情况下,发行人通过主动披露相关信息,使发行人与投资者之间既有的特殊关系便不是非常重要,因而受要约人的"内部"身份也不会影响私募发行豁免成立的认定。而在第二种情况下,由于受要约人无法获得发行人主动披露的相关信息,故只有发行人与投资者具有某种特殊关系时,才有可能成立豁免。

(三)私募发行豁免制度形成

1. 私募发行豁免规则的过渡:Rule 146

SEC于1974年6月10日正式颁布了Rule 146,其目的在于为美国1933年《证券法》Section 4(a)(2)提供一个更为确定准则("安全港"),符合条件的私募发行可以自动获得豁免。Rule 146从6个方面规定了豁免条件:发行方式、受要约人资格、信息的获取或提供、购买者的人数、限制转售的程序、报告通知。[2] 然而,Rule 146却遭到美国学者严厉批评,Homer Kripke教授称其有"不必要的严厉"。[3] 这也直接导致在Rule 146实施期间的任何一年中,援用这一规则进行的私募发行总额都没有超过42亿美元。1978年,当时的SEC主席Harold Williams在向国会报告时也承认,为实现便利小企业筹集资金之目的,需要对Rule 146进行修改,或者以新的规定将之替代。[4] 直到1982年,SEC经过8年的慎重考察后,出台了Regulation D作为Rule 146的替代。

---

〔1〕 郭雳:《美国证券私募发行法律问题研究》,北京大学出版社2004年版,第76页。
〔2〕 同上书,第90~93页。
〔3〕 Kripke,"SEC Rule 146:A Major Blunder",1 *New York Law Journal*,1974.
〔4〕 郭雳:《美国证券私募发行法律问题研究》,北京大学出版社2004年版,第95~97页。

2. 私募发行豁免规则的构成：Regulation D

1982 年 SEC 颁布的 Regulation D 由 Rule 501 – 508 构成，最初 Regulation D 由 6 项规则组成，即，Rule 501 – 506，1989 年修正时又增加了 Rule 507、Rule 508。Rule 501 – 503 包含了统一适用于各类豁免规则的定义及具体条件。Rule 501 对合格投资者等主要概念进行了界定；Rule 502 界定了豁免的一般性要求，包括信息提供的要求、发行方式的限制、转售的限制；Rule 503、Rule 507、Form D 规定了证券销售通知的相关义务；Rule 508 则规定了不重要的偏差，防止因轻微偏差而破坏豁免。[1]

Regulation D 中关于豁免交易的规则有三，即 Rule 504、Rule 505、Rule 506，而这也正是 Regulation D 中最为核心和有趣的部分。Regulation D 实际上是一个混合体，其中 Rule 504 – 505 是基于美国 1933 年《证券法》Section 3(b)(1)设计的“小额发行豁免”，Rule 506 涉及基于该法 Section 4(a)(2)设计的“私募发行豁免”。Rule 506 是安全港规则，其与 Section 4(a)(2)同时存在，并且可以相互替代使用，即符合 Rule 506 规定条件的私募发行可获得注册豁免，但并不意味着必须要放弃 Section 4(a)(2)。因此，在援引 Section 4(a)(2)寻求豁免的发行人，可以完全不受 Rule 506 的影响，并且，Section 4(a)(2)也为发行人在未能满足 Rule 506 要求时，提供了可供救济的豁免依据。[2] 而 Rule 504、Rule 505 并不是安全港规则，因为其依据是美国 1933 年《证券法》Section 3(b)(1)制定，该条款中并没有对豁免做出规定。Regulation D 的核心功能并非取代 Section 4(a)(2)，而是为私募发行提供更为明确的安全港规则。与此同时，Rule 506 也作为先前 Rule 146 的替代，成为私募发行的豁免条款，其更加关注购买者的“成熟”标准。具体而言，Rule 506 的核心要素体现为：其一，不得使用一般性劝诱或公开广告的方式进行要约

---

〔1〕［美］路易斯·罗思、［美］乔尔·塞利格曼：《美国证券监管法基础》，张路等译，法律出版社 2008 年版，第 297 ~ 302 页。

〔2〕郭雳：《美国证券私募发行法律问题研究》，北京大学出版社 2004 年版，第 97 ~ 98 页。

发行或出售;其二,购买者的资格及人数限制。由于 Rule 506 是基于美国 1933 年《证券法》Section 4(a)(2)而非 Section 3(b)(1)设立,因此其并没有规定投资额度上限,这与 Rule 504 和 Rule 505 的区别十分明显。

首先,在宣传方面。Rule 502(c)规定发行人在主张使用 Rule 506(b)获得私募发行豁免时不得进行一般劝诱或公开宣传,包括但不限于:在报纸、杂志或类似媒体上刊登广告、文章、通知或其他信息传递形态;或者通过电视或收音机进行广播;或者以一般性劝诱及公开广告的方式邀请大众参与研讨会、会议等。

其次,在投资者方面。基于 Rule 506 进行的私募发行没有设定金额上限,但发行人在销售前,必须有合理的理由相信,除合格投资者之外的购买者都应具有金融知识和经验来评估其投资行为的价值和风险,同时 Rule 506 没有要求发行人判断购买者是否可以承担投资风险,简化了对投资者成熟度的考察。Rule 506 要求私募发行中非合格投资人数不得超过 35 人,[1] 排除了"合格投资者"等四类群体。[2] 合格投资者是美国证券立法中十分重要的概念,1933 年《证券法》Section 2(a)(15)中给出了一个较为概括的定义,[3] 而

---

〔1〕 Rule 506 有两类投资人有资格参与私募证券的认购:一是合格投资者;二是非合格投资者但认购人本身或其受托人具有商业或财务专业投资背景,有能力评估潜在投资的价值和风险,也称"成熟投资者",衡量时重点考察教育背景、职业、商业经验、投资经验、谈判磋商能力等。这种投资者不能超过 35 人。

〔2〕 被排除的群体包括:(1)与购买者有共同主要住所的任何亲属、配偶或配偶的亲属;(2)信托财产或不动产,对此购买者与前述或下述人员共同享有超过 50% 的受益权;(3)公司或其他组织,对此购买者与前述两类人一起拥有超过 50% 的股份或股权权益(专属董事的股份或股权权益除外);(4)任何"合格投资者"。

〔3〕 美国 1933 年《证券法》Section 2(a)条中合格投资者是指:(1)任何第 3 条(a)款第 2 项中所定义的"银行",不论"银行"是以本人身份还是以受托人身份行事;第 2 条(a)款第 13 项所定义的"保险公司";根据 1940 年《投资公司法》注册的"投资公司",或者该法第 2(a)(48)条定义的"企业开发公司";经"小企业管理局"许可成立的"小企业投资公司";雇员福利计划,包括受 1974 年《雇员退休收入保障法》条款约束的个人退休账户,如果按该法第 3(21)条所下的定义,投资决定是由计划受托人做出的,而该计划受托人要么是银行、保险公司,要么是注册投资顾问。(2)任何人,他凭借金融(事务)上的成熟、资产净值、知识和对财经事务的经验或者以其所掌管的资产额,符合 SEC 某一条例和规则所规定的"合格投资者"的条件。参见郭雳:《美国证券私募发行法律问题研究》,北京大学出版社 2004 年版,第 104~105 页。

Rule 501(a)则将"合格投资者"细化为八类群体。[1]

3. 私募证券转售问题

美国1933年《证券法》限制私募发行证券的转售及流通,因此,SEC在1972年颁布的Rule 144以及1990年颁布的Rule 144A中,解决了美国1933年《证券法》Section 4(a)(2)和Regulation D项下私募发行证券的转售问题。该规则目的在于防止合格投资者购买私募证券后,再向其他非合格投资者转售,来规避发行条件的限制。具体而言,Rule 144通过公开信息的可获取性、持有期间、数量限制、销售方式、通知要求这五个方面来判断转售行为是否符合要求。然而,转售问题一直以来都是困扰美国私募发行的疑难问题,SEC在经过长时间研究之后,公布了Rule 144A,进一步完善了私募证券转售问题。[2]

---

[1] Rule 501(a)中的"合格投资者"范围:(1)美国1933年《证券法》Section 3(a)(2)条定义的任何银行,或美国1933年《证券法》Section 3(a)(5)(A)条定义的任何储蓄和贷款协会或其他机构,无论是为自己或受托购买,依据1934年《证券交易法》第15条在册的任何经纪商或交易商;美国1933年《证券法》Section 2(13)条定义的任何保险公司;依据美国1940年《投资公司法》注册的任何投资公司,或该法第2(a)(48)条定义的企业开发公司,依据1958年《小企业投资法》,经美国小企业管理局许可的任何小企业投资公司;由州、其行政区,或州、其行政区的机构、部门建立并维持的雇员福利计划,且该计划的资产总额超过5,000,000美元,1974年《员工退休收入保障法》意义上的雇员福利计划,条件是,若投资决定是由计划职业诚信义务人做出的,则该职业诚信义务人应是一个银行、储蓄和贷款协会、保险公司或注册的投资顾问,或该雇员投资计划的资产总额超过5,000,000美元,或若是自营计划,其投资决定只能由合资格的投资者做出;依据该分类,全国性银行可以Regulation D证券,并可以在由其担任受托人的10个账户中分配,由于其是以职业诚信义务人的身份行事,因此该行属于Rule 501(a)(1)的范围。(2)1940年《投资顾问法》第202(a)(22)条定义的任何私人开发公司。(3)《国内税收法典》第501(c)(3)条规定的任何组织,公司、马萨诸塞信托或类似的企业信托或合伙,但其必须不是专门为收购该发行的证券而组建,且总资产超过5,000,000美元。(4)正在发行或销售的证券发行人的任何董事、执行高管及普通合伙人,或该发行人的普通合伙人的任何董事、执行高管和普通合伙人。(5)购买证券时,个人资产或与其配偶的共有资产净值超过1,000,000美元的任何自然人。(6)最近2年内其个人年收入超过200,000美元,或在该2年与其配偶的合计年收入超过300,000美元,且在当年能合理地预期年收入达到该水平。(7)总资产超过5,000,000美元的任何信托,并非为收购该发行的证券而专门设立,且其购买受第230.506(h)(2)(ii)条规定的资深人员的指导而进行。(8)股本所有人均为合资格投资者的任何实体。参见[美]路易斯·罗思、[美]乔尔·塞利格曼:《美国证券监管法基础》,张路等译,法律出版社2008年版,第299~300页。

[2] 郭雳:《美国证券私募发行法律问题研究》,北京大学出版社2004年版,第148~166页。

二、《JOBS 法案》第二章与私募股权众筹

(一)监管态度转变

在《JOBS 法案》通过之前,基于 1933 年《证券法》Section 4(a)(2)制定的 Rule 506、Rule 144、Rule 144A,禁止私募发行人进行一般劝诱或公开宣传是美国私募发行的重要特征之一。实际上,美国私募发行制度演进的历程中贯穿着两条主线:其一,逐步放松不必要的束缚,更加关注购买者资格要求;其二,强调私募发行豁免必须满足一定条件,以实现对投资者的保护。

由于通过 Rule 506(b)开展的私募发行禁止初创企业向投资者进行一般劝诱和公开宣传,发行人必须通过经纪商来寻找合格投资者,然而这种间接寻找投资者的方式,对于初创企业来说也是一笔不小的费用。在《JOBS 法案》第二章实施之前,通过网络进行的私募发行必须回避非合格投资者,这在很大程度上限制了私募发行效率,因此,《JOBS 法案》解除了私募发行公开宣传的限制,转而将监管重点放在购买者的资格验证标准上。

(二)具体规则修订

1. 解除禁止公开宣传限制

一直以来,私募发行被禁止进行一般劝诱或公开宣传,故发行人只能向具有先存关系[1]的群体融资。《JOBS 法案》Section 201(a)(1)[2]中取消了私募发行公开宣传的限制,这也意味发行人或者中介机构可以通过报纸、

[1] 本章第二节将详细解释"先存关系"的概念。

[2] 《JOBS 法案》Secion 201(a)(1)条规定:本法案实施生效后 90 日内,证券交易委员会应对其依据 17 C. F. R. § 230. 502(c)发布的规则进行修改,规定依据该条对于"一般性劝诱或广告的禁止"不适用于 17 C. F. R. § 230. 506 中规定的证券要约和销售,前提是所有证券销售方均为合格投资者。该规定应要求发行人通过适当的方式证实证券购买方为合格投资者(accredited investors)。该规则应要求发行人必须采用合理方式证实证券购买人为合格投资者,具体证实方式由委员会规定。17 C. F. R. § 230. 506 条款按照本条款进行修订后,应仍然视为 1933 年《证券法》Secion 4(a)(2)下的规定。

网络或电视等渠道进行公开宣传，只要发行人能够证明购买者符合合格投资者的标准即可。修改后的规则为 Rule 506(c)，也是美国私募股权众筹的核心条款。除公开宣传方面的变化外，Rule 506(c)还提供了自然人合格投资者的验证方法。取消公开宣传限制后，发行人可以借由各类社交网站进行宣传，这将使发行人更加便利地接触到更多潜在投资者。另一方面，由于 Rule 506(c)同样受到美国 1933 年《证券法》反欺诈条款的约束，发行人可能承担重大虚假陈述或遗漏的民事责任，因此其也会适当保留宣传内容。

2. 增加发行人主体失格条款

在 Rule 506(d)下，SEC 设置了类似《Dodd-Frank 法案》第 926 条的“坏孩子”失格条款(bad actor disqualification)，[1] 剥夺有特定先前行为的发行人的发行资格。SEC 于 2013 年 9 月 19 日发布的规则中主要包括两方面内容。[2] 其一，失格者的范围。Rule 506(d)载明了失格者的范围：(1)发行人，包括前身以及附属发行人；(2)董事，一般合伙人以及发行人的管理层人员；(3)发行人的执行官以及其他参与发行的高管人员；(4)具有 20% 以上投票权的受益人；(5)与证券存在关联关系的发行人；(6)基金发行人和主要管理人；(7)从证券发行中获得佣金的董事、一般合伙人以及管理层成员。其二，失格者的行为。发行人具有以下情形时，便失去援引 Rule 506(c)发行证券的资格：(1)有犯罪记录；(2)法庭的禁止或限制令；(3)州或联邦规则的最终裁决；(4)SEC 处罚令；(5)SEC 停止或暂停指令；(6)被 SEC 禁止或暂停使用 Regulation A 进行融资；(7)被自律组织(Self-Regulatory Organization, SRO)除去或暂停资格；

---

〔1〕 See *Eliminating the Prohibition Against General Solicitation and General Advertising in Rule* 506 *and Rule* 144A *offerings*, SEC, https://www.sec.gov/spotlight/jobs-act.shtml，最后访问日期：2016 年 12 月 2 日。

〔2〕 See *Disqualification of Felons and Other "Bad Actors" from Rule* 506 *Offerings and Related Disclosure Requirements*, SEC, https://www.sec.gov/info/smallbus/secg/bad-actor-small-entity-compliance-guide.htm，最后访问日期：2016 年 12 月 2 日。

(8)美国邮政部门做出了处罚。[1] 此外,Rule 506(e)规定,发行人在2013年9月23日之前存在上述行为不会失去发行资格,但是必须披露相关行为信息。

3. 转售问题

Rule 144A是美国私募发行证券转售规则的组成部分,其在Rule 144基础上,规定了受限制证券发行人以外其他人所为之转售,如果对象为符合其项下规定条件的机构买方,则该交易可以豁免联邦证券法上要求的注册。[2]《JOBS法案》Section 201(a)(2)要求SEC修改原Rule 144A,使证券持有者可以向合格机构买方(Qualified Institutional Buyers)以外的人转售证券,如果证券发行人及其代表可以证明证券的购买方为合格机构买方,还可以通过一般劝诱或广告宣传销售其证券。[3]

4. 增加合格投资者的认定方法

若发行人希望采用Rule 506(c)进行公开宣传,则其必须承担验证投资者身份符合合格投资者标准之责任。[4] Rule 506(c)最终修改结果表明,"合理的信任"标准必须根据个案的客观情况和具体特征来确定,由于验证一个投资者是否属于合格投资者有很多标准,因此很难统一。为此SEC指出,在特定情况下由发行人根据具体情况来认定合格投资者是较为合理的选择,其中的参考标准包括:(1)投资者提供的个人信息种类;(2)发行人拥有的投资者信息;(3)发行人情况;(4)投资者的购买行为;(5)发行的情况(例如,本次发行的最低投资额)。[5] SEC认为通过上述分析能够帮助发行

---

[1] See *Disqualification of Felons and Other "Bad Actors" from Rule 506 Offerings and Related Disclosure Requirements*, SEC, https://www. sec. gov/info/smallbus/secg/bad-actor-small-entity-compliance-guide. htm,最后访问日期:2016年12月2日。

[2] 郭雳:《美国证券私募发行法律问题研究》,北京大学出版社2004年版,第162页。

[3] See *JOBS Act* Sec. 201. (a)(2).

[4] Rule 501(a)所定义的"合格投资者",不仅指Rule 501中的八类,还包括"发行人在销售证券时,合理地相信属于该八种类型的人"。

[5] See *Eliminating the Prohibition Against General Solicitation and General Advertising in Rule 506 and Rule 144A offerings*, SEC, https://www. sec. gov/spotlight/jobs-act. shtml,最后访问日期:2016年12月2日。

人来更好地解释其接纳投资者是基于“合理的信任”。此外,在综合考虑具体发行情况的基础上,如果投资者符合合格投资者标准,发行人也可以免于进一步验证。而当投资者提供的证明资料略显不足时,则发行人还需要进行进一步的验证,投资者可以经过补证资料成为合格投资者。此外,合格投资者验证工作原则上应由发行人承担,但实践中发行人往往委托中介平台来完成此项工作,因此,SEC 特别要求发行人或者提供相关服务的第三方机构保存相关验证记录。[1]

SEC 在 Rule 506(c)中增加了四种非排他性自然人合格投资者的检验方法(见表 5)。第一,投资者个人收入。发行人可以通过发行人提供的税务证明来验证自然人的收入是否符合合格投资者标准。第二,投资者净资产。发行人可以通过投资者提供的前 3 个月内有关资产或负债的文件资料,判断其是否符合净资产标准。第三,其他机构的证明。第四,如果投资者在 2013 年 9 月 23 日之前参与过 Rule 506(b)下的融资活动,并且能够提供符合合格投资者标准证明,则其当然可以成为 Rule 506(c)下的合格投资者。[2] 本部分内容将在本章第二节中进行详细论述。

表 5　非排他性合格投资者认定方法清单

验证内容	需提交的材料内容
个人收入	1. 投资者向税收机关提供的收入报告 2. 投资者提交的材料能够证明其在当年符合合格投资者的收入水平
资产净值	1. 查阅投资者过去 3 个月内有关资产或负债的文件资料 2. 投资者提供书面声明,说明影响净资产数额的负债已经完全提供

〔1〕 此处应注意的是,发行人通过 Rule 506(c)进行融资时,SEC 要求发行人而非中介平台采取合理步骤对合格投资者资格进行验证。

〔2〕 See *Eliminating the Prohibition Against General Solicitation and General Advertising in Rule* 506 *and Rule* 144A *offerings*, SEC, https://www.sec.gov/spotlight/jobs-act.shtml,最后访问日期:2016 年 12 月 2 日。

续表

验证内容	需提交的材料内容
相关证明	已经注册的经纪商、投资顾问、执业律师以及公共会计师提供的证明，能够表明该投资者在过去3个月内符合合格投资者标准
先前资格	投资者在2013年9月23日之前，参与过Rule 506(b)发行并且能够提供符合合格投资者标准的证明

资料来源：SEC, Eliminating the Prohibition Against General Solicitation and General Advertising in Rule 506 and Rule 144A Offerings。

5. 私募股权众筹平台

为配合新的私募发行豁免机制，《JOBS 法案》允许私募股权众筹平台免于按照美国1934年《证券交易法》Section 15(a)(1)之要求注册为经纪商，[1]其中AngelList[2]和FundersClub[3]是根据SEC的不起诉意见信(no-action letter)[4]免于注册为经纪商的两个私募股权众筹平台。但目前来看，除上述两个平台外，美国其他开展私募股权众筹业务的平台均为注册的经纪商。

---

[1] "Congress specifically intended to capture social media and Internet websites when it enacted Section 4(b)(1)(A)." See *Jumpstart Our Business Startups Act: Frequently Asked Questions About the Exemption from Broker-Dealer Registration in Title II of the JOBS Act*, SEC, http://www.sec.gov/divisions/marketreg/ exemption-broker-dealer-registration-jobs-act-faq.htm，最后访问日期：2016年12月5日。

[2] *No-action letter: AngelList LLC*, SEC, http://www.sec.gov/divisions/marketreg/mr-noaction/2013/angellist-15a1.pdf，最后访问日期：2016年12月5日。

[3] *FundersClub Inc. and FundersClub Management LLC*, SEC, http://www.sec.gov/divisions/marketreg/mr-noaction/2013/funders-club-032613-15a1.pdf，最后访问日期：2016年12月5日。

[4] No-action letter是SEC工作人员发出的一种解释性函件，针对发行人提出的某些不确定问题进行回应，发布不起诉意见信意味着SEC同意申请人的行为。(An individual or entity who is not certain whether a particular product, service, or action would constitute a violation of the federal securities law may request a "no-action" letter from the SEC staff. Most no-action letters describe the request, analyze the particular facts and circumstances involved, discuss applicable laws and rules, and, if the staff grants the request for no action, concludes that the SEC staff would not recommend that the Commission take enforcement action against the requester based on the facts and representations described in the individual's or entity's request.) See *No-action letter*, SEC, https://www.sec.gov/answers/noaction.htm，最后访问日期：2016年12月5日。

6. 信息披露规则

私募发行制度得以存在和发展的一项重要原因便是发行人可以有效控制信息披露成本。因此,根据 Regulation D 下的 Rule 502(b)规定,如果投资者全部为合格投资者,则发行人无须承担信息披露义务。而当投资者包含35位非合格投资者时,发行人则需要向该部分群体承担信息披露义务。[1]此外,发行人类型也是区分私募发行信息披露标准的依据。[2]

由于 Rule 506(c)中要求投资者全部为合格投资者,因此发行人可以援引 Rule 506(b)免于承担信息披露义务。但是根据新增 Rule 506(e)的要求,发行人必须以书面形式,在"合理的时间内"向投资者披露有关 Rule 506(d)中涉及的与"失格条款"人员有关的信息,此项信息披露属于强制披露范围,不能够被豁免。[3]

(三)新旧规则比较

综合上述内容可以看出,基于 Rule 506(c)开展的私募股权众筹在给市场带来机遇的同时,也造成诸多潜在隐患。正如 SEC 所言:"……允许公开宣传将导致更多欺诈出现,因此投资者需要对发行人进行更为详细的尽职调查。一旦出现欺诈事件,也可能会产生高额的诉讼费用……"[4]这意味着发行人必须承担更多证明自身合法性的工作,并且中介机构也需要通过尽职调查来区别不同质量的发行人。必须强调的是,无论是发行人或中介机构,都必须承担因虚假陈述而产生的法律责任。(见表6)

---

[1] [美]路易斯·罗思、[美]乔尔·塞利格曼:《美国证券监管法基础》,张路等译,法律出版社2008年版,第301页。

[2] 梁清华:《我国私募禁止一般性招揽制度的构建——借鉴美国证券私募发行方式》,载《政法论坛》2014年第1期。

[3] *General Solicitation Permitted in Certain Rule* 506 *and Rule* 144*A Offerings*;"*Bad Actors*" *Disqualified from Rule* 506 *Offerings*;*Other Significant Amendments Proposed to Regulation D*, KURTH, https://www.andrewskurth.com/insights-989.html,最后访问日期:2016年12月5日。

[4] See *Eliminating the Prohibition Against General Solicitation and General Advertising in Rule* 506 *and Rule* 144*A offerings*, SEC, https://www.sec.gov/spotlight/jobs-act.shtml,最后访问日期:2016年12月2日。

表6　美国私募发行与私募股权众筹规则比较

	Rule 506(b)(传统 Regulation D)	新 Rule 506(c)
公开宣传	市场仅限于小范围具有"先存关系"的投资者,禁止公开宣传	可以通过网络,广告等进行公开宣传
发行人	在 SEC 注册的或者未注册公司都可以豁免[1]	在 SEC 注册的或者未注册公司都可以豁免
投资者	最多35个非合格投资者,合格投资者无人数限制	必须全部为合格投资者且无人数限制
合格投资者验证	由投资者自我证明	发行人必须依赖于多种方法,来验证投资者是否符合"合格投资者"标准
发行额度	无上限	无上限
信息披露	如果投资人全部为合格投资者,则不需要进行信息披露	披露内容需要考虑到市场需求
责任	受 Rule 10b－5 反欺诈条款的规制	受 Rule 10b－5 反欺诈条款的规制
转售	受 Rule 144、Rule144A 的转售限制	受 Rule 144、Rule144A 的转售限制
平台	必须是注册的经纪商[2]	必须是注册的经纪商

资料来源:根据 Rule 506(b)和 Rule 506(c)整理。

第二节　私募股权众筹规则的功能解释

一、私募股权众筹公开宣传制度的功能解释

Rule 506(c)解除了私募股权众筹公开宣传的限制,进而破除了该市场发展的重要瓶颈困境。实际上,此次公开宣传制度修改并非单纯地为了满足私募股权众筹的市场需求,其本质上是美国私募发行制度长期演进和探

---

〔1〕 此处区别于上文中的公募股权众筹制度,采用《众筹条例》进行融资的发行人,必须是没有在SEC注册的公司。

〔2〕 FundersClub、AngelList 两个平台由于拥有 SEC 的不起诉意见信,因而被免于注册为经纪商,而其他类似平台,必须按照美国1934年《证券交易法》的要求进行注册。

寻的结果,从另一个层面理解,私募股权众筹是私募发行融资制度在互联网的延伸,解除公开宣传禁令,则是其中最为重要的一个环节。

(一)私募股权众筹公开宣传解禁的理论基础

如前所述,美国私募发行豁免制度经历了从传统的"人数"标准到追求立法目的解释的"需求保护"标准,再到严格苛刻的"关系要件"标准,直至最终形成了"分离检验"标准的演进过程,并且在《JOBS 法案》中形成了以合格投资者检验为核心的私募发行豁免制度。

Regulation D 下的 Rule 502(c)之所以沿用 Rule 146 中禁止公开宣传的规定,是旨在区分两类人:其一,与发行人或其代理人有既存业务或其他关系之人,即发行人和受要约人之间存在"先存关系"(preexisting business or substantive relationship);其二,除此之外的普通人。通过对上述两类群体的区分,则可以认为,当投资者和受要约人之间没有既存业务关系时,相互之间缺乏必要了解,故发行人也无法援引 Rule 506(b)获得私募发行豁免资格。

实际上,先存关系的存在和确定是判断私募发行是否成立的重要标准之一。发行人和受要约人之间曾经基于雇佣或其他因素建立的先存关系,是认定受要约人对于发行人信息有所了解的基础。同时,先存关系的存在也是发行人判断受要约人是否具有投资能力的基础。这一过程在本质上回应了 Ralston Purina 案所确立的"需要保护"标准。SEC 在 Woodtrails Seattle, Ltd. 案中认为,某有限合伙的一般(普通)合伙人在招揽有限合伙人时,虽通过公开渠道发出要约信息,但是一般(普通)合伙人能够证明与其他所有 330 名有限合伙人之间均存在先存关系,因此,该行为并没有被认为违反了禁止公开宣传规则的限制。[1] 然而,先存关系在实践中十分难以通过类型化形成统一标准,因此,SEC 选择了另一条反向逻辑,即私募发行中所有的公开宣传都被禁止,除非发行人和受要约人之间具有先存关系。若发行

---

〔1〕 郭雳:《美国证券私募发行法律问题研究》,北京大学出版社 2004 年版,第 100 页。

人无法证明其与受要约人之间存在先存关系，则投资者便符合“需要保护”标准，该发行行为也当然不能被豁免。

（二）禁止公开宣传的逻辑悖论

禁止公开宣传之目的在于防止发行人任意扩散融资信息，然而这项制度却存在逻辑上的悖论。

1. 减弱融资便捷性

由于发行人基于 Rule 506(b) 进行私募发行时，被禁止向投资者进行一般劝诱和公开宣传，因此为找到替代路径，发行人必须通过经纪商来寻找合格投资者，进而完成发行。但这种间接寻找投资者的方式，对初创企业来说也是一笔不小的成本。在《JOBS 法案》第二章实施之前，通过网络进行的私募发行必须回避非合格投资者，这在很大程度上限制了私募发行的效率。因此，《JOBS 法案》解除私募发行公开宣传的限制，转而更加关注投资者的资格。

私募股权众筹制度的核心优势便是运用互联网技术带来的便捷和高效，实现低成本的直接融资目的。一方面，发行人通过网络平台能够将融资信息高效传递并扩散，最大限度上扩大潜在投资者规模；另一方面，从投资者角度看，获取更多信息也意味着其能够选择的融资渠道更加多元。

2. 投资者保护效果有限

私募发行禁止公开宣传的另一个理由是有效控制欺诈。然而实际上，禁止公开宣传对守法诚信的发行人的限制作用远高于控制欺诈的效果。合格投资者以及成熟投资者均是具有一定投资经验和投资判断能力的群体，这种限制对投资者信息筛选和甄别的影响也十分有限。

另外，禁止公开宣传目的在于保护“受要约人”而非“购买人”，但“受要约人”并非一定会实施购买行为，因而，禁止公开宣传在某种程度上过度扩大了“保护”范围。对比“受要约人”和“购买人”，“购买人”保护的必要性明显高于“受要约人”。这在很大程度上体现了监管态度正在逐步放弃对“发行方式”的管控，转而强调并关注“投资者主体身份”，[1]这也是允许私募股权众筹进行公开宣传的理论基础。

(三)《JOBS 法案》解除禁止公开宣传的思路

《JOBS 法案》对原 Rule 506 进行修改，增加了 Rule 506(c)部分，取消禁止公开宣传的限制，但要求发行人必须采取合理步骤验证投资者的合格投资者身份，而采用 Rule 506(c)进行的融资仍将被认定为私募性质的非公开发行。Rule 506(c)同时提供了自然人合格投资者的验证标准及验证方法。因此，在美国现行法律框架下，原有私募发行制度与修改后规则的主要区别有以下几方面。

1. 新增而非删除

此次立法修正没有废除既有私募发行公开宣传的限制，而是在原有规则的基础上增加新的安全港制度——Rule 506(c)。发行人仍可以选择继续遵守原有 Rule 506(b)的要求，开展传统私募发行活动。Rule 506(b)之所以允许不超过 35 个非合格投资者参与其中，原因在于，很多情况下发行人可能会邀请朋友或亲属加入，但是按照 Rule 506(c)的要求，该类群体会被排除在外，导致损失部分潜在的非合格投资者。

2. 从“主体关系”到“主体资格”

如前所述，禁止私募发行公开宣传之目的是保证发行人与投资者之间具有符合“先存关系”标准的“主体关系”。然而，在解除禁止公开宣传限制之后，“先存关系”标准便无法适用，因此，立法转而更加关注“主体资格”。具体表现为：其一，投资者主体与验证方法的变化。Rule 506(c)取消了 Rule 506(b)中允许 35 个非合格的成熟投资者参与其中，将投资者主体完全限制在合格投资者范围之内。因此，Rule 506(c)也给出了新的合格投资者验证方法，发行人按照要求来验证投资者提供的材料，并有合理的理由相信其是

---

[1] 刘明：《论私募股权众筹中公开宣传规则的调整路径——兼评〈私募股权众筹融资管理办法(试行)〉》，载《法学家》2015 年第 5 期。

符合标准的合格投资者,以此平衡因解除禁止公开宣传限制而减轻的发行人责任。其二,发行人将面临新的失格规则。Rule 506(d)引入"坏孩子"失格条款,扩大失格主体范围,剥夺有特定行为的发行人的发行资格。

因此,笔者认为,正是由于私募股权众筹对公开宣传需求的天然属性不可违背,立法进而选择了抛弃先前使用"先存关系"保护"受要约人"的规制逻辑,转而通过对发行实际参与者——发行人和投资者——双方主体资格均科以更加严格的限制标准,来实现融资便利与投资者保护之间的平衡。

二、私募股权众筹合格投资者制度的功能解释

(一)美国合格投资者立法

1. 美国1933年《证券法》Section 4(a)(2)

美国合格投资者制度的历史可以追溯到19世纪20年代的经济大萧条时期,由于市场中存在大量的杠杆投机行为,最终导致1929年大股灾出现。为应对市场失灵,美国1933年《证券法》应运而生,当时确立的许多基本制度至今仍深地刻影响美国资本市场。美国1933年《证券法》起初对于私募发行的界定也十分模糊,直至美国联邦最高法院完成1953年SEC v. Ralston Purina Co.[1]以及一系列相关案件的判决后,才逐渐确定私募发行的投资者范围。由于这类群体具有特殊经验或关系,因而可以免于适用强制信息披露规则进行保护。因此,投资者的成熟度及其是否能够获取关键信息,成为认定私募发行成立与否的关键性因素。

2. 合格投资者标准确立

为了进一步明确Ralston Purina案中所确立的合格投资者标准,SEC在1974年公布了Rule 146,规定私募发行中合格投资者需要符合两方面标准,即足够丰富的投资经验(其中包括相关知识、经验和能力来评估风险和收益)和风险承受

---

〔1〕 346 U.S. 119,73 S.Ct. 981,97 L.Ed. 1494.

能力。同时,Rule 146 沿用 Ralston Purina 案的标准,要求发行人必须确信受要约人具有相应的知识和投资经验,能够评估此次投资风险。[1] 尽管试图提供一个可供参考的客观标准,但是 Rule 146 的表现似乎并不令人满意,Homer Kripke 教授称其有"不必要的严厉"。之后 SEC 根据国会要求制定了 Regulation D,而在此次立法修正中,SEC 放弃了烦琐的投资经验检验标准,取而代之以明确的资产数量标准来衡量投资者的成熟度。Rule 501 定义了合格投资者的概念,明确了包括机构投资者、内部人士以及个人投资者三类群体的资产及身份标准,这些要求都是为确保投资者具有符合标准的投资经验和风险承受能力。

(二)私募股权众筹的合格投资者验证方法

《JOBS 法案》并没有对美国私募发行既有的合格投资者标准进行修改,仍然沿用了资产衡量标准,但新增的 Rule 506(c)条款特别规定了自然人合格投资者的检验方法。由于取消了公开宣传限制,个人投资者与发行人之间已经很少存在"先存关系",也即在私募股权众筹中绝大多数投资者不属于内部人士这类群体。因此,SEC 增加检验步骤,要求发行人必须有合理的理由相信投资者在资产方面能够满足合格投资者标准。

1. Rule 2111:投资者的适当性

美国金融业监管局(Financial Industry Regulatory Authority, FINRA)颁布的 Rule 2090(know your customer)以及 Rule 2111(suitability)被我国学者称为"投资者适当性制度"。[2] 投资者适当性制度与合格投资者制度是两

---

[1] *Securities and Exchange Commission: Alternative Criteria for Qualifying as an Accredited Investor Should be Considered*, GAO, http://www.gao.gov/assets/660/655963.pdf, 最后访问日期:2016 年 11 月 18 日。

[2] 国内关于"投资者适当性制度"有如下一些研究成果:(1)张付标、刘鹏:《投资者适当性的法律定位及其比较法分析》,载《证券市场导报》2014 年第 5 期;(2)张付标、李玫:《论证券投资者适当性的法律性质》,载《法学》2013 年第 10 期;(3)蔺捷:《论欧盟投资者适当性制度》,载《法学评论》2013 年第 1 期;(4)曾洋:《投资者适当性制度:解读、比较与评析》,载《南京大学学报》(哲学·人文科学·社会科学版)2012 年第 2 期;(5)赵晓钧:《中国资本市场投资者适当性规则的完善——兼论〈证券法〉中投资者适当性规则的构建》,载《证券市场导报》2012 年第 2 期。

个完全不同的概念,合格投资者标准区分了投资者的类别,而投资者适当性制度则提供了鉴别投资者是否能够符合标准的方法步骤及考量因素。其中,Rule 2090 要求经纪商对客户进行合理的调查,来了解其基本信息,[1]而 Rule 2111 则给出了检验投资者适当性的基本方法和参考因素,[2]具体包括了:经纪商在向其客户推荐投资组合策略时,必须有合理基础证明投资建议能够适合该客户,这一合理基础来自经纪商的调查或者客户提供的相关信息。其中包括但不限于:客户年龄、其他的投资、财务需求、纳税情况、投资目的、投资经验、投资范围、资产流动性、风险承受能力以及其他任何与客户有关的信息。设置此条款的目的是防止经纪商在提供咨询建议过程中的道德风险,[3]确保交易的公平性。

FINRA 在 Rule 2111 常见问题解答中解释了《JOBS 法案》颁布对该条款的影响。[4] 其认为,《JOBS 法案》并没有移除经纪商的投资者适当性检验义务。如果经纪商仅通过 Rule 506(c)开展私募股权众筹业务,并不需要履行投资者适当性的验证义务,而只需要履行 Rule 506(c)的合格投资者验证义务。只有当经纪商为投资者提供投资建议时,才会触发该条款适用。因此,《JOBS 法案》新增的 Rule 506(c)条款,仅仅规定了私募股权众筹合格投资者的验证方法。

2. 新增 Rule 506(c)条款

《JOBS 法案》Section 201(a)(1)在修改 Rule 506 时要求发行人"采取合

---

[1] *FINRA Rule* 2090, *Know Your Customer*: "*Every member shall use reasonable diligence, in regard to the opening and maintenance of every account, to know (and retain) the essential facts concerning every customer and concerning the authority of each person acting on behalf of such customer.*", FINRA, http://finra.complinet.com/en/display/display.html?rbid=2403&record_id=13389&element_id=9858&highlight=2090#r13389,最后访问日期:2016 年 11 月 28 日。

[2] *FINRA Rule* 2111, *Suitability*, FINRA, 网址: http://finra.complinet.com/en/display/display_main.html?rbid=2403&record_id=15663,最后访问日期:2016 年 11 月 28 日。

[3] 翟艳:《我国投资者适当性义务法制化研究》,载《政治与法律》2015 年第 9 期。

[4] *FINRA Rule* 2111(*Suitability*)*FAQ*, FINRA, http://www.finra.org/industry/faq-finra-rule-2111-suitability-faq#_edn8,最后访问日期:2016 年 11 月 28 日。

理的步骤确认投资者满足合格投资者标准,具体标准由 SEC 制定”。[1] Rule 506(c)设定的合格投资者验证方法仅适用于公开宣传的私募股权众筹,发行人仍然可以使用原有的 Rule 506(b)发行证券,如此可不用承担 Rule 506(c)中规定的投资者资格验证责任。SEC 在广泛参考各方意见后,最终在 Rule 506(c)中规定,发行人通过公开宣传进行私募股权众筹融资时,必须满足如下条件:其一,满足 Rule 501、502(a)、502(d)[2] 的要求;其二,投资者必须全部是合格投资者;其三,发行人必须采取合理的步骤验证合格投资者的资格。此外,SEC 根据征求到的提议,增加了个人合格投资者的非排他性验证方法。

3. 原则性验证方法

原则性验证方法(Principles-Based Method of Verification)要求发行人必须采用以下合理步骤来验证投资者资格,具体参考因素包括:其一,投资者性质及其主张自身所属的合格投资者种类;其二,发行人拥有的投资者信息的数量和种类;其三,此次发行的具体情况。上述三个条件不是孤立而是相互关联的,获取以上信息可以帮助发行人进行判断,同时也有助于发行人设定合理的验证步骤。如果投资者表现出明显的合格投资者特征,则检验步骤就可以进行简化,相反,则需要进一步测试。

对于为何没有设定过于具体的强制性验证步骤,SEC 解释给出如下解释:在公布征求意见稿之前,SEC 曾经考虑过设定具体详细的步骤清单,明确发行人必须验证规定的投资者信息后才能确定其资格身份。但是这种做法可能产生两个负面效果:其一,预设的信息可能并无法准确界定合格投资者;其二,要求发行人按照指定的步骤进行验证也是不切实际的,只会徒增发行人的负担。

---

〔1〕 15 U.S.C. 77d(2).

〔2〕 Rule 501 是关于合格投资者的定义。Rule 502(a)是关于使用 Regulation D 进行发行性的一般性条件。Rule 502(d)是关于转售限制的规定。See 17 *C. F. R.* § 230.502, SEC, http://www.sec.gov/rules/final/2013/33-9415.pdf,最后访问日期:2016 年 11 月 28 日。

(1)投资者性质

在采取合理步骤验证合格投资者时,发行人需要充分考虑投资者的性质。Rule 501(a)中规定了自然人和机构投资者两类群体。机构投资者可以基于其特殊身份以及一定数量的资产来满足合格投资者标准,而个人投资者则需要提供其净资产或年收入的相关证明。经过《Dodd-Frank 法案》的调整,目前美国个人合格投资者资产必须符合以下标准:其一,自然人个人净资产或者与其配偶合计净资产超过 100 万美元,并且排除其主要房产价值;其二,自然人个人近 2 年平均年收入超过 20 万美元或与其配偶收入合并后平均超过 30 万美元,并且当年收入的合理预期也能达到这一水平。[1] 发行人在根据 Rule 501(a)确认的合格投资者标准进行验证时,应注意根据投资者性质及特点区别验证重点,机构投资者只须提供资格证明即可,而个人投资者的资格审查则相对复杂。SEC 认为,要求发行人来确定投资者个人净资产(净资产 = 资产 - 负债)是一件极其困难的事情,投资者可能并不愿意过多地披露个人资产信息,尤其是债务信息。因此,年收入可能是更加可行的检验标准。

(2)投资者信息

发行人能够获取的投资者信息数量和种类也是证明投资者符合标准的重要参考因素,若发行人能够获取更多验证信息,则可以相应减少验证步骤。当发行人通过网络或者电子邮件进行公开宣传时,由于双方之间缺少先存关系,故而需要采取更多步骤来验证投资者资格。SEC 认为,要求发行人去验证投资者的所有信息可能并不现实,因此,发行人可以根据第三方提供的合理验证结果来确认发行人身份。

具体而言,发行人所依赖的信息包括但不限于如下内容:其一,联邦、各个州以及地方监管机构公开的信息;其二,第三方提供的合理信息能够证明

---

[1] 《Dodd-Frank 法案》在 2010 年生效后,对原有 Regulation D 中合格投资者标准进行了修改,提高了合格投资者资产额度标准。

投资者符合前述任意一种合格投资者类别的要求(例如,个人投资者提供的收入证明);其三,由第三方提供的该投资者已经符合合格投资者标准的证明。

(3)发行的具体情况

此外,发行条件也会影响合格投资者资格的判断。SEC认为,设置最低投资额度是最为直接、有效的合格投资者验证方法,这种现实可查的投资能力回馈,相比于发行人或者第三方的资产验证结果更加具有说服力。

上述是Rule 506(c)对三项判断标准的解读,SEC一再强调拒绝设定强制性统一的合格投资者检验步骤的理由,在面对充斥着不同类型投资者的私募股权众筹市场,综合考察购买者性质以及发行具体情况是最为可行的验证方法。但这并不意味着发行人可以不对投资者资格进行验证,而仅仅是立法没有设定统一的验证方法。

4. 非排他性验证方法清单

非排他性验证方法是SEC听取各方意见后,在最终公布的Rule 506(c)中专门增设个人投资者的验证方法清单,作为原则性验证方法之补充。发行人并不一定需要借助清单中的方法,也可以根据特定事实和具体信息的合理性来确定投资者资格。可见,Rule 506(c)所增加的四种非排他性检验手段,更偏向于一种选择性指引规范,而非效力性规范。

Rule 506(c)列举了四种非排他性验证方法,供发行人参考选用:其一,验证投资者提供个人收入证明。发行人通过投资者提供的纳税证明材料来证明其在今年有合理的可能性达到该预期收入标准。其二,验证合格投资者净资产。发行人需要验证投资者提供的(包括其配偶在内的)前3个月资产和负债的相关证明文件,尤其是负债证明。其中,资产包括银行对账单、经纪商对账单、证券凭证、存款证明等,而债务则是由美国相关机构提供的信用报告(credit report)来证明。考虑到投资者通常抵触披露个人债务信息,因此SEC要求投资者必须提供一份证明来确认其已经全部披露了能够影响净资产数额的负债信息。其三,第三方证明。发行人也可以根据由投资者提供的,经已经注册的经纪商提供的合格投资者证明,来确认其合格投资者身份。其四,先前资格。投资者能够证明在该法颁布之前就已经拥有合格投资者身份。

综上所述,此次法案修改新增的 Rule 506(c)条款,为平衡解除私募股权众筹公开宣传限制而增加的潜在风险,进一步对参与其中的投资者提出了更高要求,即所有参与人必须是合格投资者。同时,平台和发行人在获得能够接触到更多潜在投资者这一便利条件之时,也被科以验证合格投资者资格的责任。可以认为 Rule 506(c)是一种平衡性规则,其在原有私募发行制度的逻辑基础上,通过重新调整发行人和投资者之间的权利义务内容,重新权衡资本形成和投资者保护之间的冲突。同时,Rule 506(c)也是一种选择性规则,由于 Rule 506(c)并没有改变原私募发行规则内容,故而发行人可以根据实际需求继续遵守原 Rule 506(b)之内容,这也为私募发行市场提供了更加多元化的融资渠道。

(三)合格投资者制度的逻辑困境与反思

1. 投资经验的重要性

如前所述,投资者成熟度(投资者具有投资经验的丰富程度)对合格投资者标准影响深远,由于该类群体相对较少受到欺诈信息误导,故而私募豁免选择向成熟投资者群体开放。SEC 在修改 Rule 146 时,一方面考虑到美国联邦最高法院要求合格投资者必须具有自我保护能力,另一方面也考虑到规则的可执行性,因此,美国现行制度以投资者个人资产多少来代替复杂的投资者成熟度评价。囿于公开发行市场与私募市场之间存在众多制度区别,故在私募发行语境下要求投资者具有丰富投资经验显得尤为重要,而恰恰正是忽略了投资经验标准,导致 SEC 所设定的资产评价标准似乎已经出现了一些问题。

公开发行市场对投资者成熟度要求并不是很高,其原因在于如下两方面:其一,公开发行市场有完善的信息披露制度;其二,公开发行市场符合有效市场假说。具有丰富投资经验的成熟投资者可以利用法律,要求发行人强制披露的信息内容来评估公司价值，如果有效市场假说成立，那么所有评估结果将反应为发行人股票的价格。尽管在公开市场中存在大量投资经验不足的非成熟投资者，该类投资者可能并不需要太多专业知识来解读上市公司信息披露报告，而可以根据其他成熟投资者的经验来做出投资决策。[1]而私募发行市场则完全不具有公开市场的运行逻辑。发行人使用 Regulation D 进行融资时，只有存在非合格投资者时，才需要进行强制信息披露，并且在投资者均为合格投资者时，信息披露的内容也并无强制性要求。加之参与者数量有限，有效市场假说也不可能适用于此，投资者只能利用自身掌握的投资经验，判断发行人提供的信息。因此，私募发行中要求投资者必须具有一定投资经验。

2. 合格投资者制度的困境

不可否认，Regulation D 使用资产数量取代投资经验，设置更为客观可行的合格投资者检验标准后，极大地促进了美国私募市场的发展。但美国学界已经开始反思现有的合格投资者制度，尤其在《Dodd-Frank 法案》公布之后，美国国会要求 SEC 重新定义个人合格投资者标准。[2] 对于以资产为标准的合格投资者认定方法，仍有许多支持观点。例如，SEC 认为投资者的净资产和年收入水平在很大程度上决定了投资者承受损失的能力。[3] 另有学者认为，尽管资产可能并不能代表投资者拥有投资经验，却可以反映出投资者其他方面的丰富经验和能力。抛弃这种资产为标准的合格投资者衡量方法，会抑制资本形成效率。[4]

---

〔1〕 Choi S J, Pritchard A C. *Securities Regulation: Cases and Analysis*, Foundation Press, 2005, pp. 32 – 34.

〔2〕 *Net Worth Standard for Accredited Investors*, SEC, https://www.sec.gov/rules/final/2011/33 – 9287.pdf，最后访问日期：2016 年 11 月 30 日。

〔3〕 Investor Bulletin on Accredited Investors, SEC, https://www.sec.gov/investor/alerts/ib_accreditedinvestors.pdf，最后访问日期：2016 年 11 月 30 日。

〔4〕 Oguss, Greg, "Should Size or Wealth Equal Sophistication in Federal Securities Laws", 285 *Northwestern University Law Review* (2012), pp. 287 – 288.

根据美国联邦最高法院最初的意图,只允许经验丰富的成熟投资者进入私募发行市场,而非仅仅以财富作为衡量标准。尽管财富在某种程度上与投资经验具有相关性,但经过实践检验后,这一逻辑似乎并不成立。将资产来源纳入考虑范围时,上述合格投资者标准假设就难以实现其立法初衷。例如,投资者通过继承或博彩获得的资产。当然更多情况下投资者资产是一个循序渐进的积累过程,一个普通公司员工通过工作获得报酬也可能在资产数量上符合合格投资者标准,但其并不具有私募投资经验。缺乏投资经验的问题不仅存在于个人投资者中,机构投资者也面临类似问题。例如,在美国历史上最大的"庞氏骗局"中,[1]由于缺少丰富经验投资者的尽职调查,导致包括对冲基金、犹太人慈善组织等在内的机构投资者也遭受重大损失。[2]

3. 合格投资者标准的回归

要求合格投资者必须具有投资经验这一标准的回归,主要是考虑到,尽管资产可以评估投资者损失承受的能力,但资产多少与投资经验丰富程度并不完全呈正相关关系。同时,由于投资者构成的多样化,Ralston Purina 案中确立的受要约人应具有相应知识和投资经验之要求,难以形成客观标准。为了防止重蹈 Rule 146 失败的覆辙,有学者建议将投资经验标准转化为金融投资相关知识储备水平,并且实验已经证明,具有相应金融知识水平和阅读分析能力者,能够处理所获得的信息,并且在进行财务规划、财务积累方面表现也更为出色。[3] 金融知识水平的评价标准可以细化到投资者的教育

[1] 伯纳德·麦道夫,美国历史上最大的诈骗案制造者,其利用精心设计的庞氏骗局,在被捕前共诈骗约650亿美元,其中不乏对冲基金、犹太人慈善组织等机构投资者。参见 Bernard Madoff,载维基百科:https://en.wikipedia.org/wiki/Bernard_Madoff,最后访问日期:2016年11月30日。

[2] Smith, Felicia, "Madoff Ponzi Scheme Exposes the Myth of the Sophisticated Investor", 215 *University of Baltimore Law Review*(2010), p. 256.

[3] Lusardi A, Mitchell O S, "The economic importance of financial literacy: Theory and evidence", 5 *Journal of Economic Literature*(2014), pp. 6-8.

背景上，如果投资者具有金融类文凭，或者通过官方认定的资格考试，则可以认为其具有相应金融知识储备。如果投资者无法提供相关证明材料，则必须通过特定的金融知识测试。若无法通过测试的，则认为其不具备相应的投资经验或知识，而仅仅符合资产标准。那么，对于该类投资经验或金融知识储备不足的投资者，则可能需要被警示，并且建议其根据具有专业知识投资人提供的建议进行投资。

（四）投资者经验不足的应对：信用中介

美国现行合格投资者制度未能很好解决资产与投资者成熟度之间的关系，导致缺乏投资经验的个人投资者在参与私募发行过程中遭受巨大财产损失，但囿于各类反对设立新标准的观点仍然占据主流，故《JOBS 法案》并没有改变以资产来认定合格投资者的标准。那么，在现有制度逻辑困境下，如何有效减少私募股权众筹投资者损失？若根据前述内容的逻辑继续思考，假设详细的合格投资者验证步骤已经能够确定投资者具有一定的损失承受能力，那么余下便是要解决投资者经验不足的问题。根据沙哈尔教授的观点，[1]寻找可靠的中介作为替代，似乎是解决私募股权众筹投资者经验不足的有效路径。此处我们需要延续本书第三章第二节的内容，介绍最后一类中介机构——顾问。顾问这一中介形式似乎并不适合公募股权众筹，由于公募股权众筹制度设计的目的便是发挥群体智慧的功能，借由交流渠道将精明的读者汇聚成为中介，而顾问却与这一目的背道而驰。但顾问在私募发行中的地位却有所不同，传统天使投资中领投人担当投资顾问为经验缺乏的跟投人提供投资建议的模式，已经被实践证明是非常成功的。然而问题在于，当传统天使/风险投资从线下转移到线上的互联网环境后，以往领投人与跟投人之间基于朋友或熟人关系建立的信任基础已经不复存在，跟投人并不了

〔1〕 参见本书第三章第一部分，信息披露的失败。

解作为顾问的领投人，只能根据中介平台对领投人的介绍进行选择，这也导致了另一个问题，即中介[1]的信誉从何而来？

1. 私募股权众筹的中介

2015 年 3 月上线的京东东家使用的"领投 + 跟投"模式，[2]与美国基于《JOSB 法案》第二章规定运营的AngelList[3]平台十分相似，在某种层面上其扮演了"线上风险投资"之角色。AngelList 采用了天使投资风险控制的"领投 + 跟投"模式[又称辛迪加(syndicates)，领投和跟投人又被称为"active angels"和"passive angels"]，跟投人选择信誉良好的领投人，并相信其专业知识及经验判断。AngelList 的"领投 + 跟投"模式能够成功并不是因为其本身创造了新型融资模式，而是较传统天使/风险投资相比实现了两点突破：其一，网络能够降低传统天使/风险投资的运营成本；其二，通过互联网能够吸引更多跟投人。而 FundersClub 模式中，领投人则表现为投资委员会(investment committee)，投资委员会属于平台内设机构，由投资委员会对发行人项目进行详细尽职调查，其以平台自身的信誉和业务能力，来确保那些高成长企业进入平台。

2. 领投人的信用困局

自然人领投人的最大问题在于个人信息容易造假，并且自然人实施欺诈行为的成本十分低廉。因此，有学者建议由机构担任领投人。[4] 但机构领投人的表现似乎也不尽如人意，意大利设计的股权众筹规则[5]似乎已经印证了其中的问题。意大利金融市场监管局(CONSOB，相当于美国 SEC)

---

[1] 此处所指"顾问"类型的中介，包括了 Angellist 平台的领投人以及 Fundersclub 平台的投资委员会。参见本书第二章第二节的介绍。

[2] 《京东股权众筹上线"领投 + 跟投"打造创投融资平台》，载网易新闻：http://news.163.com/15/0331/20/AM2IGIJ800014JB6.html，最后访问日期：2016 年 6 月 2 日。

[3] 廖理、李梦然、向虹宇、徐漪清：《AngelList 股权众筹的光荣与梦想》，载《清华金融评论》2015 年第 12 期。

[4] 赵尧、鲁篱：《股权众筹领投人的功能解析与金融脱媒》，载《财经科学》2015 年第 12 期。

[5] CONSOB Reg. n. 18592/2013。

规定发行人股权中“至少5%是由专业投资者、银行或创新型初创企业孵化器所持有”，这旨在强制专业投资机构进入，来防止或减少欺诈。强调“至少5%是由专业投资者、银行或创新型初创企业孵化器所持有”，实质上是将传统风险投资和金融机构投资者引入其中，由专业投资者代替一般投资者进行决策。由于被引入的风险投资创收点与股权众筹有所区别，风险投资更关注发展相对成熟的小型公司，通过投资上市后转售股份来获得收益，而初创企业并不具备这一特征，故而其难以吸引风险投资关注，这也导致部分专业机构可能并不是很认真地去甄别初创企业。但实践表明，专业投资者失败的情况远比成功的多。[1] 可见，无论是自然人和机构作为领投人，均存在以信用作为甄别标准的悖论，那么转换评价标准似乎能够在一定程度上缓解该困局。

3. 信誉资本不再廉价：看门人失灵与大数据的修正

约翰·C. 科菲教授在《看门人机制：市场中介与公司治理》一书中论述了“以自己的职业声誉为担保向投资者保证发行证券品质的各种市场中介机构”，即“看门人”，如何造成了美国近年来最大的金融危机。中介机构能够担任看门人的核心要素是信誉资本（reputational capital），但这一资本价值在安然和世通事件中发生了严重贬值。从一个基本的经济分析角度看，只有当看门人的信誉资本价值超过他们从客户处获得的可期待利益时，他们才会选择忠于职守。然而，实践中看门人的成本和收益截然相反，此时他们的理性选择便是为了一时的高额收益而放弃信誉资本，这便是看门人机制失灵的原因。[2] 在如此庞大的资本市场面前，看门人的信誉资本尚且“廉价”，那么在私募股权众筹市场中，信誉资本又价值几何呢？这似乎使我们刚刚找到的新路径重新陷入难以解释的逻辑悖论。

---

〔1〕 Deborah Gage, The Venture Capital Secret: 3 out of 4 Start-Ups Fail, WALL ST. J., 载 http://www.wsj.com/ articles/SB10000872396390443720204578004980476429，最后访问日期：2017年11月20日。

〔2〕 ［美］约翰·C. 科菲：《看门人机制：市场中介与公司治理》，黄辉、王长河译，北京大学出版社2011年版，第17～113页。

幸运的是,沙哈尔教授为我们提供了另一个可供选择的中介机构,即信息整合者。[1] 尽管信息整合者在公募股权众筹中的运用和制度设计尚需探讨,但其却可以用于修正私募股权众筹的看门人信誉资本悖论。大数据评价机制在公募股权众筹中面临的最主要问题是发行人可能不会重复融资,导致数据难以实现有效积累。[2] 然而,私募股权众筹领投人和平台的信用中介特征和运营机制,为大数据的评价和预测功能创造了适用空间。首先,领投人和平台能够重复提供投资建议,形成原始数据积累。其次,该市场参与者的投资者经验更加丰富,所做出的评价也更加客观和真实。因此,通过大数据将"廉价"的信誉资本修正为更加客观可测的大数据信誉评价,似乎能够更加有效地解决中介信誉的逻辑困境。那么,剩下的问题便是通过制定法律,要求平台记录真实有效的投资者回馈信息,并且严惩数据造假行为。同时也必须承认,数据积累需要一个过程,在缺乏大数据原始记录并进行有效预测之前,欺诈在所难免。互联网金融的发展不可避免地需要付出试错成本,但必须通过制度设计将其控制在可承受的范围之内。

---

〔1〕 沙哈尔教授将信息整合者定义为:"通过收集信息,将其转化为有用的形式,比如价格比较、评级、标签等。"信息整合者甚至可以完全代替强制披露,因为他们经常使用未披露的信息。参见本书第三章第二节内容。

〔2〕 参见本书第三章第三节内容。

第五章

我国股权众筹的立法框架与规则构建

我们主动做出的大部分决定，是一种有所行动而非无所作为的自发冲动，而不是对定量收益乘以定量概率并加权平均的结果；并且，如果这些决定的后果多日后才能显现，那它们多半是动物精神的结果。

——约翰·梅纳德·凯恩斯《就业、利息与货币通论》

本章主要阐述了如何构建适应我国现状的股权众筹立法框架与具体规则。首先,基于前文的论述基础,本章提出适合我国的三分法立法框架:公募股权众筹、O2O 型公募股权众筹以及私募股权众筹。其中,公募股权众筹和私募股权众筹可以依循《JOBS 法案》的逻辑进行规制,部分规则需要进行本土化修正。而 O2O 型公募股权众筹则是效仿英国 AIM 经验,以回应我国线上线下融合创新发展政策的要求。其次,在肯定"飞度"诉"诺米多"案成功审判经验基础上,进一步分析《证券法》修改后可能出现的法律适用和裁判逻辑变化,以及缺少证券集团诉讼制度的应对方法。最后,本章认为,应修正证券举报人制度来回应互联网时代资本市场监管的特殊需求。

第一节　股权众筹的立法框架：三分法的本土化需求

一、制度移植与路径依赖

（一）制度移植的必要性

与其他领域不同，资本市场法律移植具有理论上的正当性，也是贯穿于我国资本市场立法变革的一条主线，但不注重本土化改造的法律移植无异于打开了“潘多拉魔盒”。[1] 因此，在研究资本市场法域时，一方面难以避免使用法律移植来弥补制度空缺，另一方面也极易忽略中国问题的特殊性，把中国问题与外国问题同质化，把外国用来解决问题的理论和制度作为恒定标准，不加变通地用于中国。由于没有顾及中国问题背后复杂的社会因素，导致部分主张和方案超越中国发展的历史阶段。[2] 这一现象似乎在互联网金融研究领域内表现得更为明显，已有学者洞见，[3] 并直指当下互联网金融法律研究弊病要害，即学者提出的建议均极为抽象和原则，“当监管目标之间存在冲突时，监管者只能求助于‘运用之妙，存乎一心’来加以平衡”。这进而导致了“当学术界试图将抽象理论具化为现实政策时，相关理论模型的可信度和可行性会受制于具体法律制度和利益考量的约束，很难实现从理论到现实的‘惊险一跃’”。产生这一问题的原因在于，“与学术界倾向于从制度整体来统观金融监管的思维不同，基于职责所在，政府必须以现有制度作为行动的起点，采用框架性思维模式对互联网金融实施监管”。对此，彭岳教授认为，学者应当避免激进，政府应当适度开放，这样使学者更加关注现行依然有效的金融监管制度，而不是依据抽象公理或参照域外法制对金融法实

---

〔1〕 李安安：《资本市场法律移植的制度反思与变革》，载《证券法苑》2015 年第 1 期。

〔2〕 《张广兴：法学研究应强化中国问题意识》，载中国法学会：https://www.chinalaw.org.cn/Column/Column_View.aspx? ColumnID = 956&InfoID = 22532，最后访问日期：2017 年 1 月 28 日。

〔3〕 彭岳：《互联网金融监管理论争议的方法论考察》，载《中外法学》2016 年第 6 期。

施一次又一次的"重构";而决策者也应当看到互联网金融创造的积极意义,重视金融创新。

因此,在构建我国股权众筹法律制度时,不仅需要充分理解域外相关法律制度的构成,更应当准确把握其规制的逻辑,以及与需要移植规则相关的法律条文,甚至相关的整个法律体系框架,片面借鉴制度只会造成管中窥豹之结果。同时,提出建议的前提是对我国既有金融法律制度体系和规则冲突的充分理解,准确分辨究竟是采用法律移植弥补立法空白还是对现有制度进行修正,更能实现预期效果。

(二)路径依赖之一:法律体系

从美国立法经验看,公募股权众筹制度不仅受到学者质疑,而且其未来发展似乎仍是一个未知数,那么我国在立法时是否还需要设立这种制度呢?笔者认为,答案是肯定的。

从法律移植的视角看,《证券法》作为我国资本市场基本法律,在 1998 年出台以及 2005 年修改的过程中,大量借鉴参阅和移植了美国、英国、韩国、日本、我国香港特区和我国台湾地区的法律、法规。尤其是在 2005 年之后,资本市场法律移植所参照样本的"国际通行经验"和"国际通行做法"已经基本演变为美国资本市场法律,这种法律全球化已经在实质上转变为"全球法律美国化"。[1]《证券法》大规模"美国化"现象也集中体现了提升我国资本市场法律制度竞争力的诉求。[2]

此次席卷全球的股权众筹立法,再一次印证了"全球法律的美国化"这一不争的事实,根据现有为数不多的比较法文献研究成果看,《JOBS 法案》已经成为各国在制定股权众筹法律制度时所参考的共同范本。这一影响不仅体现在具体规则设计方面,其公募与私募的二分立法框架也为多国所采纳。韩国基于其既有的证券公开发行和非公开发行体制,将股权众筹也区

---

〔1〕 高鸿钧:《美国法全球化:典型例证与法理反思》,载《中国法学》2011 年第 1 期。

〔2〕 李安安:《资本市场法律移植的制度反思与变革》,载《证券法苑》2015 年第 1 期。

分为互联网公开发行证券和互联网非公开发行证券两种类型。[1] 日本由于受到传统金融体系影响且风险投资覆盖面小，因此在此次立法浪潮中设立了小额豁免制度。[2] 对金融法律体系相对完备的欧洲国家，《JOBS 法案》的影响则更多表现在具体规则上，例如，英国在此次股权众筹立法修改中，主要借鉴了投资额度上限制度。[3] 总体而言，在《JOBS 法案》的影响下，各国分别根据本国既有的金融体系，形成了结构类似，但实则多样化的股权众筹监管模式。[4] 面对世界范围内的股权众筹立法浪潮，我国应如何发挥立法"后发优势"来降低试错成本呢？充分考察我国股权众筹市场现状，似乎是回答上述问题的前提基础。

（三）路径依赖之二：市场基础

1. 市场现状

在 2015 年证监会等部委发布一系列监管意见，明确分别发展公募与私募股权众筹之后，国内私募股权众筹市场经历了重新洗牌。中关村众筹联盟、云投汇、京北众筹、36 氪股权投资联合发布的《2017 年互联网众筹行业现状与发展趋势报告》[5] 显示，私募股权众筹在国内已经告别野蛮生长阶段，受政策不明朗、资本寒冬、市场不成熟、投资者教育还不完善等多种因素影响，股权众筹行业已经从 2015 年的高速发展，演变为 2016 年的低速运行。[6] 根据盈灿咨询发布的 2016 年上半年私募股权融资额排名看，位列前三的私募股权众筹平台分别为：京东东家、人人投、爱就投，而部分老牌平台

---

[1] 董新义：《韩国投资型众筹法律制度及其借鉴》，载《证券市场导报》2016 年第 2 期。
[2] 毛智琪、杨东：《日本众筹融资立法新动态及借鉴》，载《证券市场导报》2015 年第 4 期。
[3] 冯果、袁康：《境外资本市场股权众筹立法动态述评》，载《金融法苑》2014 年第 2 期。
[4] 樊云慧：《股权众筹平台监管的国际比较》，载《法学》2015 年第 4 期。
[5] 《2017 年行业报告显示 众筹告别野蛮生长》，载中国证券报：http://finance.eastmoney.com/news/1372,20170112702156663.html，最后访问日期：2017 年 1 月 8 日。
[6] 2016 年中国互联网非公开股权融资平台新增项目数量共计 3268 个，同比减少 4264 个，降幅达 56.6%；2016 年新增项目成功融资额共计 52.98 亿元，同比增加 1.08 亿元，涨幅仅为 2.1%。参见《2017 年行业报告显示 众筹告别野蛮生长》，载中国证券报：http://finance.eastmoney.com/news/1372,20170112702156663.html，最后访问日期：2017 年 1 月 8 日。

则列居其后。[1]（见表7）

表7　2016年上半年成功融资额超千万元众筹平台榜单

平台名	项目数量	成功筹资金额(万元)	众筹类型
京东众筹	1705	92, 764	奖励众筹、公益众筹
淘宝众筹	2055	66, 808	奖励众筹、公益众筹
京东东家	38	54, 815	非公开股权融资
苏宁众筹	556	50, 432	奖励众筹、公益众筹
腾讯乐捐	4827	22, 210	公益众筹
人人投	35	12, 475	非公开股权融资
爱就投	10	11, 502	非公开股权融资
众投邦	8	10, 080	非公开股权融资
众投天地	35	9958	非公开股权融资
投壶网	2	9025	非公开股权融资
开始众筹	87	8705	奖励众筹
360淘金	6	8426	非公开股权融资
京北众筹	8	7496	非公开股权融资
粤科创投界	3	7300	非公开股权融资、奖励众筹
36氪	7	7055	非公开股权融资
……			

资料来源：盈灿咨询。

[1]《2016年众筹半年报：370家正常运营9家获风投》，载众筹之家：http://www.zczj.com/news/2016-07-19/content_7831.html，最后访问日期：2017年1月8日。

2. 国内平台比较

Darian M. Ibrahim 教授认为，股权众筹在英国发展迅猛的原因之一，便是各个平台之间实现了充分竞争，从规则制定到市场用户群体选定，差异化竞争是实现股权众筹市场良性发展的重要路径。因此，本书选取京东东家（私募股权众筹融资量排名第一）、36 氪（创新服务型平台）、人人投（草根阶层股权众筹平台）三家平台机构，从运营模式、平台规则等角度进行比较分析。

根据各平台发布的项目内容可以看出，我国私募股权众筹平台已经逐步呈现出特色化、类型化的发展趋势。以京东东家为代表的大型平台，不仅注重中高端 TMT（Technology，Media，Telecom）项目，并且分为创投板和消费板两类，采用不同的融资模式。而另一方面，人人投则更加注重项目的区域因素诉求，形成了线上信息披露与线下实地考察的 O2O 模式。京东东家与 36 氪采用了类似 AngleList 平台的“领投 + 跟投”模式，而人人投则效仿 FundersClub 的投资委员会模式，由平台负责项目的尽职调查及投后管理工作。（见表 8）

表 8　私募股权众筹平台概况对比

	京东东家	36 氪	人人投
融资模式	领投 + 跟投、股权收益权转让	领投 + 跟投	无领投
项目类型	TMT 项目	TMT 项目	线下实体店
项目阶段	天使轮、A 轮、B 轮	天使轮	种子轮、天使轮
投资者	合格投资者认证	合格投资者认证	无需合格投资者认证
平台盈利	向融资者收取总融资额 3% ~5%（佣金折算成股权）	向融资者收取总融资额 5%	向融资者收取总融资额 5%

续表

	京东东家	36氪	人人投
平台责任	①不对信息真实性负责 ②有权监督和质询	①不对信息真实性负责 ②有权监督和质询 ③保留追究责任权利	参与尽职调查、对项目质量担保

资料来源:笔者整理。[1]

3.本土化的"领投+跟投"模式

京东东家的"领投+跟投"模式整体过程分为前、中、后三个部分,操作流程为项目审核、项目上线和股东确认投后管理。项目审核阶段,包括创业者通过线上平台发起项目、京东众筹平台内部审核、项目方沟通、项目上线准备四个环节;项目上线阶段,有预热路演、约谈确定领投人、上线、引入跟投人环节;后期则包括股东确认、注册有限合伙、投后管理和股东退出几个阶段。领投人在项目"预热阶段"选择自己感兴趣的项目,确定领投意愿,对项目进行尽职调查后出具尽调报告。在随后的项目上线阶段,领投人进一步帮助融资者完善商业计划书。领投人与跟投人的资金由第三方资金机构托管,融资成功后,所募集的资金经由领投人和跟投人所设立的有限合伙企业转入融资项目公司,并且跟投人在认为领投人出资有瑕疵时,有权向平台申请拒绝放款。在投资完成之后,领投人需要全程跟踪融资项目,参与重大决策。最后,领投人可以选择适当的时机代表投资人退出公司。在基本流程方面,京东东家与36氪的领投规则基本一致。(见图3)

〔1〕 本节涉及京东东家、36氪以及人人投对比表格内容,均来自:(1)《京东东家私募股权规则公告(新版)》,载京东东家:https://zbbs.jd.com/portal.php?mod=view&aid=1174,最后访问日期:2016年12月2日;(2)36氪帮助中心,载36氪:https://www.36jr.com/help/list/12 https://zbbs.jd.com/portal.php?mod=view&aid=1174,最后访问日期:2016年12月2日;(3)人人投帮助中心,载人人投:http://www.renrentou.com/help/index/typeid/36 https://zbbs.jd.com/portal.php?mod=view&aid=1174,最后访问日期:2016年12月2日;(4)部分网络资料以及学者的论述,具体内容由笔者自行整理而成。

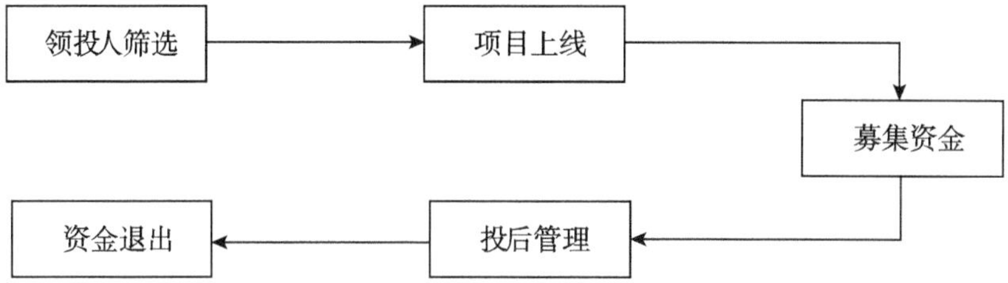

图3　“领投 + 跟投”项目基本流程

首先,“领投 + 跟投”作为我国当下私募股权众筹的主流模式,平台招募的领投人能力在很大程度上决定了平台的发展空间。对比领投人的筛选标准后发现,36氪相较京东东家对自然人领投人提出了更高的要求,要求其不仅有3年以上的风险投资经验、一定量的个人资产,还必须已经投资过至少5个股权融资项目。此外,36氪平台还引入机构作为领投人并规定了机构从业人员资质和持有资金量的要求。

其次,领投人权利和义务方面。京东东家为领投人设计了3天的冷静期制度,冷静期内领投人可以无条件放弃对项目的领投。原则上,一个项目只能由一人领投,领投人投资项目的认购金额通常应不低于该融资项目目标募集金额的30%,并且不高于该融资项目目标募集金额的80%。36氪则允许领投人自带项目到平台进行融资,同时未设置领投人的最低领投额度。“领投 + 跟投”模式的优势便是充分发挥领投人撬动资金的杠杆作用,两家平台的领投人制度设计,在功能实现方面可谓平分秋色。总结来看,成为领投人需要满足两方面条件:一是经验;二是资金。尽管京东东家设置了相对较低的领投人门槛,但强制领投人认购募集金额不低于30%的要求,不仅能够检验领投人的资金能力,也进一步将领投人锁定于项目之中,以减少道德风险。同时,高比例的资金投入能够督促和激励领投人,积极引导、监督和管理项目运营。

表9 京东东家与36氪“领投+跟投”部分规则对比

	京东东家	36氪
领投人基本条件	①至少有1个项目已退出 ②自主成功创业的经验	A. 自然人领投: ①3年以上的风险投资经验 ②拥有一定量个人资产 ③已投资股权融资项目不少于5个 B. 法人或非法人组织领投人 ①从业人员资质 ②资金量要求
领投人权利义务	①领投人的冷静期 ②一人领投一个项目,领投人投资资金为目标募集资金的30%~80% ③对项目引导、监督、管理 ④向跟投人收取管理费	①领投人可自带项目 ②对项目引导、监督、管理 ③向跟投人收取管理费
领投特殊规则	①绿色通道:符合条件的跟投人投资资金可以不经过平台 ②领投人参与管理程度:区分常规领投和轻领投 ③“小东家”:低起投资金	①新股增发、存量股权转让 ②《合伙人登记册管理制度》(标准化协议与电子签名) ③领投人五档评级与黑名单制度

资料来源:根据京东东家及36氪网站资料整理。

最后,两家平台分别设置了一些特殊的领投规则(见表9)。特殊领投规则之目的是为满足融资人、领投人和跟投人的特殊需求。例如,京东东家设置的绿色通道制度、[1]轻领投制度、[2]小东家制度[3]等,对实现融资人要

〔1〕 京东东家为符合条件的跟投人设置了绿色通道,融资方可向东家申请,针对投资款项达到设定金额的跟投人,可以以该投资人的名义直接进入项目公司股东名册,而不再通过由领投人及其他跟投人共同设立的有限合伙间接持股。参见《京东东家投资人规则》,载京东东家:https://zbbs.jd.com/portal.php?mod=view&aid=4586,最后访问日期:2016年12月2日。

〔2〕 轻领投模式是指:在领投人因任何原因无法进入有限合伙企业或无法担任合伙企业的普通合伙人时,领投人可书面委托京东的关联方担任合伙企业的普通合伙人,由京东关联方与跟投人共同设立有限合伙企业,并由京东关联方承担如工商税务等方面的事务性运营管理。参见《京东东家投资人规则》,载京东东家:https://zbbs.jd.com/portal.php?mod=view&aid=4586,最后访问日期:2016年12月2日。

〔3〕 当项目的募集开始的时候,用户就可以参与小东家投资,名额有限,先到先得。小东家是平台释放的低起投金额参投计划,届时符合条件的投资人可进行低额度参投,一般情况起投金额为5000元。参见《小东家参投简介》,载京东东家:https://jrhelp.jd.com/show/getProblemInfo?id=2002,最后访问日期:2016年12月2日。

求特定股东加入之目的，领投人轻度参与管理之目的、投资者激励之目的均有所裨益。另一方面，36 氪则独创了新股增发、存量股权转让制度、[1]标准化协议与电子签名制度，上述制度创新大大提高了私募股权众筹融资效率与融资灵活度。此外，36 氪还建立了领投人五档评级与黑名单约束机制，[2]实现了对领投人的反向激励。

4. 股权收益权转让模式

股权收益权转让模式被京东东家用于运营非“创投类”项目，该模式是由东家平台“选取大消费行业细分领域内一流的品牌，在东家平台为其具体单店筹备开店资金，项目方转让其具体单店的股权收益权。”[3]股权收益权转让是近几年国内为适应资本流动需求的大背景，而创设的一种新型交易结构安排。该交易结构中，融资方股东身份并未发生变化，而是将股权项下的收益权进行转让，这样可以在不改变股东身份和股东名册登记的前提下，实现股权收益权的转移。[4] 在股权收益权转让协议中，出卖方（股东，通常为融资方）将标的股权所对应的与收益有关的权利转让给买受方，并且承诺在未来某个时间点以协议中双方约定的价格（高于转让价格，并且附加利息等相关费用）回购该股权收益权。股权收益权的买入方则以相应转让款对价，向出售方提供资金支持，享有标的股权的分红等其他现金收益权。这其中，买受方仅享有有限的收益、分红等权利，协议中涉及的股权仍由出让方代为管理。（见图 4）

---

〔1〕《互联网非公开股权投资模式？如何运营?》，载 36 氪帮助中心：https://www.36jr.com/help/detail/771，最后访问日期：2016 年 12 月 2 日。

〔2〕《领投人管理制度》，载 36 氪：https://www.36jr.com/help/detail/856，最后访问日期：2016 年 12 月 2 日。

〔3〕《股权投资模式如何运营》，载京东东家：http://jrhelp.jd.com/show/getProblemInfo?id=2009，最后访问日期：2016 年 12 月 2 日。

〔4〕马莲：《股权变动法律问题研究》，吉林大学法学院 2014 年博士学位论文，第 94～95 页。

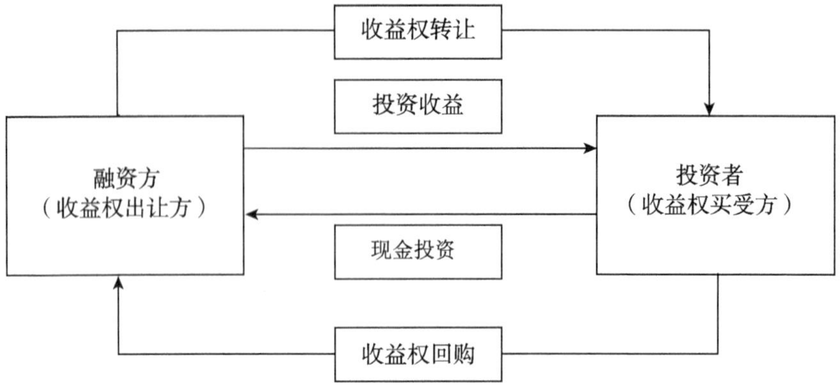

图4　股权收益权转让模式

5. 基金模式

基金模式是指投资者将资金交由平台管理，投资者只负责为其中意的项目提供资金，在项目完成融资后，由平台成立独立的基金（第三方代持公司）作为股东来持股，并且平台方代表投资者对项目进行后续的监督和管理，人人投是目前国内较为典型的基金模式平台。与京东东家和36氪不同，人人投平台以投资身边的实体店面项目为主，其为创业者提供线上和线下的路演来开展融资服务，投资群体则面向草根投资者。人人投平台开创了定向私募股权众筹模式，企业可以参考不同地区内经济水平和市场前景，结合项目上线时间以及市场资源，来有选择地寻找投资人。由于放弃了“领投+跟投”模式，人人投平台并不要求投资者必须为合格投资者，只要经过实名认证的自然人，都可以在人人投平台上投资。平台对每个项目进行尽职调查，并直接促成融资人与投资者的对接，因此平台对项目筛选有严格的审核标准，上线项目质量也相对较高。平台作为中间方，完成了包括项目审核、挑选、资金保管、投后管理等一系列工作，最大限度上满足了投融资双方需求，与美国 FundersClub 平台和英国 AIM 的运营模式如出一辙。（见图5）

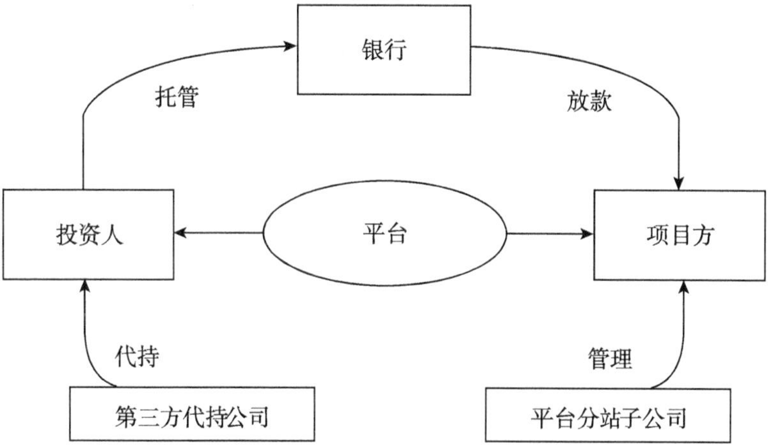

图 5　基金模式平台运行模式

综上所述，我国股权众筹实践已经远领先于立法，各大平台已经形成了几类典型标准化的私募股权众筹业务模式。如何回应立法和市场既已形成的路径依赖，则成为提出股权众筹本土化改造建议时，首先应思考的问题。

二、三分法框架的解释

（一）三分法的框架

笔者认为，根据我国股权众筹市场的现实情况和政策需求，未来可以形成三分法的框架：（1）公募股权众筹；（2）O2O 型公募股权众筹；（3）私募股权众筹。

从官方意见看，未来我国资本市场将划分为私募、大私募、小公募、公募四个层次。“公募”与“私募”的区别主要在于投资者的资金实力与投资者的成熟度上，“大私募”是面向适当降低标准的合格投资者开放的“私募股权众筹”市场，而“小公募”则是未来即将构建的“公募股权众筹”市场。基于上述框架，笔者提出将“小公募”进一步细化，按照业务类型将公募股权众筹分成两类：其一，面向全国市场的公募股权众筹；其二，“线上 + 线下”相结合的 O2O 型公募股权众筹。面向全国市场的公募股权众筹可以基本沿用《JOBS 法案》的逻辑，在这类平台上进行融资的项目是最为丰富的，也是包罗万象的。而依据英国 AIM 模式或者 FundersClub 平台模式设立的 O2O 型公募股权众筹，平台必须履行尽职调查责任。那么这两类股权众筹的共同点是什么？即面向相同的投资者。根据公募股权众筹基本要求，能够参与其中的投资者是所有人。即使投资者仅有 100 元净资产时，其也有权投资公募股权众筹的项目，人人参与是普惠金融的本质要求。那么二者区别在哪？即项目内容的区别。公募股权众筹可以最大限度发挥群体智慧的优势，使原本可能无法获得融资的创意被群体智慧发现，因此，这也是最为标准的股权众筹，所有项目都可以在此获得平等的融资机会。相较之下，O2O 型公募股权众筹则必须按照"线上 + 线下"相互结合的模式运行，服务的项目也多以实体经营店面为主。由于该类项目融资额度较少，个人投资者投资额度也十分有限，强制将其归入私募股权众筹之列并且要求投资人均为合格投资者亦不太现实。如上，采取上述方法将公募股权众筹分为两种模式更加符合我国现有国情，也有助于实现股权众筹所承载的普惠金融重任。

（二）理由与解释

1. O2O 型公募股权众筹的现实需求

目前来看，"线上 + 线下"相结合模式是我国股权众筹市场中较为特殊的一类。在《关于促进互联网金融健康发展的指导意见》正式明确在公募与私募股权众筹分野之前，O2O 型公募股权众筹就已经在我国出现，[1] 并且向专业化和规模化方向发展。[2] 在 O2O 型公募股权众筹发展浪潮中，人人投可谓是目前最为成功和典型的代表之一。人人投平台的运营模式具有如下一些特点：其一，能够为投资者提供"管家式"的投资服务，服务内容包括

---

〔1〕 朱丽娜：《GP + LP 众筹新样本：咖啡"O2O"模式撬动网络金融细分市场》，载《21 世纪经济报道》2014 年 9 月 12 日，第 10 版。

〔2〕 杨东：《贵阳建设众筹之都的优势与原则》，载《当代贵州》2015 年第 39 期。

但不限于对项目尽职调查、提供投资咨询服务、投后管理服务,[1]甚至于代理投资者起诉违约的发行人。[2] 其二,专注于实体店面投资。目前人人投平台涉及的实体店面包括了美食、休闲娱乐、生活服务、教育培训等,其并没有涉及 TMT 类型项目。其三,线上项目展示与线下约谈服务相结合的信息披露模式。

2. 公募还是私募

人人投已经通过强有力的事实证明了 O2O 模式的潜力,那么为何还需要进一步讨论该模式的归类问题呢?实际上,也正是因为目前官方制定的股权众筹二分法框架,导致人人投平台可能无法归入二者中的任何一类。

首先,人人投不属于私募股权众筹。若按照中国证监会 2015 年 8 月 7 日发布的《中国证监会致函各地方政府规范通过互联网开展股权融资活动》要求,目前市场中所有的互联网非公开股权融资平台都必须接受《私募投资基金监督管理暂行办法》的监管。如果我国下一步立法继续参照《JOBS 法案》的二分法思路,人人投将只能被归入私募股权众筹之列,也进而导致其只能接受符合标准的合格投资者。按照目前中国证券业协会给出的标准,自然人合格投资者至少需要有 30 万元金融资产。这与目前人人投平台不设置任何投资者资格限制的现状完全相悖。

其次,人人投不属于公募股权众筹。若按照《JOBS 法案》第三章的逻辑,公募股权众筹是利用信息披露和群体智慧解决信息不对称问题,而人人投所承担的尽职调查、提供投资建议等服务内容已经远远超越公募股权众筹平台责任的范围。

究其根本,上述困境出现的原因在于股权众筹商业实践发展的速度已经

---

[1] 《投资指南》,载人人投:http://www.renrentou.com/help/index/typeid/36,最后访问日期:2016 年 12 月 3 日。

[2] 北京诺米多餐饮管理有限责任公司与北京飞度网络科技有限公司居间合同纠纷上诉案,(2015)一中民(商)终字第 09220 号。

远远超越我国法律移植的速度。实际上,若按照英国 AIM 模式,则人人投并不存在任何定性上的困境。平台已经通过勤勉的诚信经营,建立了坚实的市场信誉基础,并且通过提供各类增值服务,形成了类似英国 AIM 的自律规范和品牌效应。因此,立法者只需要设定投资者适当性标准,准确评价投资者的投资能力,限制非合格投资者的投资额度即可。但问题在于,公募和私募的二分法路径已经基本形成,如果立法强制将其归入私募或者公募股权众筹,无疑是摧毁了这一已经发展成熟的商业模式,也违背立法基本的成本收益要求。

3. 为什么是公募而不是私募

上文已经说明人人投模式无法完全归入严格意义上的公募或私募股权众筹,那么为何还要将其称为 O2O 型公募股权众筹呢?笔者认为,O2O 型公募股权众筹未来可能具有三"众"之属性。

第一,投资者范围之"众"。在私募与公募二分法模式下,区分投资者类型是无法回避的问题,参与 O2O 型公募股权众筹的投资者更加符合公募股权众筹投资者属性,因为 O2O 型公募股权众筹投资者的范围是所有人。这也符合 Bradford 教授提出的公募股权众筹五项原则最为基本的要求。在投资额度方面,若参考《JOBS 法案》的限额投资制度经验,则需要解决的问题便是如何确定合理投资限额标准。在《众筹条例(意见稿)》公示期间,有提议要求提高投资限额,但 SEC 经过慎重考虑后,最终仍然选择以 10 万美元为基准。根据世界银行共公布的数据看,美国 2013 年、2014 年和 2015 年的人均年收入分别为 52,749.91 美元、54,539.67 美元、56,115.72 美元,[1] 10 万美元基准大约为美国年人均收入的两倍。假设该基准能够有效控制投资者损失范围,那么根据汇率换算后,我国将基准设定为 10 万元人民币是较为合理的。[2]

---

〔1〕 世界银行数据库,载世界银行:http://data.worldbank.org.cn,最后访问日期:2016 年 12 月 5 日。

〔2〕 根据世界银行的数据显示,我国 2013 年、2014 年和 2015 年的人均收入分别为 7077.77 美元、7683.50 美元、8027.68 美元,分别按照当年年均汇率换算后的结果是 43,811.39 元(汇率 6.19)、47,176.69 元(汇率 6.14)、49,932.17 元(汇率 6.22)。

人人投平台设定的项目单笔起投金额一般在1000元至5万元人民币，也恰巧符合该标准。其次，投资者经验。公募股权众筹的投资者通常被认为是最为缺乏经验的群体。然而，由于实体店面与TMT项目具有本质上的区别，即便是不具有丰富经验的投资者，在人人投作为信誉中介提供投资建议并辅之以线下考察的双重机保障制下，也能够有效解决投资者的非理性决策行为。

第二，发行人范围之“众”。O2O型公募股权众筹服务的实体店铺类项目的特点之一便是项目需求资金数量相对有限。人人投平台上的项目融资额度通常为50万元至200万元，这与京东东家“创投板”动辄百万元甚至千万元资金需求量的项目有明显区别，前者更符合小型企业和创业者的融资需求。同时，国务院发布的《关于加快构建大众创业万众创新支撑平台的指导意见》（2015年9月）、国务院办公厅发布的《关于推进线上线下互动加快商贸流通创新发展转型升级的意见》（2015年9月）以及商务部发布的《关于加快居民生活服务业线上线下融合创新发展的实施意见》（2015年10月），都在强调鼓励小微企业和创业者通过线上线下多种模式发展互联网非公开股权融资（私募股权众筹）。然而，现实情况是，私募股权众筹平台更加青睐于将精挑细选的高风险、高收益TMT类项目推荐给具有一定风险承受能力并且期待高回报的合格投资者，而并不是回报额十分有限的实体店面项目。这也导致各种出台的政策陷入了逻辑悖论，即政策要求小微企业通过私募股权众筹进行融资，而真正意义上的私募股权众筹平台和合格投资者，可能对这类投资回报有限的项目并不感兴趣。因此，只有实现投资者之“众”与服务实体经济之“众”的有效对接，才能使政策要求真正落到实处，而政策落实的路径便是O2O型公募股权众筹。

第三，普惠金融目的之“众”。国务院发布的《关于印发推进普惠金融发展规划（2016—2020年）的通知》（2016年1月）中提出推动修订《证券法》，夯实股权众筹的法律基础。可见在我国，普惠金融已经不仅仅限于学者理论上的探讨,而已经成为国家未来发展规划的一部分。普惠金融要求目的之“众”,不仅事关金融权利配置的公平与正义,而且与社会秩序的稳定、社会矛盾的缓和等社会整体利益紧密关联,金融利益理应惠及所有投资者——无论合格投资者抑或是非合格投资者。这种目的之“众”也是 Schwartz 教授所指出的包容性,是公募股权众筹独有的属性,其能够使参与其中的所有人“感到有价值,受到尊敬,并且享有平等的机会”。

4. 公募股权众筹的市场空间

如果将 O2O 型公募股权众筹单独分离出之后,严格意义上的公募股权众筹是否还有相应的市场空间呢?笔者认为,未来公募股权众筹可能会成为一个小型的创投板市场,为一些有创意但不属于传统实体店面的创新型初期企业(项目)提供融资。正如 Ibrahim 教授认为的,这里的发行人可能包括两种:其一,暂时不需要太多资金的优质初创企业。这类初创企业具有两个特征,一是天使投资规模超过其所需要的融资量,二是企业创始人也不希望通过债权来获取最初的启动资金。其二,需要进一步发展的优质初创企业。这类初创企业需要进一步发展的资金,但是并不希望获得天使投资提供的指导及附加服务。当然,这里也伴随着高风险和高收益,需要发挥群体智慧的优势,而并非由中介平台通过尽职调查来评定其未来的成长和收益,而导致部分创新项目被埋没。这也为有理想、有能力且诚信的发行人和敢于适当冒险的中产阶级提供了对接通道。

综上所述,笔者论述了我国股权众筹未来三种可能的划分类型,即公募股权众筹、O2O 型公募股权众筹以及私募股权众筹,并可以根据业务类型来区分适用监管规则。两类公募股权众筹不仅承载着融资功能,还肩负实现普惠金融的社会责任,因此需要严格且体系化的规则构建。而私募股权众筹则需要相对宽松的监管环境,鼓励平台业务创新。此外,O2O 型公募股权众筹承载了更多落实普惠金融发展规划之重任,相关政策也应给予其支持和优惠。

第二节　股权众筹的规则构建与立法调整

一、立法原则的思考

从比较法视角观察，目前国际上股权众筹的立法逻辑可以分成两种，即“以信息披露为基础，规制投资者”的美国公募股权众筹立法逻辑和“以平台责任为基础，规制发行人”的英国AIM和美国私募股权众筹立法逻辑。笔者认为，在进行比较研究时，不能孤立研究股权众筹制度，而是需要将各国制度置于其既有金融体系内进行解读。

（一）监管力度强与弱的选择

若单纯比较股权众筹立法的最终规则，则会得出英国股权众筹的监管力度远远弱于美国《众筹条例》的结论。英国股权众筹规则甚至选择了不制定统一的信息披露标准，而交由各个平台自己决定发行人应披露哪些信息。然而实际情况则是，英国各股权众筹平台在FCA制定监管规则之前，已经形成有效的自律规则体系，实无必要付出更多立法成本来改变这一现状。英国股权众筹规则实际上已经暗含了各平台自律规范的内容，因此，其体现出监管力度较弱且灵活的特点，体现了对已经形成的AIM信用体系制度的路径依赖，这与《JOBS法案》第二章中美国对私募股权众筹表现出的宽松监管思路如出一辙。孤立和片面比较规则监管力度强弱的表象必然陷入立法选择困境，必须将这一结果置于各国既有金融监管法律体系和金融市场发展的综合语境下进行考察，才能得出规则最终呈现监管态度之缘由。

（二）制度创新与修正的选择

严格意义上讲，只有美国公募股权众筹是真正意义上的制度创新，是投资额度上限和群体智慧理论的最完整体现。而英国AIM和美国私募股权众筹都是基于传统天使/风险投资模式的制度修正。若通过对现有规则适当修正便能解决当下问题必然是立法的首选方式，这不仅能够降低立法成本，并且修正后规则效果的可预期性也较高。而制度创新则可能意味着失败和试错成本。

(三)效率与安全两难的选择

与英国AIM模式类似的FundersClub平台,能够承担信用中介的职能,但是其并不能在《JOBS法案》第三章框架下运行。公募股权众筹是以"信息披露为基础,规制投资者"为逻辑主线展开构建的,通过对发行人和投资者双方参与主体加以限制,来确保投资者能够接受到符合规定的信息披露、理解投资风险、准确限制其投资额上限,并且群体智慧功能的实现,也依赖于热心且精明的投资者。然而,英国AIM模式的规制逻辑则是以"平台责任为基础,规制发行人"为逻辑主线展开构建的,平台关注重点并不在投资者,而是申请融资的发行人,其不仅能够帮助初创企业发展,并且可以排除劣质发行人。此种设计模式也存在两个问题:第一,平台自身需要审核大量项目,必然降低融资效率;第二,由平台决定发行人是否能够发行,可能会埋没部分优质项目。

因此,在三分法框架下制定股权众筹具体规则时,必须以各类股权众筹立法逻辑为基础,将监管力度、创新与修正、安全与效率作为规则制定时必要的考量因素,体现不同规则之间立法需求的差异性。

二、现有法律规则修正

(一)法律制度障碍

关于股权众筹构建过程中面临的现行法律制度障碍这一问题,学者已经进行了较为充分的探讨,并且基本形成一致意见。笔者通过整理后,总结为如下几个主要问题:

1. 股东人数与公开发行。股权众筹依托互联网平台,通过股份售让的方式进行融资,这在本质上与股份发行无异。如果将股权众筹融资界定为非公开发行证券行为,必须确保投资人的特定性或仅在200人范围内融资。

2.触碰"非法集资"红线。现行《刑法》第179条明文规定了"擅自发行股票、公司、企业债券罪"。而根据最高人民法院《关于审理非法集资刑事案件具体应用法律若干问题的解释》第6条的规定,擅自发行股票或公司、企业债券罪犯罪构成的客观方面是未经批准、变相发行或超过人数限制,但对"向社会不特定对象发行、以转让股权等方式变相发行股票"的解释仍存在争议。

3.资金管理障碍。股权众筹融资中所筹资金的管理与划拨主要由股权众筹平台负责,但根据《非金融机构支付服务管理办法》第2条的规定,这种依托网络在投融资双方之间转移货币资金的行为可能会被认定为第三方支付。而且,这种行为也可能会触犯《刑法》第176条非法吸收公众存款罪。

(二)相关立法修正

1.《证券法》须予以的回应

为进一步推进落实我国公募股权众筹制度构建,2015年4月《证券法》修订建议被提请第十二届全国人大常委会第十四次会议审议,[1]其中包括"建立公开发行豁免注册制度,规定向合格投资者发行、众筹发行、小额发行、实施股权激励计划或员工持股计划等豁免注册的情形",其中,向合格投资者发行的豁免对应私募股权众筹豁免,众筹发行豁免应理解为公募股权众筹豁免,而小额发行豁免则更加类似于美国小额发行制度Regulation A,这也符合国内多数学者的观点。如果《证券法》修改能够顺利通过上述豁免制度,合格投资者发行应被归入私募发行范围,而公募股权众筹和O2O型公募股权众筹应属于公开发行,因为后两者在发行对象上具有不确定性。由于豁免注册的公开发行,与我国现行《证券法》所规定的200人限制并不冲突,因此建立众筹发行豁免制度,可以免于修改现行《证券

---

〔1〕《确立股票发行注册法律制度》,载《法制日报》:http://www.legaldaily.com.cn/News_Center/content/2015-04/20/content_6056302.htm? node=33900,最后访问日期:2016年12月28日。

法》第10条中关于公开发行的定义。[1]

2.《公司法》予以的回应

我国公司法律框架内，主要规定了三类主体：股份有限公司、有限责任公司和合伙企业。目前来看，私募股权众筹的人数限制和治理问题已经通过有限合伙制度解决，而公募股权众筹则似乎可以借鉴《非上市公众公司监督管理办法》的立法经验，[2]在未来立法时单独制定适合公募股权众筹的公司治理规则。

在具体治理规则方面，国外已有学者建议公募股权众筹平台设立电子股东论坛制度。[3] 电子股东论坛目前尚无统一模式，但其作为一种网络交流平台，能够实现为股东提供信息交流、特定话题讨论、表决权征集等基本服务功能。目前德国已经在立法层面，制定了电子股东论坛的设立和运行规则。其要求中介平台为投资者提供的电子股东论坛，能够便利投资者了解公司经营状况和重大事项，便于投资者对公司决策发表意见并交换看法，为投资者介入公司治理提供基本渠道。[4]

三、公募股权众筹规则

（一）整体思路

如前所述，我国股权众筹未来可以形成三分法的框架：(1)公募股权众筹；(2)O2O型公募股权众筹；(3)私募股权众筹。公募与私募股权众筹之间的区别本书在二、三、四章已经进行了详细论述，那么本土化的规则设计应遵循何种思路呢？

---

〔1〕 对于如何修改《证券法》来调整我国对公开和私募发行的界定问题，本书暂不做讨论。

〔2〕 关璐：《非上市公众公司法律问题研究》，吉林大学法学院2013年博士学位论文，第13~45页。

〔3〕 本书第三章第三节介绍了域外学者从公司法角度对公募股权众筹公司治理问题的初步探索，但其并未给出体系化的结论。限于个人能力和写作精力，本书此处先提出这一问题并给出尝试性的解决方案，笔者在后续研究中将继续关注并思考该问题的应对之道。

〔4〕 赵金龙：《商法思维与网络技术环境下公司法律制度的创新——以电子股东论坛为例》，载《中国商法》2013年第1期。

1. 以《众筹条例》为参考范本

SEC 于 2015 年 10 月 30 日公布的《众筹条例》是美国学者、实务界各方意见争论后的最终结果，尽管 SEC 也承认最终稿仍有不完备和有待观察改进之处，但其依然也成为各国股权众筹立法的重要参考范本。即便是在美国，公募股权众筹实质上也是一种全新的小额发行豁免制度，与既有证券法律规则之间的联系并不十分紧密。本书在第三章中对美国《众筹条例》的规则体系进行了详细梳理，并就存在争议的信息披露制度和群体智慧理论进行了探讨。因此，笔者认为，我国公募股权众筹规则可以基本仿照《众筹条例》的逻辑体系，借鉴其中的信息披露、投资限额、中介责任、交流渠道以及失格条款等核心规则的立法经验，重点控制信息披露成本，并尝试完善交流渠道与股东电子论坛制度。

2. 以业务而非平台来划分类型

由于商业实践先于立法，部分平台已经开展的业务范围可能同时涉及实体店面类的消费业务以及高风险的创投类业务。若立法再以平台作为区分标准，则会导致主要开展创投类业务的平台放弃其他业务。为解决这一问题，可以将平台划分标准转换为业务划分标准，即同一平台可以同时开展上述三类业务，但是需要分别遵守相应的业务规范，这也符合目前我国市场的实际需求。例如，京东东家平台目前涉及创投类项目和消费类项目，同时也作为公募股权众筹试点平台之一。

（二）豁免的规则

美国《众筹条例》豁免规则部分，主要包括了发行额度上限、投资额度上限、交易中介和排除特定发行人资格几个部分。借鉴《众筹条例》的立法经验，我国公募股权众筹立法应在如下方面进行调整。

1. 豁免的标准

基于前文论述，除严格意义上的公募股权众筹外，立法还应为 O2O 型公募股权众筹设置特别的豁免规则。

首先,公募股权众筹与O2O型公募股权众筹的区别何在?简言之,项目类型和平台责任两方面。其一,O2O型公募股权众筹只能通过“线上+线下”的方式提供实体店面类项目(或类似的O2O项目)融资业务,其所涉及的业务范围必须受到严格限制;其二,开展这类业务的平台必须作为信用中介,承担尽职调查及其他管理等责任。因此,O2O型公募股权众筹应采用美国私募股权众筹平台Fundersclub及英国AIM的规制思路,使平台成为投资者的“看门人”,去除平台必须保持中立的条款,赋予平台全面的尽职调查义务。

其次,豁免标准。公募股权众筹豁免标准可以参考《JOBS法案》的逻辑,即满足符合豁免发行标准的发行人和发行限额,以及投资者的投资限额要求。以此类推,O2O型公募股权众筹的豁免除应满足符合公募股权众筹发行豁免的基本条件外,还应满足提供“线上+线下”融资方式这一要求。

最后,资格申请。实体店面地理位置以及“线上+线下”的路演信息披露方式都使O2O型公募股权众筹具有极强的区域性特点。由于我国并不存在美国州立法彼此独立,无法跨州投资的问题,因此这种区域性因素并不会限制O2O型公募股权众筹的发展。另一方面,考虑到投资安全性问题,O2O型公募股权众筹仍然应由证监会批准设立,并接受严格监管。

2. 投资额度限制

公募股权众筹和O2O型公募股权众筹面对的投资者相同,即所有人。因此,二者均需要设定投资额度限制。投资额度限制可能会间接影响项目融资成功率以及部分投资者的投资需求,尽管存在这种可能性,投资额度上限作为公募股权众筹投资者保护的主要工具,是必需的,也是必要的。《众筹条例(意见稿)》在征求意见的过程中,也有提议要求允许合格投资者突破投资额度限制,但SEC拒绝了这一建议。其认为公募股权众筹的本质便是“小额”和“大众”,所有投资者必须被平等对待,无论合格投资者抑或是机构投资者,都应遵守上述投资额度限制。根据世界银行公布的数据,美国2013

年、2014 年和 2015 年的人均年收入分别为 52, 749. 91 美元、54, 539. 67 美元、56, 115. 72 美元,10 万美元基准大约为美国年人均收入的两倍。假设该基准能够有效控制投资者损失范围,那么根据汇率换算后,将该基准设定为 10 万元人民币是较为合理的。

3. 发行额度限制

发行额度限制方面,公募股权众筹和 O2O 型公募股权众筹之间应有所区别。如前所述,由于公募股权众筹更加类似于一个小型的创投板市场,因此按照《JOBS 法案》的逻辑,设置发行额度限制标准时,具体数额同样可以参照《JOBS 法案》的经验,设定为 100 万元人民币左右(或适当提高)较为合适。此外,由于 O2O 型公募股权众筹具有平台的信誉担保,故而可以适当放宽融资限额甚至不设置融资上限。

(三)发行的规则

美国《众筹条例》关于发行的规制部分,主要包括了发行信息披露、持续信息披露、禁止广告宣传、推广报酬几个部分。借鉴《众筹条例》的立法经验,我国公募股权众筹立法应在如下方面进行调整。

1. 信息披露方面

本书第三章中,笔者已经详细论述了信息披露在制度公募股权众筹中的逻辑悖论与应对方式。因此,在制定信息披露规则时,必须充分考虑信息披露的成本控制,按照发行人融资额度不同,建立分层财务信息披露制度和持续信息披露制度,明确最低标准的强制披露信息范围,而并非学界普遍主张的提高信息披露标准。

(1)发行信息方面

发行信息方面具体可以参考《JOBS 法案》的信息披露框架:①证券发行人的名称、法律身份、地理位置和网站地址;②董事和高管(及任何具有相似职位或履行相似职能的人)以及任何拥有超过 20% 表决权的股东姓名;③证券发行人的业务介绍和商业计划;④证券发行人的财务状况;⑤融资款项使用目的和规划的明确介绍；⑥目标发行额、目标发行额截止日期，以及发行人融资目标进展情况的定期更新；⑦发行证券的价格或定价方法；⑧对发行人的所有权和资本结构的介绍。以及 SEC 基于《JOBS 法案》框架进行的部分调整，具体包括：①完善发行人基本信息披露要求（所有权以及资本结构部分）；②充分考虑投融资双方需求（发行数量、截止期限以及发行价格部分）；③设置相对弹性条款（商业计划、资金用途部分）。此外，发行信息披露还可以加入 SEC 认为需要披露的若干内容。

（2）发行财务信息披露

发行财务信息披露集中体现为以融资额度作为区分标准的分层披露规则。《JOBS 法案》分别以 10 万美元和 50 万美元为分界线，要求发行人提供详略不同的财务报表。同时，《众筹条例》还增加了财务状况讨论制度，该制度旨在将必要投资信息传递给投资者，兼顾发行人寻求简单、便捷融资的本意，故规则仅设定了原则性要求，并没有规定具体的内容和格式。

2. 发行的其他方面内容

（1）持续信息披露方面。持续信息披露的年报不用必须经过会计审计或者审阅，可以由发行人的首席执行官做出保证，同时《众筹条例》还增加了发行人特定情况下免于履行持续信息披露义务的条款。

（2）禁止广告宣传。禁止广告宣传要求发行人公开宣传的内容，除指引投资者至集资门户和经纪商的告示外，不得对发行内容进行更为详细的描述。

（3）推广报酬。主要包括禁止发行人雇佣人员进行推广宣传，保障交流渠道制度发挥应有的功能，并且防止发行人规避禁止广告宣传的限制。

笔者认为，禁止广告宣传和推广报酬的限制十分必要，也是值得我国参考借鉴的，但国内学者在研究过程中似乎忽略了上述内容。

3. O2O 型公募股权众筹发行的特殊规则

O2O 型公募股权众筹为投资者提供线上路演和线下实地考察的双重渠道来了解发行人，因此 O2O 型公募股权众筹可以采取更为简化的信息披露方式，或交由开展业务的平台自行确定。由于平台需要履行尽职调查义务，并且为项目提供信誉保障，故 O2O 型公募股权众筹发行人披露的信息内容则可能更像是一份商业计划书，用于阐述项目的基本内容和资金使用方式。

(四) 中介的规则

1. 来自美国中介平台的经验

根据《JOBS 法案》的规定，美国公募股权众筹中平台共分为两类，即集资门户（Funding Portal）和经纪商（Broker-dealer）。而私募股权众筹市场中除 Angellist 和 FundersClub 是经过不起诉意见信免于注册为经纪商的平台外，其他私募股权众筹平台必须按照 1934 年《证券交易法》进行注册。这其中争议主要集中在公募股权众筹两类平台的功能区分上，有学者认为，由于《JOBS 法案》对集资门户设定了过多限制，导致市场更加倾向于选择以传统经纪商身份开展公募股权众筹业务而非集资门户，因为作为经纪商能够获得更多收入机会、更加灵活且功能也更加全面。[1]

此处需要强调的是，由于美国有两类主体可以开展公募股权众筹业务，故《众筹条例》相关内容亦分为"关于中介的规制"和"集资门户的额外规制"两个部分，二者为一般和特殊的关系。[2]《众筹条例》Rule 227.402 (a)[3] 中的限制条件仅仅适用于注册为集资门户的中介平台，而不适用于以经纪商身份开展公募股权众筹业务的平台。

首先，注册为集资门户的中介平台不得为平台上证券的购买、销售或购买的要约进行劝诱且不得因上述行为或者向平台引流而向员工、代理商及

---

[1] Shekhar Darke, "To Be or Not to Be a Funding Portal: Why Crowdfunding Platforms Will Become Broker-Dealers", 183 *Hastings Business Law Journal*, 2014.

[2] Rule 227.300－304 是对于中介的一般要求，而 Rule 227.400－403 则是对集资门户这一中介平台的额外监管规则。

[3] C.F.R. §227.402(a). 具体内容：集资门户不得从事如下活动：(1) 提供投资建议或推荐；(2) 为平台上证券的购买、销售或购买的要约进行劝诱；(3) 不因上述行为或者向平台引流而向员工、代理商及其他人提供报酬；(4) 不得持有、管理、占有或以其他方式处理投资者的资金或证券。

其他人提供报酬。该条款在《众筹条例》中出现过两次,具体为 Rule 227.204 和 Rule 227.205 分别在“关于发行的规制”的禁止广告宣传和推广报酬部分。笔者认为,该禁止条款是集资门户和经纪商在开展公募股权众筹业务时都必须遵守的规定,并且学者在论述过程中,也将这种禁止宣传与私募股权众筹进行比较。[1]

其次,集资门户和经纪商之间在投资建议(顾问)功能的限制规则也有所区别。集资门户的性质更加类似于一个单纯的信息提供者,其并不具备经纪商提供投资建议的能力,因此 Rule 227.402(a)限制了集资门户提供投资建议的功能。同样,禁止提供投资建议会导致两项功能缺失:其一,提供投资建议是中介平台的收入来源之一,投资者必须为咨询服务支付费用;其二,提供投资建议也是中介平台履行投资者教育义务的有效方式。

但从另一个方面看,美国经纪商可能也不愿意提供投资建议:其一,在提供投资建议之前,其必须履行投资者适当性检验义务;其二,其必须为自己提供的咨询建议承担法律责任;其三,提供咨询建议的基础是对项目进行充分的尽职调查,这似乎有些得不偿失。

2. 公募股权众筹平台的功能设计

上述讨论也在很大程度上回应了国内学者先前的争议。[2] 具体而言包

---

〔1〕 Shekhar Darke,“To Be or Not to Be a Funding Portal:Why Crowdfunding Platforms Will Become Broker-Dealers”,183 *Hastings Business Law Journal*(2014),pp. 202 - 204.

〔2〕 孙天承认为,应将平台的定位限制在为投融资双方提供投资机会纯中介性质有必要禁止平台提供以下服务:(1)提供投资意见或建议;(2)对发布在平台上的项目进行推荐,引诱投资者对特定项目产生投资倾向;(3)持有、管理、拥有或处理投资者的投资资金,同时强化平台风险提示义务。参见孙天承、杨东:《股权众筹监管的“连通器”效应及法律分析》,载《证券法苑》2014 年第 4 期。

毛其智认为,平台应建立合理的内控体系,限制众筹平台与筹资者的利益冲突,防止其利用众筹项目谋取不当利益。例如,众筹平台不得提供担保或股权代持,不得提供股权或其他形式有价证券的公开转让服务,不得利用该平台为自身或关联企业融资,不得就融资计划向实名注册用户提供具有倾向性的投资分析或建议,不得从事证券承销、投资顾问、资产管理等证券期货经营机构业务等。参见毛智琪、杨东:《日本众筹融资立法新动态及借鉴》,载《证券市场导报》2015 年第 4 期。

括如下几方面：

首先，提供投资建议（顾问业务）。平台是否提供投资建议不应由法律强制限制，而是由中介平台自由选择，这种自由选择基于两方面：其一，平台若希望提供咨询意见服务，则必须取得相应资质；其二，若平台提供咨询意见，则必须承担最高人民法院《关于审理证券市场因虚假陈述引发的民事赔偿案件的若干规定》（2003）中，承销商和中介的过错推定责任。[1]因此，平台可以根据平台发展需要来选择是否提供投资建议。禁止提供投资建议也不符合投资者利益保护要求，当投资者无法获得充分投资信息时，则可能以投机心态做出决策，在此情况下，投资行为似乎变得更像是慈善捐赠，因为投资回报变得遥遥无期。因此，投资者更希望中介平台提供投资建议以最小化投资风险。但是，并非所有的中介机构都愿意提供投资建议，因为投资者的需求、预期、经验及风险厌恶程度各不相同，中介平台无法满足迥异的投资者需求。提供不恰当的投资建议可能被投资者起诉，这给中介机构带来的损失可能大于其提供业务的收益。

其次，对发行人的督导。发行人的持续督导职责主要由私募股权众筹的领投人或者提供相应投后管理服务的中介平台履行。而在公募股权众筹中，这种督导将来可能通过平台设立的电子股东论坛制度，由全体股东来实现。

彭冰教授认为，众筹网站应当起到的监管职责主要包括几个方面：(1)对发行人的监管，众筹网站应当核实发行人的基本信息，对发行人起到某种审查和推荐作用。在发行人募集成功之后，众筹网站还应当持续督导发行人，要求其履行持续的信息披露义务，以及兑现承诺。(2)对投资者的教育和审核，向投资者进行投资风险教育和提示，并负责审核投资者遵守了投资限额。(3)对资金的监控，在众筹项目募集成功之前，众筹网站应当将投资者已经缴付的资金予以独立托管，避免被发行人先行提取。参见彭冰：《股权众筹的法律构建》，载《财经法学》2015年第3期。

[1] 最高人民法院《关于审理证券市场因虚假陈述引发的民事赔偿案件的若干规定》第23条："证券承销商、证券上市推荐人对虚假陈述给投资人造成的损失承担赔偿责任。但有证据证明无过错的，应予免责。负有责任的董事、监事和经理等高级管理人员对证券承销商、证券上市推荐人承担的赔偿责任负连带责任。其免责事由同前款规定。"

最后,英国股权众筹平台经验为公募股权众筹发展提供可供参考的依据,我国若采纳此种模式需要重点关注如下问题:(1)严格规制平台责任。我国并没有形成类似英国股权众筹行业的良好自律环境,因此必须设定严格责任制度,对于因疏于审查导致投资者权益受损的,平台应承担赔偿。(2)激励为导向的功能设计。英国股权众筹平台市场内部业已形成良好竞争机制,平台之间通过不断更新服务内容和服务模式来争取更多发行人。笔者曾分析过"飞度"诉"诺米多"案中,[1]平台为保证自身信誉,主动起诉违约发行人的原因,可见国内股权众筹平台十分重视声誉和平台项目质量。因此,需要设计弹性规则条款,在满足平台多样化发展需求的同时,促进平台之间有序竞争。

四、私募股权众筹规则

相较美国,我国现阶段资本市场仍以公开发行为主线,私募发行制度的系统性构建尚付阙如,仍存在对"私募证券"内涵界定不清等、规则使用不统一等诸多问题。[2]《私募股权众筹融资管理办法》中吸纳了我国现行部分私募股权基金立法规则来规制私募股权众筹业务,但由于部分条款有悖于股权众筹"公开、小额、大众"的特征,而遭到学者批评。

(一)《私募股权众筹融资管理办法》整体评价

中国证券业协会于2014年12月18日公布的《私募股权众筹融资管理办法》共计7章29条,其内容涉及私募股权众筹的基本监管原则、平台准入条件、合格投资者制度、备案登记制度、信息报送制度以及平台自律管理规范等方面。对于目前唯一可供参考的官方文件,学者提出了不同观点:

---

〔1〕 傅穹、杨硕:《股权众筹信息披露制度悖论下的投资者保护路径构建》,载《社会科学研究》2016年第2期。

〔2〕 郑坤山:《借鉴美国经验完善我国证券私募监管法律制度研究》,载《证券法苑》2014年第3期。

持批评态度的观点认为,在我国现行《证券法》框架下,将股权众筹严格限定在私募范围内,虽然合乎立法,却与众筹“融资者众”的精髓相悖。而法律必须得到尊重,在《证券法》未修改之前,《私募股权众筹融资管理办法》相关规定已经是在现有法律、法规基础上最大可能的制度创新,应该给予积极评价和高度认可。但是,从未来发展和鼓励创新的角度,从落实国务院和李克强总理提出的“全面创业,万众创新”“创客、众筹、众包”“发展股权众筹,服务三农等小微企业”精神来说,意见稿的结果可能适得其反,需要反思。[1] 考虑到《证券法》正在全面修改酝酿,证券发行制度必然会做出较大调整,《私募股权众筹融资管理办法》可以理解为制度变更时期的过渡性规定。

对该意见稿赞同的观点,主要从私募发行角度对部分规则提出修正意见。有学者认为,[2]在不改变现有证券公开发行条件和程序的情况下,股权众筹只能通过私募方式开展,其多人小额的特征无法得到完全展现,正在征求意见的《私募股权众筹融资管理办法》只是一种权宜之计。中国目前正在进行中的《证券法》修改,需要考虑股权众筹这种新兴事物,设置符合中国实践需求的股权众筹豁免模式,体现多人小额和信息公开交流这两个基本原则。

囿于我国现行《证券法》第10条之规定,[3]现阶段国内股权众筹只能采取非公开发行的私募方式,即满足:(1)投资者必须为特定对象;(2)投资者累计不得超过200人;(3)平台只能向实名注册用户推荐项目信息,平台和融资者均不得进行公开宣传、推介或劝诱。目前私募股权众筹规则最为显

---

〔1〕 杨东:《股权众筹应“宽进严管”》,载《上海证券报》2014年12月24日,第A01版。

〔2〕 彭冰:《股权众筹的法律构建》,载《财经法学》2015年第3期。

〔3〕 《证券法》第10条:“公开发行证券,必须符合法律、行政法规规定的条件,并依法报经国务院证券监督管理机构或者国务院授权的部门核准;未经依法核准,任何单位和个人不得公开发行证券。有下列情形之一的,为公开发行:(一)向不特定对象发行证券的;(二)向特定对象发行证券累计超过二百人的;(三)法律、行政法规规定的其他发行行为。非公开发行证券,不得采用广告、公开劝诱和变相公开方式。”

著的问题便是将其类比于私募股权投资基金,移植《私募投资基金监督管理暂行办法》中的条款和规制思路,并没有充分考虑到私募股权众筹最为基本的需求(如禁止公开宣传),导致其在某些制度出现与市场实际需求相违背,缺乏切实可行性之弊病。

《私募股权众筹融资管理办法》第 12 条规定:“融资者不得公开或采用变相公开方式发行证券,不得向不特定对象发行证券。融资完成后,融资者或融资者发起设立的融资企业的股东人数累计不得超过 200 人。法律法规另有规定的,从其规定。”我国《证券法》第 10 条对公开发行进行了界定,为满足该要求,只有向特定对象发行,并且在结束后累计人数不超过 200 人才能合法。第 12 条中的公开宣传问题前文已经提及,下文将详细论述制度修改策略,那么剩下的两个问题便是不特定对象和 200 人的人数限制。首先,关于不特定对象。按照《证券法》第 10 条的逻辑反推,特定对象就应理解为非公开发行(私募发行)中的合格投资者群体。其次,人数不超过 200 人。实际上,在私募股权众筹中规定不超过 200 人的限制可能并不会影响其发展。SEC 规定在 AngelList 上通过“领投 + 跟投”模式进行融资时,每个项目投资者总数不能超过 99 人。对此 SEC 给出的解释是,通过控制投资者人数并提高每个投资者的最低投资额度,能够在一定程度上证明投资者的投资能力,即能够有助于平台检验合格投资者是否符合标准。尽管美国实务界对此规定持反对看法,[1] 但我们暂时倾向于认同 SEC 的官方意见。因此,第 12 条可以沿用我国现有股份有限公司(不超过 200 人)、有限责任公司(不超过 50 人)和合伙企业(不超过 50 人)中的人数规定。实际上,国内已有私募股权众筹平台通过设置每位投资者的最低投资额度,来确保项目达到预期融资额度时,投资者人数仍然不会超过 200 人。但这种做法是否会限制私募股权众筹发展,还有待实践的回馈。

---

[1] *The 99 Investor Problem*, Feld Thoughts, http://www.feld.com/archives/2014/01/99 – investor-problem.html,最后访问日期:2016 年 12 月 29 日。

《私募股权众筹融资管理办法》出台对推动我国私募股权众筹的发展功不可没，规则主体框架已经基本涵盖私募股权众筹的各个方面，具体规则中也已经体现出"公募"与"私募"的区别。但必须承认，其中部分规则仅考虑到下位法对上位法的遵守，而并没有考虑到私募股权众筹市场的实际需求，仍须进一步调整。因此，下文将延续本书第四章中的对私募股权众筹规则的功能解释，提出我国相关制度的构建方法。

（二）私募股权众筹公开宣传规则

我国《证券法》中没有规定小额发行豁免，但规定了私募发行豁免。特定对象和人数限制，构成了我国界定私募发行的两个核心要件。《证券法》第10条规定，公开发行证券必须依法定条件经中国证监会核准，也就是说私募发行不需要经过证监会核准，同时累计发行对象不超过200人也就构成了中国法上的私募发行。

私募股权众筹目前面临的最大障碍在于私募发行禁止公开宣传。[1] 因此，证券的非公开发行不能采用广告等方式向公众进行推介，即便是合格投资者也必须在完成注册和信息验证之后，才能浏览感兴趣的内容。《JOBS法案》第二章通过增加 Rule 506(c)，允许私募发行过程中使用公开宣传途径，但要求发行人必须确保投资者满足合格投资者标准。之前提交审议的《证券法》修订草案中，也增加了类似 Rule 506(c)的内容，即当投资人全部是合格投资者时，允许私募发行进行公开宣传。

1. 禁止公开宣传的原因

根据中国证券业协会发布的《私募股权众筹融资管理办法》起草说明来看，由于我国现行《证券法》明确规定公开发行证券必须依法报经国务院证券监督管理部门或者国务院授权的部门核准，未经核准，任何单位与个人不得公开发行证券。因此，《私募股权众筹融资管理办法》将私募股权众筹定

〔1〕 刘明：《论私募股权众筹中公开宣传规则的调整路径——兼评〈私募股权众筹融资管理办法（试行）〉》，载《法学家》2015年第5期。

义为非公开发行且应遵守自律管理的要求,符合《证券法》第 10 条对非公开发行的界定:其一,投资者必须为特定对象,即经私募股权众筹平台审核确认符合规定条件的实名注册用户;其二,投资者累计不得超过 200 人;其三,私募股权众筹平台只能向实名注册用户推荐项目信息,股权众筹平台和发行人均不得进行公开宣传。[1] 此外,《证券投资基金法》第 91 条也规定:“非公开募集基金,不得向合格投资者之外的单位和个人募集资金,不得通过报刊、电台、电视台、互联网等公众传播媒体或者讲座、报告会、分析会等方式向不特定对象宣传推介。”[2]

可见,禁止私募股权众筹公开宣传是符合我国现行立法逻辑的,但却与私募股权众筹的运行逻辑相违背,国内各大私募股权众筹平台已逐渐步入有序运营阶段,并且都在进行实质上的公开宣传。因此,若继续禁止其公开宣传,已然无法满足市场需求和市场发展现状。

2. 解除禁止公开宣传的规则设计

(1)借鉴 Rule 506(c)的经验

《JOBS 法案》修改后增加的 Rule 506(c)并没有修改原有 Rule 506(b)中禁止公开宣传的要求,而是基于互联网融资需求的大背景,创设了一条与其并行不悖的全新融资渠道。进而有学者提出通过设立安全港规则[3]来实现私募股权众筹公开宣传的合法性,[4]此种建议值得赞同。

禁止公开宣传是私募发行的重要特征,即便是《JOBS 法案》公布之后,

---

〔1〕《关于〈私募股权众筹融资管理办法(试行)(征求意见稿)〉的起草说明》,载中国证券业协会:http://www.sac.net.cn/tzgg/201412/t20141218_113326.html,最后访问日期:2016 年 8 月 2 日。

〔2〕梁清华:《我国私募禁止一般性招揽制度的构建——借鉴美国证券私募发行方式》,载《政法论坛》2014 年第 1 期。

〔3〕安全港规则在本质上属于一种豁免制度安排,为实施特定行为的主体提供了免于法律责任或义务的保护。参见魏俊:《证券法上的安全港及其制度价值——以前瞻性信息披露为例》,载《证券法苑》2014 年第 3 期。

〔4〕刘明:《论私募股权众筹中公开宣传规则的调整路径——兼评〈私募股权众筹融资管理办法(试行)〉》,载《法学家》2015 年第 5 期。

采用 Rule 506(b)进行的私募发行,依旧需要遵守禁止公开宣传的限制,学界仍然认为私募股权众筹在本质上仍然属于私募发行的范畴。故设置新的豁免规则来允许私募股权众筹公开宣传,并不涉及我国《证券法》《证券投资基金法》等法律既有规则的修改。私募发行的公开宣传应严格被限制在私募股权众筹范围内,其他私募融资仍然应遵守禁止公开宣传的限制。建议可在《私募股权众筹融资管理办法》修订时,删除第 9 条第 5 款“股权众筹平台不得有下列行为:……(五)向非实名注册用户宣传或推介融资项目……”之要求,并加入类似“经由中国证券业协会备案的互联网非公开股权融资平台,可以进行公开宣传,但必须遵守本办法关于发行人、投资者资格审查的要求”的表述。

(2)限制发行人资格

《JOBS 法案》在修改 Rule 506 时效仿《Dodd-Frank 法案》第 926 条,在 Rule 506(d)[1]下设立了更加严格的“坏孩子”失格条款,发行人属于所列身份范围并具有 Rule 506(d)所载明的行为时,便可以剥夺其发行资格。规定发行人失格条款,是美国此次私募股权众筹规则制定过程中监管重点转向的重要表现之一。而遗憾的是,无论在《私募股权众筹资金管理办法》或是现有各私募股权众筹平台制定的发行人条款中均未有所涉及。[2] 不可否认,限制有不良行为记录的发行人参与私募股权众筹具有十分重要的意义,由于我国私募市场基础薄弱,缺少必要的配套保护机制,若允许心怀叵测的发行人任意混迹于其中,必将会对投资者权益构成重大威胁。

类似限制发行人或其管理人资格条款在我国现行法律中已有体现,例

---

〔1〕 参见本书第四章第一节。

〔2〕 36 氪平台《领投人管理制度》第 2.1.1 条领投人的资质条件要求:“……(6)不存在《公司法》规定的不得担任公司的董事、监事、高级管理人员的情形。”参见《领投人管理制度》,载 36 氪:https://www.36jr.com/help/detail/856,最后访问日期:2016 年 12 月 2 日。

如,《公司法》第146条中,限制了公司董事、监事、高级管理人员的任职资格条件,[1]《证券投资基金法》第15条中也有类似规定。[2] 但与Rule 506(d)相比,我国现有规则表现出适用主体范围窄,失格行为标准较高的特点。因此,在《私募股权众筹融资管理办法》修改中,加入并完善限制发行人资格条款则显得十分必要。

(3)公开宣传内容范围

有学者担心若完全解除公开宣传限制,而仅靠投资者主体资格验证这一道关卡防范市场风险,很可能会导致证券欺诈行为和非理性投资行为的发生概率提高。[3] 笔者认为,解除公开宣限制传并不会导致上述问题产生。首先,私募股权众筹投资者资格受到严格限制,即只有合格投资者才能参与。即便是非合格投资者获得了发行人的公开宣传信息,其也无法获得投资资格。其次,将公开宣传具体内容限制在已经通过注册的合格投资者范

〔1〕《公司法》(2013)第146条:“有下列情形之一的,不得担任公司的董事、监事、高级管理人员:(一)无民事行为能力或者限制民事行为能力;(二)因贪污、贿赂、侵占财产、挪用财产或者破坏社会主义市场经济秩序,被判处刑罚,执行期满未逾五年,或者因犯罪被剥夺政治权利,执行期满未逾五年;(三)担任破产清算的公司、企业的董事或者厂长、经理,对该公司、企业的破产负有个人责任的,自该公司、企业破产清算完结之日起未逾三年;(四)担任因违法被吊销营业执照、责令关闭的公司、企业的法定代表人,并负有个人责任的,自该公司、企业被吊销营业执照之日起未逾三年;(五)个人所负数额较大的债务到期未清偿。公司违反前款规定选举、委派董事、监事或者聘任高级管理人员的,该选举、委派或者聘任无效。董事、监事、高级管理人员在任职期间出现本条第一款所列情形的,公司应当解除其职务。”

〔2〕《证券投资基金法》(2015)第15条:“有下列情形之一的,不得担任公开募集基金的基金管理人的董事、监事、高级管理人员和其他从业人员:(一)因犯有贪污贿赂、渎职、侵犯财产罪或者破坏社会主义市场经济秩序罪,被判处刑罚的;(二)对所任职的公司、企业因经营不善破产清算或者因违法被吊销营业执照负有个人责任的董事、监事、厂长、高级管理人员,自该公司、企业破产清算终结或者被吊销营业执照之日起未逾五年的;(三)个人所负债务数额较大,到期未清偿的;(四)因违法行为被开除的基金管理人、基金托管人、证券交易所、证券公司、证券登记结算机构、期货交易所、期货公司及其他机构的从业人员和国家机关工作人员;(五)因违法行为被吊销执业证书或者被取消资格的律师、注册会计师和资产评估机构、验证机构的从业人员、投资咨询从业人员;(六)法律、行政法规规定不得从事基金业务的其他人员。”

〔3〕刘明:《论私募股权众筹中公开宣传规则的调整路径——兼评〈私募股权众筹融资管理办法(试行)〉》,载《法学家》2015年第5期。

围内,并非完全旨在保护投资者,同时也是防止发行人创意被盗用。因此,这可能是一项不必要的担心,立法只需要赋予私募股权众筹发行人公开宣传的权利,并严格限制投资者资格,而披露哪些信息、在何种程度上披露信息,则应交由市场自行解决。此外,减少欺诈和非理性投资行为亦并非公开宣传制度所能承载,而须通过完善合格投资者制度以及强化中介平台监管责任才可实现。

综上所述,笔者认为,依循 Rule 506(c)的经验逻辑,我国在建立公开宣传制度后,还须完善两项十分重要的配套制度,即信息披露制度和合格投资者制度。

(三)私募股权众筹信息披露规则

私募发行通常并不要求发行人依据固定格式披露与发行相关的所有信息,这也是私募发行的重要特点之一。实践中,美国小型企业通常采用私募备忘录(Private Placement Memorandum, PPM)或者发行备忘录(offering memorandum)进行信息披露,下文将对其进行具体阐述,并尝试回应我国私募股权众筹信息披露制度的构建路径。

1. 美国私募发行中的信息披露

(1)私募发行信息披露的规制逻辑

信息制度是由披露(disclosure)与反欺诈制度(anti-fraud)共同构成,二者相辅相成,共同构成现代证券市场发展的基石,监管机构必须确保信息披露的真实、有效、完整性,并及时惩罚内幕交易、虚假陈述等违规披露行为。然而,由于私募发行面向的群体相对固定,发行融资的便捷性和自由度更高,因此美国私募发行中并没有对信息披露进行统一规制,目的在于降低融资成本。没有进行统一规制并不代表可以不披露或回避重要的发行信息,发行人是否需要进行披露以及披露的具体内容,由投资者范围而定:如果发行对象全部为合格投资者,则发行人不会被强制向投资者披露发行信息;如果发行对象包括合格投资者及非合格投资者时,发行人则需要根据

Rule 502(b)(2),向所有投资者承担强制信息披露义务。[1]

由于 Rule 506(c)只面向合格投资者开放,因此发行人也免除了 Rule 502(b)(2)的强制信息披露义务,通常仅须向投资者提供部分用于决策的信息即可。根据 SEC 的建议,若投资者希望全面了解其投资内容以及潜在风险,通常应考虑如下因素:①如果有财务报表,其内容是否告知相关商业情况;②发行人阐述的未来收益内容是否合理;③发行人所依赖的特定技术、客户、产品或自然资源是否合理;④发行人的竞争对手是谁;⑤管理者的经验和背景;⑥发行人从事这项业务的时间,之前是否进行过融资;⑦发行人计划如何使用资金;⑧投资的证券何时可以流通转让;⑨如果无法转售,是否仍然坚持投资。实践中,发行人通常提供被称为私募备忘录或者发行备忘录的文件,其中包括发行人和发行证券的基本信息。提供私募备忘录文件不是私募发行的必要环节,但若发行人没有提供私募备忘录或类似文件时,投资者需要更加谨慎对待。此外,上述内容亦不用经过监管者审核。[2]

可以认为,美国在处理私募发行信息披露问题时,已经充分相信一点,即合格投资者有一定知识和经验来分析投资信息,如果发行人提供的信息不充分或有明显不合理之处,合格投资者也有足够的能力加以辨别或要求发行人进一步提供信息。

(2)私募备忘录

在美国,私募备忘录是发行人提供给私募投资者的一种法律文件,又被称作发行备忘录。其主要用于描述发行的证券信息、投资风险以及其他事项,具体内容由目标投资者和发行的复杂程度决定,并且在发行人进入市场

---

〔1〕 杨柏国:《中国私募证券法律规制研究》,华东政法大学 2011 年博士学位论文,第 95 ~96 页。

〔2〕 *Investor Bulletin*:*Private Placements Under Regulation D*, SEC, https://www. sec. gov/oiea/investor-alerts-bulletins/ib_privateplacements. html,最后访问日期:2016 年 12 月 16 日。

营销阶段就必须提交给投资者。[1] 与私募备忘录类似的另一个概念是"商业计划书"(business plan),但二者在功能上所有不同。商业计划书主要包括公司推广及营销方面的内容,例如,市场需求、客户偏好、竞争环境以及收入渠道。私募备忘录更加强调信息披露,而不是描述商业远景来吸引投资者。私募备忘录必须具体阐释公司面临的内部和外部风险,间接用于说明营销目的。高质量的私募备忘录能够同时满足信息披露与市场营销推广的双重需求。私募发行备忘录将所有关于业务、管理、财务记录、项目风险及商业前景内容传达给投资者,通常包括简介、术语介绍、风险因素、公司管理、款项用途、发行内容、投资指导、文件展示等部分。在美国资本市场长期发展历程中,私募行业已经根据市场需求和 SEC 风险提示内容,逐步形成了较为固定的私募备忘录框架。(见表 10)

表 10　私募发行备忘录构成概述

项目	具体内容
简介	通常包括公司简介、核心业务以及合规性
术语介绍	介绍私募备忘录中涉及术语的概念及范围
风险因素	风险因素包括:一般风险以及本次投资的特有风险
公司管理	介绍公司历史、产品、服务、行业发展、目标、竞争、广告、营销策略、供应商、知识产权、客户、公司管理人等信息
资金使用	发行人必须披露资金每一步如何使用,使用的收益以及预期结果
证券描述	说明投资者投资后的权利、限制以及证券种类。其中,可能涉及不同类型证券的分红
购买流程	投资者的投资流程
文件展示	发行人必须将与发行人相关的文件进行整合,包括投资合同副本、财务报表、发行人组织文件、核心合同、许可证等

资料来源:根据美国部分私募备忘录范本以及提供私募发行服务网站上所展示资料整理而成。

[1] 杨柏国:《中国私募证券法律规制研究》,华东政法大学 2011 年博士学位论文,第 175 页。

此外,《JOBS 法案》新增的 Rule 506(e),强制要求发行人披露先前是否存在"失格条款"所载明的情形,也体现出在公开宣传解禁后,提高信息披露标准的立法趋势。

反观《私募股权众筹融资管理办法》第 11 条对融资者职责的描述,其中仅要求融资人提供信息的真实有效性,并没给出信息披露的基本要求及框架。那么私募股权众筹信息披露是否需要统一标准?应如何进行规制?笔者认为,尽管私募股权众筹投资者成熟度相对较高、风险识别能力相对较强,但在市场发展初期,应在《私募股权众筹融资管理办法》中有选择地加入部分强制信息披露内容以及信息披露框架规则,并赋予中介平台足够的自主规则制定空间,平台可以根据自身业务特点调整信息披露细节内容。这将有助于正确引导私募股权众筹发展,在满足投资者和发行人双方需求的同时,形成平台之间良性竞争环境。

2. 我国私募发行信息披露规则

2013 年,在《证监会就证券法修改提出十条建议》中就已经开始强调规范私募发行信息披露问题。2012 年修订的《证券投资基金法》第 96 条规定[1]:"基金管理人、基金托管人应当按照基金合同的约定,向基金份额持有人提供基金信息。"该条文仅对信息披露做出了较为原则性的表述,缺乏具体操作指引。之后,证监会在 2014 年颁布的《私募投资基金监督管理暂行办法》第 24 条"私募基金管理人、私募基金托管人应当按照合同约定,如实向投资者披露基金投资、资产负债、投资收益分配、基金承担的费用和业绩报酬、可能存在的利益冲突情况以及可能影响投资者合法权益的其他重大信息,不得隐瞒或者提供虚假信息。信息披露规则由基金业协会另行制定"中强调私募基金管理人的信息披露责任,并授权中国基金业协会进一步制定细则规范。随后,中国基金业协会于 2016 年 2 月 4 日发布的《私募投资

[1] 2015 年《证券投资基金法》修订后为将其改为第 95 条。

基金信息披露管理办法》,从信息披露的主体和对象、信息披露的内容和方式、基金募集期间的信息披露、基金运作期间的信息披露、信息披露的事务管理、信息披露的自律管理等方面,制定了详细的私募投资基金信息披露规则。《私募投资基金信息披露管理办法》充分尊重“意思自治”原则,仅仅要求发行人披露对投资者保护的基础事项,并且强调了公募与私募市场中信息披露制度之间的区别,这为私募股权众筹信息披露制度的设计提供了借鉴和参考。

3. 私募股权众筹信息披露规则设计

实现投资者权益有效维护与便利证券发行是证券法信息披露制度的永恒话题,制度设计无非是实现二者的统一,即将好的项目以便利的手段传递给投资者。然而,实现这一目标需要根据不同市场环境及时代背景而有所调整。在我国,即便是在投资者成熟度相对较高的私募股权众筹市场中,也需要对投资者予以更多保护倾斜。

《私募股权众筹融资管理办法》第 11 条第 4 项规定融资者应当“按约定向投资者如实报告影响或可能影响投资者权益的重大信息”。对该条款的解读可以从两方面着手,其一,“按约定”提供信息;其二,且为“重大信息”。首先,按何约定?是发行人与投资平台之间的约定,还是融资者与投资者之间的约定。我们认为,此处“按约定”应该理解为发行人按照其寻求融资服务平台所要求的具体信息披露规则进行披露。其次,何种信息属于重大性信息?美国私募发行没有设置强制信息披露制度,而是由发行人向投资者提供类似于信息披露的私募备忘录,但我国并不具有类似的市场基础,因此,可以借鉴《私募投资基金信息披露管理办法》的经验设置原则性和基本的披露规则,并交由各平台进行细化。具体而言,在制定私募股权众筹信息披露规则时,可以考虑如下几方面内容。

(1)原则性规则框架指引:强制与自治相结合

“意思自治”是私募发行中必须遵守的基本原则,无论是美国经验抑或是《私募投资基金信息披露管理办法》均强调最低限度和原则性指引。首先，私募股权众筹信息披露的内容应能够反映项目收益，发展的合理性，发行人的基本能力，市场竞争以及资金使用情况。其次，强制信息披露部分包括私募股权众筹发行人需要就项目的风险因素、治理结构、募集资金使用、发行相关的文件副本进行披露。此外建议参考 Rule 506(e)，加入强制要求发行人披露“失格条款”相关的内容。

(2)平台为单位形成良性竞争：需求与赋权

赋予私募股权众筹平台自主制定信息披露规则权利，是私募股权众筹区别于其他私募发行活动的重要特征，也是符合市场发展需求、实现平台运营多样化的重要途径。目前，我国私募股权众筹实践中，京东东家、36 氪、人人投平台，都根据自身需求制定了不尽相同的信息披露规则。以京东东家和人人投平台为例，二者在融资规模、项目类型、融资规则设计方面差异甚大，信息披露内容、范围以及严格程度也相去甚远，因此，差异化的信息披露规则设计是较为合理的路径选择。建议在《私募股权众筹融资管理办法》修改过程中，加入此条款：“平台项目信息披露规则属于备案范围，证监会有权审查平台信息披露规则是否符合基本原则要求，并有权责令其进行调整。”如此，既可以体现证券业协会的自律管理功能，也能发挥证监会对私募股权众筹市场的监督管理职能，尊重并满足私募股权众筹市场“意思自治”的基本需求。

(四)私募股权众筹合格投资者规则

1. 我国现有合格投资者立法

我国现行私募股权基金立法中没有采用资产和投资经验的双重合格投资者标准。《证券投资基金法》(2012 年修订)[1]第 87 条[2]定义了合

---

[1] 本法在 2012 年修订后，又于 2015 年经全国人大常委会《关于修改〈中华人民共和国港口法〉等七部法律的决定(含税收征收管理法、固体废物污染环境防治法、枪支管理法、防洪法、证券投资基金法、城乡规划法)》修订。

[2] 《证券投资基金法》(2012 年修订)第 88 条：“非公开募集基金应当向合格投资者募集，合格投资者累计不得超过二百人。前款所称合格投资者，是指达到规定资产规模或者收入水平，并且具备相应的风险识别能力和风险承担能力、其基金份额认购金额不低于规定限额的单位和个人。合格投资者的具体标准由国务院证券监督管理机构规定。”

格投资者基本概念，其一，合格投资者必须具有一定的资产，这与美国私募发行合格投资者规制理念基本一致；其二，合格投资者还必须具有相应的风险识别和风险承担能力，这似乎是要求投资者具有一定的投资经验。

(1)资产标准。证监会颁布的《私募投资基金监督管理暂行办法》(2014年8月21日)中第12条和第13条对合格投资标准进行了具体界定。[1] 在资产标准方面，证监会设定了机构投资者的净资产标准，而对于个人投资者则以金融资产数量进行衡量。根据美国经验来看，要求个人提供净资产证明缺少可操作性，故以金融资产数量进行衡量，一方面能够证明其资产数量，另一方面也反映了投资者对其他金融产品的关注程度和金融市场的参与度，但忽略负债信息也存在大量隐患。

(2)投资经验。《私募投资基金监督管理暂行办法》第16条[2]和第18条[3]规定了私募基金管理人的调查义务，以及投资者如实提供信息的义

---

[1] 《私募投资基金监督管理暂行办法》第12条："私募基金的合格投资者是指具备相应风险识别能力和风险承担能力，投资于单只私募基金的金额不低于100万元且符合下列相关标准的单位和个人：(一)净资产不低于1000万元的单位；(二)金融资产不低于300万元或者最近三年个人年均收入不低于50万元的个人。前款所称金融资产包括银行存款、股票、债券、基金份额、资产管理计划、银行理财产品、信托计划、保险产品、期货权益等。"

《私募投资基金监督管理暂行办法》第13条："下列投资者视为合格投资者：(一)社会保障基金、企业年金等养老基金，慈善基金等社会公益基金；(二)依法设立并在基金业协会备案的投资计划；(三)投资于所管理私募基金的私募基金管理人及其从业人员；(四)中国证监会规定的其他投资者。以合伙企业、契约等非法人形式，通过汇集多数投资者的资金直接或者间接投资于私募基金的，私募基金管理人或者私募基金销售机构应当穿透核查最终投资者是否为合格投资者，并合并计算投资者人数。但是，符合本条第(一)、(二)、(四)项规定的投资者投资私募基金的，不再穿透核查最终投资者是否为合格投资者和合并计算投资者人数。"

[2] 《私募投资基金监督管理暂行办法》第16条："私募基金管理人自行销售私募基金的，应当采取问卷调查等方式，对投资者的风险识别能力和风险承担能力进行评估，由投资者书面承诺符合合格投资者条件；应当制作风险揭示书，由投资者签字确认。私募基金管理人委托销售机构销售私募基金的，私募基金销售机构应当采取 前款规定的评估、确认等措施。投资者风险识别能力和承担能力问卷及风险揭示书的内容与格式指引，由基金业协会按照不同类别私募基金的特点制定。"

[3] 《私募投资基金监督管理暂行办法》第18条："投资者应当如实填写风险识别能力和承担能力问卷，如实承诺资产或者收入情况，并对其真实性、准确性和完整性负责。填写虚假信息或者提供虚假承诺文件的，应当承担相应责任。"

务。根据法条表述,管理人应当确认投资者的“风险识别和风险承担能力”。笔者认为,从严格意义上来说,我国私募股权基金的合格投资者制度在实质上仍是采用了资产数量标准,而并没有纳入投资经验标准。这种风险识别能力并不意味着投资者能够进行理性的投资决策判断。若按照美国的立法逻辑看,“风险识别和风险承担”能力属于 Rule 2111 投资者适当性条款中的表述,而并非 Rule 501 中合格投资者制度条款的内容,并且风险承担能力也是由投资者资产数量的多少来体现,而并非投资经验。Rule 2111 中所提及的年龄、投资目的等方面的检验信息,应理解为 FINRA 要求经纪商在为各类投资者(不仅是合格投资者)提供投资建议时应参考的因素,但该标准并不会影响一个没有投资经验但有大量资产的老年人〔1〕成为合格投资者。

因此,无论是美国现行法律还是我国《私募投资基金监督管理暂行办法》实际上都未能实现将投资经验作为合格投资者的判断标准。相比之下,金融知识水平相比其他因素,似乎更加能够反映出投资者的投资决策能力,但这一合格投资者标准即便是在美国也尚处于理论研究阶段,SEC 并没有公布官方态度和意见。

2. 私募股权众筹合格投资者

证券业协会 2014 年颁布的《私募股权众筹融资管理办法》最初版本中规定了较高的资产限额标准,〔2〕之后 2015 年再次降低了最低资产额度

---

〔1〕 赵玉:《私募股权投资基金合格投资者规则》,载《上海财经大学学报》2012 年第 4 期。

〔2〕 《私募股权众筹融资管理办法》第 14 条:“私募股权众筹融资的投资者是指符合下列条件之一的单位或个人:(一)《私募投资基金监督管理暂行办法》规定的合格投资者;(二)投资单个融资项目的最低金额不低于 100 万元人民币的单位或个人;(三)社会保障基金、企业年金等养老基金,慈善基金等社会公益基金,以及依法设立并在中国证券投资基金业协会备案的投资计划;(四)净资产不低于 1000 万元人民币的单位;(五)金融资产不低于 300 万元人民币或最近三年个人年均收入不低于 50 万元人民币的个人。上述个人除能提供相关财产、收入证明外,还应当能辨识、判断和承担相应投资风险;本项所称金融资产包括银行存款、股票、债券、基金份额、资产管理计划、银行理财产品、信托计划、保险产品、期货权益等。(六)证券业协会规定的其他投资者。”

要求，[1]该标准也是目前我国内各大私募股权众筹平台所遵守的合格投资者判定标准。针对现有规定，笔者提出如下几点改进意见。

(1)资产证明问题。对自然人投资者而言，《私募股权众筹融资管理办法》可以沿用《私募投资基金监督管理暂行办法》中的金融资产标准，但这一标准可能导致投资者负债投资。因此，可以参考 SEC 的做法，要求投资者做出其负债小于金融资产的声明。

(2)金融知识水平标准。若采用金融知识水平标准来评定投资者的投资经验，可以根据评定分数，将已经达到资产标准的自然人投资者进行分类，对其中经验较为丰富的投资者，可以不设置任何投资限制，而对于投资经验相对欠缺的投资者，则应发出警示，限制其投资数额或要求其必须听从其他经验丰富投资者的建议，例如，必须选择领投人已经领投的项目。

(3)投资额度上限问题。《JOBS 法案》第三章通过立法强制设置投资额度上限的方式，意图将投资者损失控制在其能够承受的范围内，来实现投资者保护之目的。故而国内许多学者建议将该标准引入私募股权众筹之中。笔者认为，设置这种标准的弊端有如下几点，其一，以年收入标准设置投资额度上限有违私募融资市场意思自治的基本原则，不利于促进该市场的发展；其二，设置投资额度上限实质上是为保护完全没有投资经验的投资者，其与合格投资者之间存在很大区别，合格投资者群体已经具有一定的自我保护能力，强制限制投资额度可能会适得其反。

(4)非排他性验证方法清单。如前所述，尽管 SEC 最终给出了非排他性验证方法清单，但其始终强调在面对充斥着不同类型投资者的私募股权众筹市场时，考察购买者性质以及发行具体情况是最为可行的验证方法。笔

---

[1] 修改后的《私募股权众筹融资管理办法》降低了投资者(单位或个人)投资单个融资项目的最低金额要求，从不低于100万元降至不低于10万元；金融资产方面，从不低于300万元降至不低于100万元，或最近三年个人年均收入不低于30万元(个人)；取消了净资产不低于1000万元的要求(单位)。参见《私募股权众筹管理办法最新修改 准入门槛有望降低》，载证券时报网：http://kuaixun.stcn.com/2015/0126/11989545.shtml，最后访问日期：2016年9月26日。

者认为,以原则性检验方法为主是较为合理的,并且我国私募股权众筹平台已经开始尝试采用多种方法,来验证合格投资者。36氪在其跟投人条款[1]中设计的自然人验证规则,十分类似于Rule 506(c)的排他性检验方法,例如,要求投资者证明其有3年以上风险投资经验,这与Rule 506(c)列举的先前资格标准如出一辙。

(5)投资者范围。《私募股权众筹融资管理办法》第14条规定了私募股权众筹投资者的范围。从条款内容看,其基本沿用了《私募投资基金监督管理暂行办法》中的合格投资者标准,并且设定了较高的资金额度限制,故而遭到学者批评。在一定程度上,这也是对《JOBS法案》的误读。私募股权众筹投资者仍被限制在原有Rule 501范围之内,《JOBS法案》增设的并非是私募股权众筹投资者标准,而是投资者的检验方法。因此我们认为,第14条对投资者范围界定方法是没有问题的,只是在资产标准上需要适当降低。

(五)私募股权众筹中介平台规则

1. 平台功能界定模糊。《私募股权众筹融资管理办法》第8条第3项要求平台"对融资项目的合法性进行必要审核"。首先,该条与《私募股权众筹融资管理办法》第5条[2]关于平台的定义存在相互冲突之处。第5条在定义平台概念时,实质上已经将平台业务范围限制在"提供信息发布、需求对接、协助资金划转等"。但通过上文分析,私募股权众筹平台所能提供的业务范围

---

[1] 《跟投人管理制度》2.2.1规定如用户为自然人,需满足的条件如下:(1)为年满18周岁,具有完全的民事权利能力和民事行为能力的自然人;(2)具备相应投资风险识别能力和风险承担能力;(3)金融资产超过100万元人民币(本条所指的金融资产包括银行存款、股票、债券、基金份额、资产管理计划、银行理财产品、信托计划、保险产品、期货权益等);(4)年收入超过30万元人民币;(5)具有3年以上的风险投资经验;上述(1)(2)项条件满足的情况下,(3)(4)(5)任一项条件满足且经本公司审核合格后,可认定为跟投人。参见《跟投人管理制度》,载36氪:https://www.36jr.com/help/detail/849,最后访问日期:2016年12月2日。

[2] 《私募股权众筹融资管理办法》第5条:"股权众筹平台是指通过互联网平台(互联网网站或其他类似电子媒介)为股权众筹投融资双方提供信息发布、需求对接、协助资金划转等相关服务的中介机构。"

远不限于此。因此在平台定义条款修改时,可以采用笼统表述方式,即“私募股权众筹平台是指通过互联网平台(互联网网站或其他类似电子媒介)为投融资双方提供服务的中介机构”。其次,第8条第3项要求平台对融资项目合法性进行审核。那么“合法性”应如何解读?是指项目发行内容不能违反法律、行政法规强制性规定,抑或是指不能违反《私募股权众筹融资管理办法》其他条款规定?

2. 平台责任不明确。《私募股权众筹融资管理办法》第8条第4项要求平台“采取措施防范欺诈行为,发现欺诈行为或其他损害投资者利益的情形,及时公告并终止相关众筹活动”。此条对于“防范”欺诈行为的内涵界定也不甚清晰。究竟是要求平台仅对发行人提供的信息进行形式审核,还是要求平台必须对发行项目进行详细尽职调查,来防范欺诈行为。若按照《JOBS法案》的规制逻辑,公募股权众筹平台有责任根据发行人提供的信息以及其通过交流渠道对投资者提问的回答来判断发行人是否存在欺诈,而没有科以平台尽职调查的义务。而私募股权众筹平台的防范欺诈措施则更加多元化,可以根据运营模式不同,由领投人或者平台通过详细的尽职调查来完成上述工作。

3. 不应禁止转让股权。《私募股权众筹融资管理办法》第9条第3项要求平台不得“提供股权或其他形式的有价证券的转让服务”。禁止投资者转让股权并不符合私募融资的基本制度需求,这将导致投资者无法回收投资收益。即便是在美国,私募股权众筹规则也没有禁止投资者转让证券,只是转让受到Rule 144 A条款的限制。此处可以借鉴美国私募发行转让的经验,将转让对象限制在合格投资者范围内。此外,国内已有私募股权众筹平台开始尝试解决投资者退出的难题。例如,36氪平台已经在国内首创跟投人退出机制,为投资者提供更多的退出机会和自主退出权利。[1]

---

[1] 《36氪首创股权众筹退出机制　解决跟投人痛点》,载财经网:http://money.163.com/15/1223/14/BBHBPAAJ00253B0H.html,最后访问日期:2016年11月9日。

4. 禁止提供投资建议不当。《私募股权众筹融资管理办法》第 9 条第 6 项要求平台不得“从事证券承销、投资顾问、资产管理等证券经营机构业务，具有相关业务资格的证券经营机构除外”。该款规定似乎在某种程度上错误移植了《JOBS 法案》第三章禁止集资门户平台提供投资建议条款的内容。此处需要说明的是，一方面，《JOBS 法案》仅仅是禁止了公募股权众筹中注册为集资门户平台的此项功能，并没有限制注册为传统经纪商的公募股权众筹平台提供咨询建议。另一方面，私募股权众筹平台的核心功能便是通过“领投人”和“投资委员会”提供的投资建议，来引导经验不足的合格投资者进行投资。美国传统天使投资衍生而来的 AngelList 和 Funders Club 平台，是经由 SEC 不起诉意见信（no-action letter）特别授权无须注册为经纪商，其他后成立的私募股权众筹平台都需要按照 1934 年美国《证券交易法》进行注册，即美国所有私募股权众筹平台都可以提供咨询建议。但目前我国私募股权众筹市场中各类平台无序丛生，故而需要通过规范领投人和平台责任制度，在现有市场框架下，以最小的制度成本，实现保护缺乏经验的合格投资者之目的。

私募股权众筹平台通过增设领投人，作为连接投资和融资双方之间信任的桥梁，然后基于领投人与发行人“合伙”背书关系将信任传递给投资者。从逻辑上讲，这与意大利模式十分相似。这其中存在两个问题：第一，领投人质量与平台声誉。若平台不能够严格审核领投人信息，对领投人资质进行评估，建立领投人等级评定、领投绩效考核体系，而仅仅以所谓的资质和经验作为评价标准，则无异于已被证明失败的意大利模式。况且相较于机构投资者，自然人作为领投人信誉成本则更加低廉，若缺少领投人质量与平台信誉监管机制，仅仅将平台作为连接二者的工具，则“领投 + 跟投”模式似乎更像是一场精心设计的“钓愚”[1]计划。第二，私募股权众筹平台盈利模

---

〔1〕［美］乔治·阿克洛夫、罗伯特·席勒：《钓愚：操纵与欺骗的经济学》，张军译，中信出版社 2016 年版。

式。若将私募股权众筹平台定义为单纯中立的“中介”,仅在完成融资后收取“中介”费用,对于发行人信息披露的真实性不做任何担保,将发行人违规披露责任全部推向领投人,这种逻辑显然是存在问题的,因为即使是专业投资机构也会出现投资失败,那么领投人判断失误则更加变得理所当然,并且此种盈利模式并不能为平台改进运营机制、筛选更为优质发行人提供足够激励。

对此,AngelList 对于领投人群体进行严格筛选,并且建立“Social Proof”制度,对领投人投资成果进行排名,并将相关信息推送给新加入的跟投人,供其参考。“领投 + 跟投”模式并非私募股权众筹的唯一模式,而“领投 + 跟投”模式却成为我国私募股权众筹平台普遍采用的模式,其原因可能有如下两点:投资者经验相对缺乏,急需专业领投人带领;“领投 + 跟投”的杠杆效益能够最大限度实现资金规模放大作用。因此,强制平台考核并向投资者公布领投人的领投业绩和实际领投资金数额是规范领投人制度的核心,将看似脆弱的信用基础转变为实际可靠的业绩指标,不仅能够保障跟投人权益,并且能够激励平台更加严格地筛选领投人和项目,将对项目的监管转化为对领投人的监管,也能够最大限度发挥“领投 + 跟投”模式降低平台运营成本的优势。

五、股权众筹诉讼规则

2015 年 8 月 20 日,北京市海淀法院开庭审理北京飞度网络科技有限公司(以下简称飞度)与北京诺米多餐饮管理有限责任公司(以下简称诺米多)居间合同纠纷。作为我国股权众筹第一案,其在理论和实务界均引起广泛关注。经过一审和二审审理后,北京市第一中级人民法院在 2015 年 12 月 22 日公布终审判决。这一过程中法院所表现出的能动性对推动我国股权众筹发展起到了十分积极的作用。[1]

---

〔1〕 彭冰:《“诺米多”诉飞度“人人投”股权众筹合同纠纷案评析》,载《中国法律评论》2016 年第 2 期。

飞度公司系“人人投”股权众筹平台的运营者,能够为项目方展示融资项目、发布融资需求,以实现互联网便捷融资、投资、管理的目标。2015 年 1 月 21 日,飞度公司与诺米多公司签订《委托融资服务协议》(以下简称《融资协议》),融资金额为 88 万元,经飞度公司运作融资成功。根据《融资协议》第 1 条第 3 款之约定,诺米多公司应支付委托融资费用。但在融资成功后,经飞度公司多方核实,诺米多公司提供的项目所涉房屋性质、物业费均与实际情况不符,虽经多次协商,诺米多公司仍拒绝提供房屋真实产权信息。为避免投资人投资风险扩大,飞度公司依据《融资协议》第 7 条第 1 款之约定,于 2015 年 4 月 14 日解除了与诺米多公司的协议,要求诺米多公司支付违约金并赔偿经济损失。[1]

(一)两种裁判逻辑的比较:合同违约 vs 证券欺诈

本案最主要的争议焦点之一便是双方签订《融资协议》的法律效力以及原被告双方之间的法律关系。法官在判词中将《融资协议》作为居间合同处理的理由是十分充分且妥当的。同时,判决书中提到“需说明的是,界定为居间合同关系是基于对本案争议的相对概括,但众筹融资作为一种新型金融业态,众筹平台提供的服务以及功能仍在不断创新、变化和调整当中,其具体法律关系也会随之而发生变化”,笔者认为,法官将居间合同作为“针对本案争议相对概括”的观点,殊值赞同。

1. 为什么是合同违约而不是证券欺诈?

严格意义上讲,在我国正式通过《证券法》修改,扩大证券概念并设立合格投资者发行和众筹发行豁免制度之前,现行市场上所有互联网非公开股权融资业务都无法归入《证券法》调整的范畴,故只能依循《合同法》规则解决发行人、中介平台和投资者之间的冲突。

首先,根据我国现行《证券法》,无法将《融资协议》归入证券的范

---

[1] 参见北京市第一中级人民法院(2015)一中民(商)终字第 09220 号民事判决书。

围。2012年证监会对“美微传媒”事件的处理结果表明官方对于股权众筹性质的确认，但问题在于我国现行法律对证券概念的界定十分狭窄，仅通过列举方式，明文规定了：股票、公司债券（包括政府债券）、投资基金、衍生证券这四类。[1] 故有学者提出引入“证券”的一般性概念，即“投资合同”。[2]

其次，根据我国现行与私募发行有关的法律，《融资协议》也无法归入非公开发行之中。我国《证券法》并没有类似于美国私募发行系统完整的规则体系，导致目前法律对于私募发行和私募证券的界定呈现出分散和模糊之状态。根据学者的总结并结合立法新增的类别来看，我国私募证券应包括四类：(1)私募股票（上市公司非公开发行的股票、股份有限公司募集设立时发行的股票，以及公司向职工发行的股票）；(2)私募基金；(3)私募债；[3] 以及(4)非上市公众公司融资。

因此，尽管本案中《融资协议》具有“投资合同”的属性，但在我国现行法律框架下，仍然无法将其归入《证券法》的调整范围，也无法参照《JOBS法案》中有关重大虚假陈述与遗漏规则，援引我国《证券法》中关于虚假记载、误导性陈述或者重大遗漏的相关条款进行裁判。

2. 按照合同违约判决的问题在哪里

(1)虚假陈述的民事责任：侵权责任

现行《证券法》及《最高人民法院关于审理证券市场因虚假陈述引发的民事赔偿案件的若干规定》(2003)（以下简称《若干规定》）确立了证券虚假陈述民事责任的基本框架。我国学界曾对虚假陈述民事责任的性质究竟属于合同违约责任还是侵权责任存有争议，但目前主流观点倾向于将其认定为民事侵权责任，且同时适用于证券发行与证券交易所有

---

[1] 朱锦清：《证券法学》，北京大学出版社2011年版，第1～39页。

[2] 陈洁：《金融投资商品统一立法趋势下“证券”的界定》，载《证券法苑》2011年第2期。

[3] 杨柏国：《中国私募证券法律规制研究》，华东政法大学2011年博士学位论文，第32～41页。

过程之中。[1]

首先,在归责原则方面。《若干规定》对发行人责任采取了无过错的归责原则,即信息披露义务人即使证明自己无过错,也必须承担民事赔偿责任。发行人的高管和中介分别承担过错推定和过错责任。

其次,因果关系方面。《若干规定》引进了美国 Rule 10b－5 的经验,在第 18、19 条[2]规定了虚假陈述和损害结果之间的因果关系认定。简言之,原告只要在规定时间内购买证券,则可以根据第 18 条(市场欺诈理论为基础)主张因果关系成立;而第 19 条是给了发行人一个自我辩护的机会。这样综合起来,就形成了虚假陈述举证责任倒置的基本证明关系。由于我国并没有像美国一样,将虚假陈述分为发行阶段和交易阶段,《若干规定》的归责原则可以用于认定发行过程中的虚假陈述。[3]

若我们重新根据虚假陈述欺诈的思路审视"飞度"诉"诺米多"案,则可能应按照如下思路进行。首先,原告依据《若干规定》第 18 条主张其接收到"诺米多"公司错误的信息披露而在人人投平台上做出了投资决策,即因果关系成立。其次,被告"诺米多"公司根据归责原则应承担无过错责任,且无法援引《若干规定》第 19 条进行抗辩。最后,还需要确定该信息属于《若干规定》第 17 条要求的重大性信息。根据本书第三章第二节关于信息"重大

---

[1] 彭冰:《中国证券法学》(第 2 版),高等教育出版社 2006 年版,第 350～379 页。

[2] 最高人民法院《关于审理证券市场因虚假陈述引发的民事赔偿案件的若干规定》第 18 条:"投资人具有以下情形的,人民法院应当认定虚假陈述与损害结果之间存在因果关系:(一)投资人所投资的是与虚假陈述直接关联的证券;(二)投资人在虚假陈述实施日及以后,至揭露日或者更正日之前买入该证券;(三)投资人在虚假陈述揭露日或者更正日及以后,因卖出该证券发生亏损,或者因持续持有该证券而产生亏损。"第 19 条:"被告举证证明原告具有以下情形的,人民法院应当认定虚假陈述与损害结果之间不存在因果关系:(一)在虚假陈述揭露日或者更正日之前已经卖出证券;(二)在虚假陈述揭露日或者更正日及以后进行的投资;(三)明知虚假陈述存在而进行的投资;(四)损失或者部分损失是由证券市场系统风险等其他因素所导致;(五)属于恶意投资、操纵证券价格的。"

[3] 美国证券法将虚假陈述按照"发行时的文件申报和信息公开"和"持续性信息披露"两个不同阶段分别规制,前者为美国 1933 年《证券法》Section 11 和 Section 12(a)(2),后者则为美国 1934 年《证券交易法》Section 18(a)、Section 14(a)和 Rule 10b－5。

性"和该类股权众筹市场特征的论述,"诺米多"公司虚假披露的房屋位置信息会导致一个没有经验的投资者(以普通消费者为标准)改变其投资计划,即可以根据证券虚假陈述的逻辑判决"诺米多"公司败诉。

(2)两种裁判逻辑的区别在哪里

证券欺诈与合同违约的裁判逻辑并没有影响本案的裁判结果,但可能产生两个问题:其一,两者对投资者保护的力度不同;其二,与商业计划不同是否就意味着欺诈。

首先,与《合同法》不同,《证券法》是以投资者保护为核心构建的。尽管在私募市场中发行人和投资者的关系更加类似于《合同法》中的平等关系,[1]但证券立法也赋予合格投资者同等维护自身利益的"武器"(例如,合格投资者同样可以援引反欺诈规则提起诉讼,证明责任也与普通投资者没有区别)。《若干规定》规定虚假陈述举证责任倒置便是很好的例证。

其次,与商业计划不同是否就意味着欺诈?若按照《合同法》的逻辑,"诺米多"提供的房屋系三层楼房而非租赁协议约定的平房,根据双方签订的《融资协议》,"飞度"如果发现"诺米多"出现隐瞒财务状况、提供不真实信息等情况时,有权终止与"诺米多"的合作,故"飞度"终止协议是合法的。按照证券虚假陈述的逻辑,"诺米多"事后租赁的房屋因无产权证且实际租金与原计划出入很大,这已经足以影响一名普通投资者的投资决策。但不可忽视的是,初创企业囿于规模有限,在创业过程中必然面临许多不确定性,违反商业计划内容也可能实属无奈之举。可以认为,未完全按照商业计划执行必然符合"提供不真实信息"这一《融资协议》解除标准,但不一定会影响投资者的投资决策。因此,在某些情况下,采用两种裁判逻辑则可能导致不同结果。因此,未来相关案件审理中,应由法院在具体案件中审查相关信息对投资者决策的影响度,即以不同类别股权众筹语境下投资者是否会

[1] 笔者认为,这也是私募发行得以豁免的主要原因,这种平等体现为投资经验和信息获取能力上的平等。

因此改变自己的投资计划为标准进行判断，进而认定发行人是否需要承担重大虚假陈述或遗漏的法律责任。

(二)证券裁判逻辑的修正：缺少证券集团诉讼的应对

1. 诉讼主体适格

当事人适格是指在具体诉讼中，拥有作为本案当事人起诉或应诉的资格。在“飞度”诉“诺米多”案中，人人投平台是《融资协议》合同的当事人，故其能够作为适格原告提起诉讼。但若以虚假陈述诉讼的逻辑审视，则人人投可能并非本案的适格原告，而应当成为被告或第三人。

当发行人出现欺诈或者虚假陈述时，应由投资者起诉，因为他们需要为自己的“经验”“理性”抑或是追求“高额”回报付出“代价”，这也是证券法责任承担的基本逻辑，《若干规定》第18条也仅赋予了投资人作为原告起诉的权利。因此，待股权众筹正式纳入《证券法》监管范围之后，平台中介需要承担对信息审核不严的过错推定责任，而只有投资者才能成为虚假陈述的适格原告。

但从另一方面看，我国股权众筹平台十分注重自身项目是否出现欺诈，并且极其关注项目因存在欺诈而给自身平台带来的信誉损失，以至于作为中介的平台，自愿、主动承担起本无须承担的责任。

2. 平台的特殊功能

即便是拥有完备证券集团诉讼制度的美国，在面对公募股权众筹投资者高度分散的现实状态时，似乎也显得有些力不从心。因此，有学者提出通过证券仲裁来解决公募股权众筹这一困境。[1] 然而，我国目前证券民事诉讼多采用单独诉讼或共同诉讼，[2]并且证券仲裁立法也相当

[1] Verret, J. W, “Uber-ized Corporate Law: Toward a 21st Century Corporate Governance for Crowdfunding and App-Based Investor Communications”, 927 *Journal of Corporation Law* (2016), pp. 936 – 937.

[2] 黄辉：《中国证券虚假陈述民事赔偿制度：实证分析与政策建议》，载《证券法苑》2013年第9期。

滞后。[1]

那么允许中介平台代为起诉发行人似乎成为投资者保护的可选路径。尽管可能与注册制背景下的证券发行实质——“买者自负”以“卖者负责”为前提相违背,[2]但市场机制和资本逐利的本性难以被法律强加之意志所转移,激励功能亦是法律制度重要功能之一。[3] 因此,在我国现阶段股权众筹市场发展及证券法律环境下,应以激励为导向设计中介平台责任制度,允许中介平台代为起诉发行人或许是由我国市场特殊环境决定的。故可以赋予中介平台代理投资者起诉,并收取相应费用的权利。

声誉和项目质量是国内平台极其重视的因素,“飞度”为保证自身良好信誉,不惜得罪自己的“老板”——发行人。表面上看,此种行为旨在维护投资者利益和平台信誉,但也传递给其他发行人一个信号,即在“人人投”网站上进行融资,可能会因项目执行过程与最初信息披露存在出入而被平台起诉,这或许也会使发起人在选择融资平台时,谨慎考虑“人人投”。相较成熟资本市场,我国投资者救济制度仍相对匮乏,难以实现“公开、小额、大众”条件下的投资者权益有效保护。因此,赋予平台可以选择的起诉权,一方面,能够满足平台维护自身信誉的需求,同时也是救济制度不完备境况下实现投资者权益保护的有效途径。另一方面,究竟青睐何种模式的平台,是投资者和发行人双向选择的结果。我们不排除这样一种情况,当发行人被中介平台追索,面临承担高概率的欺诈责任时,预期违约或信息披露不真实的公司可能会选择主动退出,而真正优质的项目能够被保留下来。但并非所有中介平台都有足够的正向激励,促使其对自己的“老板”提起诉讼,毕竟中介平台之间也存在竞争。因此,建议我国在设计中介平

[1] 刘丽:《我国证券仲裁法律制度的立法缺陷与完善建议》,载《湖北警官学院学报》2013 年第 9 期。

[2] 汤欣:《股票发行注册制改革笔谈》,载《证券法苑》2014 年第 3 期。

[3] 丰霏:《法律激励的理想形态》,载《法制与社会发展》2014 年第 1 期。

台代为起诉规则条款时，采用任意性规范，允许中介平台选择适用，这或许是现阶段我国股权众筹投资者保护的可选路径，但究竟结果如何，还需要交给市场来判断和检验。

第三节 股权众筹监管缺口的应对之道：以证券举报人制度为视角

经济创新理论鼻祖熊彼特观察到，“在市场中占据主导地位的并非价格竞争，而是新技术的竞争，它冲击的不是现存企业的盈利空间和产出能力，而是它们的基础和竞争”。近年来，电子商务、云计算、大数据等新兴技术的革新，正深刻地改变着以信息密集型为模式的金融生活样态。[1] 金融领域内的科技发展已经对金融监管提出新挑战，尤其是各类金融科技和众筹的成长，凸显后危机时代对金融技术创新监管的缺失。传统金融监管模式很难及时、准确地识别各类风险，而金融科技在促进相关产业发展之时，也会导致风险进一步扩散，成为金融监管新的压力源。

一、问题的提出：我国为何需要证券举报人制度？

whistleblower 可以被称为检举人、举报人（者）[2]或“吹哨人”，[3]是指掌握违法活动信息并将该信息报告之人。2010 年，美国《Dodd-Frank 法案》为应对证券市场乱象及不断出现的各类欺诈，在第 922 条中修正了美国 1934 年《证券交易法》，增加了第 21F 条并称之为“证券举报人激

---

〔1〕 中国人民银行金融研究所：《新金融时代》，中信出版社 2015 年版，序言。

〔2〕 郭雳：《证券违法活动检举人的激励与保护机制——美国的相关实践及启示》，载《江汉论坛》2016 年第 4 期。

〔3〕 欧俊：《环境“吹哨人”制度构建研究》，载《〈环境保护法〉的实施问题研究——2015 年全国环境资源法学研讨会（年会）论文集》2015 年 6 月，第 193～194 页。

励与保护”(securities whistleblower incentives and protection)。[1] 举报人向 SEC 专门设立的检举人办公室(Office of the Whistleblower, OWB)提供原生信息(original information),如果 SEC 能够通过举报人提供的原生信息成功开展执法,举报人便可以获得部分罚款作为回报奖励。由于金融机构内部从业人员往往更加了解行业现状,能够从专业的角度审视违法问题,故而在理论上,举报人制度相比于政府监管更加高效且低成本。

近年来,伴随互联网在世界范围内的迅速普及,其在带来金融创新及金融脱媒的同时,也将个人投资者推向市场,风险与创新相伴相生,这给金融消费者保护提出了新挑战。[2] 举报人制度产生于美国后金融危机时代,但对破解当下互联网金融市场监管困局的意义重大。

国内在尽享各类 P2P 平台、民间借贷、典当行、金融租赁公司等影子银行[3]以及股权众筹平台发展成果之时,各种问题和弊病也纷至沓来。由于缺少有效监管,市场上各种违规经营、无序竞争、同质竞争问题凸显。部分 P2P 平台倒闭、e 租宝等集资诈骗组织的出现,是互联网与金融深入结合的后果之一,金融市场加剧复杂化导致该类组织在某种意义上已经超越传统金融机构的范畴,证券监管部门往往难以及时洞悉新型行业运行的所有环节,在打击证券违法行为时略显捉襟见肘。无论是早些年美国的次贷危机,或是近年国内出现的民间金融乱象,最终受害人仍是金融消费者,而金融监管缺失则是造成上述结果的根源所在。如 Tomasz Piskorski 教授所言,金融中介性质已经变化,其已经难以适应传统市场对于信息披露和虚假陈述监管之要求,[4]而各类游离于传统监

---

[1] The Securities Exchange Act of 1934 § 21F, 15 U. S. C. § 78u-6(2012).

[2] 杨东:《互联网金融风险规制路径》,载《中国法学》2015 年第 3 期。

[3] 郭雳:《中国式影子银行——缘起、特色与出路》,载《两岸金融季刊》2015 年第 6 期。

[4] Piskorski T., Seru A, Witkin J., “Asset Quality Misrepresentation by Financial Intermediaries: Evidence from the RMBS Market”, 2635 *The Journal of Finance*, 2015.

管体系之外的新型金融模式中存在更加严重的信息不对称问题。在强调影子银行及股权众筹等互联网金融创新市场实现效率和资金流动性优势的同时,屡屡出现的欺诈问题亦凸显出金融消费者权益保障制度存在缺陷。

举报人制度被SEC认为是一项重要的创新,其能够提高对投资者的保护并及时发现证券违法行为。在金融市场全球化发展过程中,具体规则设计方面尽管略有区别,但举报人制度为各国广泛采纳确已成为不争事实。支持该项制度的学者认为,其是帮助监管机关克服证券执法困境的必要工具,而反对声音主要来自金融行业公司,因为这项制度可能导致公司治理机制失灵(主要体现为保密义务和忠实义务)以及引发道德层面困境。如何降低制度产生的社会成本并合理激发举报人的积极性成为举报人制度设计的难点。举报人制度我国立法中也有所体现,2001年6月中国证监会《关于有奖举报证券期货诈骗和非法证券期货交易行为的通告》最早确立了我国证券违法举报人制度。之后,中国证监会于2014年6月出台《证券期货违法违规行为举报工作暂行规定》对举报人制度进一步完善,但相比于域外制度仍略显不足。同时,学者对于《Dodd-Frank法案》中部分制度设计的合理性仍存在争议,因此,如何在以互联网为基础的新金融时代,利用举报人制度提供的金融监管杠杆扩大效应,将公民个人纳入证券执法范畴以弥补金融监管缺口,构建符合以规模小、数量多为主要特征的市场监管模式成为立法者必须回应的现实问题。

二、举报人制度的理论基础

(一)扩大公众参与

举报人制度开启了个人参与金融监管新路径,其能够提高金融市场监管的公众关注与参与度。该项制度起源于盎格鲁-撒克逊(Anglo-Saxon)立法传统,即允许私人帮助国家执行部分公共事务。最早表现为罚没款分成法令(举报人与国家共分罚金的诉讼,*qui tam writ*[1]),后来发展成为英国普通法内容的一部分。在缺少警察等执法机构的英国和美国殖民地,政府往往通过与私人部门合作,将部分执法罚款与私人分享以实现私人帮助国家执行公共事务的目的,罚没款分成法令使私人执法成为国家执法机制十分重要的补充部分。1863年,罚没款分成法令在在美国被确立为《反欺骗政府法》(False Claims Act, FCA, 亦称为 Lincoln Law),用于应对南北战争期间为政府军队提供军需的供应商,防止其在价格或质量上欺骗政府。

金融行业举报人制度的构建与之类似又有所差异,在某种程度上看,其是一个培养举报人和金融道德文化的长期过程。首先,举报人需要具有关心公共利益的意识并且具备发现金融违法行为的能力,而制度本身仅仅提供了个人对政府执法意见的表达渠道。其次,金融道德文化标准形成。有学者认为,举报人制度能够提高金融行业道德标准,并且这也是支持设立举报人制度的一项重要理由。通过设定专业举报人标准,以行业自律管理模式引导举报人制度运行,将成为金融行业实现行业自律管理目标的新模式。

(二)弥补监管缺口

弥补监管漏洞是举报人制度最为重要的制度功能。举报人长期从事某项金融业务,具备监管部门通常不易掌握的专业知识和经验,能更及时地发现金融违法行为。Saule Omarova 教授指出,金融市场向复杂化演进过程中,个人往往扮演十分重要的角色,其能够利用专业知

[1] Lee, Thomas R, "The Standing of Qui Tam Relators Under the False Claims Act", 543 *The University of Chicago Law Review*(1990), pp. 544 – 545. 此外,根据元照英美法词典的解释,*qui tam* 有分享者之含义。*qui tam action* 在元照英美法词典中被解释为:分享的诉讼——制定法规对某种作为或不作为应处以罚款,并规定此罚款可以经由民事诉讼追索,罚款的一部分将归任何提起诉讼的个人,其余部分归国家或某一公共机构。告发人据此提起的追索罚款的诉讼,即称为"分享的诉讼",因为原告起诉既是为国家利益,也是为个人利益。

识识别和理解潜在风险,并且能有效分析与系统性金融风险直接相关的信息。[1] 具体而言,举报人弥补监管缺口作用体现在三个方面:

1. 及时发现违法行为。SEC 通过举报人提供的信息,阻止违法行为发生,减少或避免给投资者造成损失。举报人预警功能能够缓解金融市场的潜在损失,抑制违法行为出现。

2. 威慑作用。完备的举报人制度在理论上可以有效地促进内幕信息披露。在假定举报人能够准确识别风险并且及时举报违法行为的前提下,举报人制度能够提高实施违法行为的预期成本,降低违法行为发生概率,对违法行为人起到一定的威慑作用。

3. 形成市场自律。举报人制度的另一项优势在于其能够潜移默化地推进市场自律,弥补自律监管缺失。信息是实现市场自律的关键,而违法行为之目的则在于扭曲信息真实性或者限制信息的有效传递。举报人通过披露或提供金融信息,减少公司伪造信息的概率,并持续把公司内部合规信息以及员工违法行为信息提供给公众。通过公开违法行为的相关信息,引导行业自律管理的正面效应的发挥。

(三)提升监管效率

政府与私人部门合作提升效率的做法已经被各国普遍接受,国内当下热议的政府与社会资本合作[2](Public-Private Partnership,PPP)便是很好的例证,而举报人制度则可以理解为金融监管领域内的 PPP。该理念被广泛应用于各国治理机制中,政府将道路、桥梁、隧道建设交给社会资本,实现利益

---

[1] Omarova, Saule T, "Wall Street as Community of Fate: Toward Financial Industry Self-Regulation", 411 *University of Pennsylvania Law Review*, 2011.

[2] 政府与社会资本合作模式是指政府通过特许经营、购买服务、股权合作等方式,与社会资本建立利益共享、风险分担的长期合作关系,旨在鼓励社会资本与政府进行合作,共同参与公共基础建设,以实现改善公共产品和服务供给的能力及效率。在此模式下,合作各方可以达到与预期单独行动相比更为有利的结果,通过协议方式明确共同承担的责任和风险,以及在项目各个流程环节中负有的权利和义务,最大限度地发挥合作各方优势,并减少政府行政干预和限制,充分发挥社会资本在资源整合和经营管理方面的优势。

共享和风险分担。竞争压力和谋利动机因素能够促使私人在执法和承担相关公共事务过程中主动寻求降低成本的有效路径,其效率高于顾及薪酬水平和职业安全考量的政府部门。反观金融行业,通过举报人所提供的信息能够有效缓解政府部门在证券监管执法方面的低效率问题的压力。具体而言体现在如下三方面:

1. 降低人员培训费用。将部分金融监管功能外包给私人能够产生证券法语境下的效率优势。在金融活动不断复杂化的现实情况下,各类影子银行、股权众筹及金融衍生品模式不断更新,政府可能需要投入更多资金培训监管人员,而举报人则能够熟谙相关知识和行业运营模式,以更低的成本完成更加复杂的监管任务。在这一过程中,政府只要付出罚款的一小部分作为奖金来激励举报人即可。

2. 降低行业运营成本和立法成本。由于个别违法行为可能导致某个金融行业整体利益损失,因此举报人制度能够以实现金融行业内部安全和稳定的方式,降低行业整体运营成本。例如,2016 年年初,国内多家商业银行以"排查风险"为由,关闭了 P2P 第三方支付接口。"e 租宝"事件后许多第三方支付公司判断 P2P 风险较大,加之监管专项整治来临,"如果遇上一家问题平台,需要配合去调出数据的工作量非常大,还不如暂停这类业务"。[1] 因此,举报人的预警功能,不仅能够缓解传统监管框架的高成本困境,在实现行业内部稳定的同时,促使监管者明确制定举报人法律制度,减少类似"专项整治"等政策监管不确定性带来的高立法成本。

3. 缓解监管机构被"俘获"(capture)困境。PPP 研究中的一项重要困境是政府容易在合作中被社会资本方"锁定"(lock in),使政府在合作过程中

[1] 《银行重新恢复对 P2P 信心但更注重风险控制严格审核》,载网易新闻:http://news.163.com/16/0520/08/BNGC9S3D00014AED.html,最后访问日期:2016 年 7 月 18 日。

处于被动地位。[1] 金融领域内也有类似表现,由于对私人执法力量的依赖,政府部门在某些情况下可能会被其"俘获"以满足私人的某些需求。即可能导致部分私人"胁迫"监管部门,借用公权力设定满足其个人利益的条款,导致金融监管失衡。[2] 由于金融领域通常只被少数精英群体掌控,在宽松监管模式下,该群体能够轻易地构建符合其利益需求的分配制度,而将损失转嫁给所有金融消费者。如果监管者依赖于特殊利益群体进行监管,则其结果必然有失偏颇。

举报人制度能够缓解这种"俘获"。由于举报人制度发展的基础与证券监管制度完全不同,对举报人激励的基础是金钱和物质回报,而不是企图通过利用监管者权力来影响规则制定,因为举报人本身并不能有效影响监管规则设计。监管部门与举报人形成合作关系,能够降低违法行为的发生概率,这种关系形成的同时能够减少监管者对行业精英群体的依赖。

基于上述三点理论基础,《Dodd-Frank 法案》在举报人制度的设计理念方面,体现为如何形成有效激励效果。具体体现为:第一,现金奖励激励。有资格获得人获得处罚总额 10% ~30% 的现金奖励,以高额奖金激励举报人提供信息。第二,有效保护激励。这不仅体现在对个人信息隐私的保护上,更为重要的是 SEC 明确将重点追究对举报人的报复行为(如免去举报人职位或者变更工作内容等),并且这种保护有扩大的趋势。第三,保密制度激励。SEC 允许举报人通过律师进行匿名举报。[3]

---

〔1〕 由于政府不可避免要承担项目的公共责任,如果转移给私人部门的风险管理失败或者是出现任何合同并未识别和管理的风险,这些风险或风险后果仍然由政府承担。政府作为潜在的最终风险承担者,它对风险的控制能力却被合同限制。参见陈琤:《公私部门合作中的风险分配:理想、现实与启示》,载《公共行政评论》2010 年第 5 期。

〔2〕 Baxter, Lawrence G, "Capture in Financial Regulation: Can We Channel It toward the Common Good", 175 *Cornell Journal of Law and Public Policy*, 2011.

〔3〕 郭雳教授认为其可以划归为两类,即激励机制和保护机制。参见郭雳:《证券违法活动检举人的激励与保护机制——美国的相关实践及启示》,载《江汉论坛》2016 年第 4 期。

三、举报人制度的构成及反思

《Dodd-Frank 法案》举报人制度最为核心的制度体现为如下三个方面：举报信息提交程序、举报人保护制度、奖励认定制度，并且该制度在美国学界也尚存争议。自愿提供信息、独立知识及有效信息等理论，奖励、异议程序以及奖励标准调整等制度，值得我国借鉴。

（一）举报信息

1. 符合举报条件

在举报人资格认定方面，《Dodd-Frank 法案》曾产生过争议，但在最终规则中明确表示，只有自然人可以成为合格举报主体，公司或者其他组织不具有相关资格。举报条件的核心内容包括如下方面：第一，检举人自愿（voluntariness）向 SEC 提供信息。这里的自愿提供强调举报人在被 SEC 要求或者被公众公司监督管理委员（或其他自律组织）调查之前提供举报信息。第二，原生信息。《Dodd-Frank 法案》在 21F－4（b）中对原生信息进行了界定，[1]并且排除了部分非原生信息。[2] 排除部分非原生信息之目的在于确

---

〔1〕 17 C. F. R. § 240. 21F－4（b）. 原生信息的界定：（1）来自举报人的知识或者独立的分析（所谓独立知识是指举报人占有的事实信息，不是通过公众可得的渠道获取的；而独立分析是指基于上述信息得出的公众通常难以获得的结论）；（2）不是 SEC 已经获得的信息，除非举报人能证明其实信息源头；（3）信息不能仅来自司法或行政听证会，政府报告、审计、调查，新闻媒体等单一来源，除非检举人本身就是上述渠道的信息来源；（4）信息必须是在《Dodd-Frank 法案》生效之日后提交至 SEC。在 STRYKER v. SEC 一案中，美国第二巡回法庭明确了信息必须是在 2010 年 7 月 21 日之后提交的。

〔2〕 17 C. F. R. § 240. 21F－4（b）（4）. 在《Dodd-Frank 法案》最终公布的规则中，原生信息排除主要公司内部活动和审计活动中获得的信息：（1）基于其在组织中的地位获取的信息，例如组织的董事、高管、合伙人等处于受托地位的人从其他人处获取的有关组织可能违反证券法规的信息，或者作为主要负责合规或者内部审计的雇员所了解的信息，或者公司专门聘请对违法行为进行调查的雇员在调查过程中获知的信息；（2）作为外部审计机构的雇员在独立审计的过程中了解到的信息，这些信息本身就应该予以披露，检举人不应该因此得到奖励；（3）通过非法手段获取的信息；（4）雇员或者专业外部审计人员获得在要求证券法要求下进行审计过程中发现的信息；（5）基于律师的执业地位获取的信息；（6）从其他受到原生信息条件限制的人处获取的信息，除非检举人提供的证券违法行为信息涉及信息来源人。

保举报信息来源的合法性,防止为获得信息而衍生出额外违法行为。第三,基于信息成功地开展执法。这其中包含三种情况,即 SEC 根据原生信息成功执法、原生信息有显著帮助(significantly contributed)、先通过内部合规系统举报后提交到 SEC 的信息。第四,举报人必须向 SEC 提出分享罚款作为奖金的申请。可以看出,SEC 通过设定自愿举报、原生信息等限制条款,激励举报人尽早提供信息,而不是等待被要求或者被调查之时。同时要求信息必须明显有助于成功执法。

2. 恶意举报与信息关联性

在实践中,举报人制度存在两项潜在成本:其一,用于奖励举报人的奖金;其二,审核大量无用信息的成本。前者作为激励举报人的必要手段,自然无法避免,而对于后者有观点认为由于 SEC 没有对检举信息内容做出任何限制,接受检举信息范围十分广泛,举报人可能抱着恶意或者"撞彩"心态,导致大量不准确或者无价值的信息涌入 SEC。[1] 由于信息过于泛滥可能导致审核信息人员工作压力过大,进而影响审核质量。2015 年 SEC 接收到 14,000 份举报,结果只有 22 项获得奖励。[2] 由于各种毫无根据的举报信息泛滥,已经限制了 SEC 有限的调查资源功能发挥。各种举报不仅需要被分类,并且还需要仔细评价其形式内容的完整性,导致原本应用于调查高质量信息和关键问题的执法资源被浪费。

无效信息最为突出的特点是,举报信息与事实之间并无关联性。《Dodd-Frank 法案》要求信息必须是"充分明确、可信并及时的",SEC 在认定信息是否有助于成功执法的重点,在于审核信息指控内容与事实之间的关联性,因此举报人必须仔细阅读 SEC 公布的举报信息制度说明,并且检查

---

〔1〕 郭雳:《证券违法活动检举人的激励与保护机制——美国的相关实践及启示》,载《江汉论坛》2016 年第 4 期。

〔2〕 *Annual report to congress on the Dodd-Frank Whistleblower Program*(2014),SEC,https://www.sec.gov/about/offices/owb/annual-report-2014.pdf,最后访问日期:2016 年 5 月 6 日。

信息与事实之间的关联程度。但事实上,SEC 收到的大部分信息都是“模糊的、无支持依据的或者完全不可信的”,然而举报者却乐此不疲。导致这种现象出现可能有两个层面的原因:其一,不排除恶意举报情形;其二,举报人可能了解违法信息,但并不了解有效表达方式。

3. 应对策略

面对上述难以克服的高成本困境,有两条可选路径:其一,将律师作为举报人制度信息的“看门人”;其二,要求举报人首先向公司内部举报。将律师作为“看门人”能够缓解低质量信息的出现频率,强制律师在举报信息提交过程中承担审核责任,要求所有相关文件必须有独立律师署名并对资料内容负责。要求举报人在向 SEC 举报之前,应首先采用公司内部合规系统举报体系。因此,公司内部举报制度设置合理,则 SEC 鼓励举报人采用公司内部的举报体系。这种做法也符合行业内部利益相关者的需求,因为举报人制度在某种程度上可能破坏公司内部的管理规则。高额奖励可能会导致举报人不再使用公司内部举报机制,而直接向 SEC 进行报告。在具体激励制度上,现阶段并没有强制要求律师对举报材料进行背书,这仅仅是学者的探索性建议。而《Dodd-Frank 法案》中明确规定,如果举报人采用公司内部举报机制,在奖金认定时属于提高调整奖金范围的考量因素,下文有详细介绍。如果在行业内能够形成良好的内部举报制度,则未来监管部门的角色可能变为致力于减少恶意举报并制定相关规则认定违法行为,这将大大缓解 SEC 在审核举报信息方面的压力。

(二)举报人保护制度

1. 举报人保护的路径

《Dodd-Frank 法案》对举报人的保护主要体现在两个方面,即反报复条款和禁止限制举报条款。《Dodd-Frank 法案》对于举报人的保护主要体现在 21F(h)(1)款项下,规定雇主不得因任何举报提供信息、协助调查等行为,对举报人进行解雇、降职、停职、威胁、骚扰及其他歧视行为,并且 SEC 有权对上述行为提起诉讼。[1] SEC 不仅表达了对打击报复举报人影响举报的态度,也更加关注公司通过其他方式限制举报的做法,这主要体现在公司雇用合同方面。2015 年 4 月,SEC 宣布对美国 KBR 公司进行处罚,因为该公司要求员工签署保密协议,这违反了 21F－17(a)中的内容,即"任何人不得采取措施阻碍个人与 SEC 工作人员进行交流,包括使用强势规定、恐吓或者保密性协议等方式"。对于通过雇佣协议限制举报行为,SEC 并没有尊重行业内部自治的态度倾向,而认为其与立法相悖。实际上,SEC 并不打算过度干预雇用协议内容,其意旨在于鼓励举报人通过公司内部举报检举违法行为,然而举报人通常倾向于选取有明确反报复措施的外部举报制度以寻求保护。因此,鉴于保密协议诉讼先例,SEC 更加倾向于奖励和保护通过内部系统进行举报的人员,并将反报复保护措施延伸至通过公司内部举报的群体。

2."扩张"中的举报人范围

强化举报人保护已经成为美国举报人制度立法的一项重要趋势。2016 年 1 月 1 日,美国《加利福尼亚州劳动法》第 1102.5 节[2]生效,其强化了举报人保护内容,将那些声称自认为受到报复对待的员工亦纳入保护范围。此外,受第 1102.5 节保护的举报人包括:(1)向政府或执法机关举报;(2)向被授权的雇员举报;(3)向被授权调查违法行为的雇员举报;(4)有证据证明在被其他公共组织调查或询问之前举报。同样,即使披露信息内容是举报人负主要责任的部分,也受到法律保护。此外,在决定是否保护举报人时,报复内容与雇主行为关联紧密程度也是重要参考因素。

---

〔1〕 郭雳:《证券违法活动检举人的激励与保护机制——美国的相关实践及启示》,载《江汉论坛》2016 年第 4 期。

〔2〕 West's Ann. Cal. Labor Code §1102.5, WestLaw, https://1.next.westlaw.com/Link/Document/FullText?findType = L&pubNum = 1000215&cite = CALBS1102.5&originatingDoc = Ibc6b4bdae83011e598dc8b09b4f043e0&refType = LQ&originationContext = document&vr = 3.0&rs = cblt1.0&transitionType = DocumentItem&contextData = (sc.Search)&_lrTS = 20160721130957468,最后访问日期:2016 年 7 月 18 日。

（三）奖励认定制度

1.影响奖励的因素及救济方式

举报人在满足 SEC 规定条件后，可能获得罚款总金额的 10% ～30% 部分作为奖励，最终奖励数额由 SEC 根据 21F－6 项下内容进行自由裁量，其主要考虑积极和消极两个层面因素。SEC 强调这些因素只是相对的参考指标，不会因为缺少某项积极因素而导致举报人获得的奖金低于 30%，反之亦然。

积极层面因素。有四项因素可以增加举报人奖金获得量，具体而言：第一，信息的重要性。其要求 SEC 验证举报人提供信息的可靠度和完整程度，重点应辨别信息的重要性和实用性。第二，举报人提供的帮助。这主要指举报人在提供信息以外的额外附加工作，包括协助调查以及执法活动等。举报人是否能够提供广泛、及时的协助，以及在举报人协助下 SEC 最终掌握的信息范围等都是需要参考的指标。第三，执法收益。这项因素集中关注举报人提供的信息在多大程度上帮助 SEC 惩罚违法行为和保护消费者，具体而言，这主要根据违法可能造成损害的类型以及受损人数来确定。第四，利用内部合规系统的程度。由于 SEC 已经意识到，合理的公司内部合规系统能够有效减少行业实体和金融消费者双方的损失，因此，关注举报人利用公司内部合规系统情况，并设置该条用于鼓励举报人利用内部机制来解决金融违法行为。

消极层面因素。第一，干扰公司内部合规和报告系统。与前述利用内部合规系统相反，举报人如果故意实施导致信息被延时举报的行为，以及提供虚假材料，阻碍公司通过内部机制及时发现、纠正违法行为的属于消极因素。第二，举报人负有责任。举报人参与违法行为在本质上体现为两点，即参与违法的程度和举报人的背景知识水平。负有责任的参与者仍然能够获得奖励，但是需要扣除其造成损失的部分。第三，不合理的延时报告。SEC 会重点考虑延迟举报的原因以及举报人是否已经意识到问题存在，如果举报人并没有采取合理的步骤报告或者阻止损害扩大的属于消极层面因素，此条规则设计旨在激励举报人及时报告。

除奖励认定标准外，SEC 还规定了奖励审核以及异议程序。其大致内容为：举报人办公室会将调查内容（notice of covered action）公布在网站上，使所有举报人在 90 日内，有公平提出质疑的机会。公示期过后，举报人办公室会对所有要求审查信息进行汇总，评定之后将得出一个初步认定结论。如果举报人还有异议，则其可以向举报人办公室提交说明理由。在这个过程中举报人有权要求查阅举报人办公室提供的基本材料内容，但提供材料范围会有所限制。最后，对 SEC 做出的最终裁定不服的可以提起诉讼。

2. 奖励认定制度的反思

适当奖金能够产生有效激励，但以奖金方式实现激励目标已经导致大量恶意举报出现。在英国出现的恶性举报行为已经造成极大负面影响，因此其已经禁止奖金奖励模式。[1] 因此，有学者建议赋予 SEC 实施多样化奖励的权限。但这似乎缺少一定的现实基础。试图通过金钱以外的道德等其他因素来激励举报人更加困难，某种程度上说，金融违法并不是道德层面问题。Rapp 教授指出："在面对金融违法行为时，相比于基于道德要求实施举报行为，通过保持沉默来实现双赢似乎是更优选择，这符合举报人自身和公司利益诉求。"[2] 尽管奖金激励模式已经造成诸多负面结果，但在金融行业内伦理道德似乎只能作为奖金激励的补充。美国监管者已经意识到奖金奖励成本的负面因素，因为现有模式一旦形成，试图消除或者减少该模式所产

---

〔1〕 *Bank of England Prudential Regulation Authority & Financial Conduct Authority*, *Financial Incentives for Whistleblowers*, FCA, https://www.fca.org.uk/static/documents/financialincentives-for-whistleblowers，最后访问日期：2016 年 7 月 18 日。

〔2〕 Rapp, Geoffrey Christopher, "Mutiny by the Bounties? The Attempt to Reform Wall Street by the New Whistleblower Provisions of the Dodd-Frank Act", 73 *Brigham Young University Law Review*, (2012), p. 95.

生负面影响的成本则更加昂贵,因此美国已经开始着手关注构建补充激励机制来优化举报人制度。

四、金融创新与我国举报人制度审视

美国举报人制度已经在联邦和州层面形成相对完备的举报信息提交程序、举报人保护制度、奖励认定制度,并且各州内部的发展经验进一步丰富了举报人制度的内容。相比之下,我国相关制度则略显粗浅。中国证监会于2014年6月27发布《证券期货违法违规行为举报工作暂行规定》(以下简称《暂行规定》),这可以理解为是中国举报人制度的建立。

(一)我国举报人制度的现实困境

1. 适用范围困境。《暂行规定》规定的适用范围十分有限,其旨在打击证券期货违法违规行为。[1] 然而《Dodd-Frank 法案》及《JOBS 法案》颁布后,确立了 SEC 对 P2P 网络借贷及股权众筹平台的监管责任,举报人可以就影子银行及股权众筹等新型金融行业内的违规行为向 SEC 进行举报,而我国《暂行规定》目前仅仅适用于证券期货违法违规行为。扩大举报适用范围对金融创新目标的实现意义重大。目前从监管部门的态度看,P2P 网贷平台监管权将归属于中国银行保险监督管理委员会,[2] 仅股权众筹由证监会负责监管。因此,按照《暂行规定》的适用范围要求,国内与影子银行相关的 P2P 平台、民间借贷、典当行、金融租赁公司均无法适用举报人规则。这对于我国金融创新重要"阵地"无疑是一项重大损失。

2. 立法传统困境。*qui tam* 规则项下的罚没款分成机制在英美法系传统

---

〔1〕《证券期货违法违规行为举报工作暂行规定》第1条:"为保障个人、单位依法行使举报证券期货违法违规行为的权利,规范举报工作,加大对证券期货违法违规行为的打击力度,根据《证券法》、《证券投资基金法》、《期货交易管理条例》等法律和行政法规,制定本规定。"

〔2〕在2018年3月召开的第十三届全国人大一次会议上,原由银监会、证监会、保监会的"一行三会",被调整为由金融稳定发展委员会、中国人民银行、证监会、银保监会组成的"一委+一行+两会",原银监会、保监会合并为中国银行保险监督管理委员会。

中有深厚的历史根基,私人参与执行公共事务并分享执法成果并不存在法律伦理层面的障碍。反观我国立法传统中,对于私人监督的定义更加倾向于无偿的道德要求,很少给予私人监督以补偿和激励。[1] 这也可能导致《暂行规定》中设定了较低的奖金分成比例,并且不奖励参与证券期货违法活动的举报人。然而,近年来政府在公共基础设施建设领域内已经广泛采用政府与社会资本合作的 PPP 模式,随着“公私合作”相关理论研究的不断深化,举报人制度作为金融领域“公私合作”制度的探索先驱,也将更具发展潜力。

(二)现行举报人制度再审视

1. 举报信息制度主要体现在对原生信息的认定以及防止恶意举报方面。《暂行规定》中对于原生信息的认定并没有明确界定,并且由于缺少类似美国的律师作为举报信息“看门人”的制度基础,在防止恶意举报方面,实行强制实名举报似乎是现阶段的必然选择。

2. 对举报人保护主要体现在《暂行规定》第四章及第 21 条中。[2] 通过强调受理部门的保密责任及依法追究打击报复举报人行为来实现,然而这对举报人的激励程度十分有限。在美国立法实践中,扩大保护举报人范围已经成为联邦和各州层面的共同选择,因此,明确受打击报复人救助范围是实现举报人制度有效运行的重要路径。

3. 奖励认定制度。《暂行规定》中不仅没有类似《Dodd-Frank 法案》奖励金额的认定和调整机制,并且对奖励做出 10 万元和 30 万元的奖励上限似乎严重影响了举报人的积极性。诚如前任美国司法部部长 Holder 所言:“如果缺少明确可预知的奖金回报,举报人并不值得以其事业、声誉以及社会地位

---

〔1〕 李俊峰:《法律实施中的私人监督——“罚款分享”制度的经验与启示》,载《社会科学》2008 年第 6 期。

〔2〕 《证券期货违法违规行为举报工作暂行规定》第四章为“举报信息的保密与管理”(包括第 10 ~ 13 条);第 21 条:“打击报复举报人,或利用举报故意捏造事实、伪造证据、诬告陷害他人的,依法承担法律责任。”

来冒险。”[1]

因此，在我国金融创新的大背景下，举报人制度是一条有效减少、控制金融违法行为的可选路径。但囿于我国现有法律制度体系因素的考量，不妨选择强制实名制度来减少恶意举报，通过提高奖励额度及扩展举报人保护范围实现有效激励，以此来实现举报人制度功能之目的。

总　结

股权众筹作为证券法领域内一次重要的制度创新，正在全球范围内逐步实践罗伯特·希勒教授笔下金融社会的理想形态，但也为用心设计骗局的“艺术家”们提供了新的“钓愚”舞台。资本市场的智慧告诉我们，监管目标的一致性并不意味着规制路径必须相同，任何一项融资工具或法律制度的创新与其生长环境密不可分，均需要精心培育与修正。美国《JOBS 法案》中公募与私募股权众筹的二分法立法模式及规则创新，已然成为世界各国股权众筹制度的立法范本，也是我国监管政策的官方态度。笔者在考察美国《JOBS 法案》及《众筹条例》制定过程中的立法冲突、规则构成及规则功能的基础上，得出如下结论：

第一，明确两类股权众筹的立法逻辑差异，防止制度之间的交叉混用。公募与私募股权众筹在解决信息不对称和代理成本方面具有相同的内在逻辑，也因各自面临的核心困境不同，衍生出两套相似但有区别的规则体系。公募股权众筹的核心困境在于解决投资者非理性决策行为，由于该市场中投资者成熟度较低，导致传统信息披露制度无法发挥原本价值功能，故而在

---

[1] Eric H. Holder，2009 年至 2015 年担任美国司法部部长。其在 2014 年 9 月 7 日于纽约大学法学院进行一场关于金融欺诈检举的主题报告中提到这项内容。See *Attorney General Holder Remarks on Financial Fraud Prosecutions at NYU School of Law*，U. S. Department of Justice，https://perma.cc/R9PH-CQ34，最后访问日期：2016 年 7 月 19 日。

制度设计中加入群体智慧理论思维，通过多元化主体构成来平衡个体认知的局限性，形成对发行人较为客观、真实的评价结果，以此解决信息不对称问题。私募股权众筹的本质在于通过网络突破了传统天使/风险投资的地理限制因素，在降低运营成本的同时吸引更多投资者，因此私募股权众筹的核心困境便是如何解决互联网语境中传统天使/风险投资的中介信用问题。两类股权众筹各自的规则体系是内在逻辑需求的外化，具有专属性特点，不可将其作为股权众筹的通用制度笼统而论。

第二，明确具体制度的功能及逻辑悖论，发挥证券市场法治后发优势。在公募股权众筹方面，囿于市场的特殊性，导致信息披露制度陷入难以破解的逻辑悖论，这在徒增发行成本的同时也无法避免其变为柠檬市场，因此应合理控制信息披露成本，回归其反欺诈的价值功能，将群体智慧作为信息披露的配套制度，共同解决信息不对称问题。但群体智慧可能走向其反面，即"羊群行为"和信息瀑布，为确保群体智慧功能实现，立法增设交流渠道制度对交流信息进行统一监管，以控制发行过程中的恶意欺诈。在私募股权众筹方面，解除公开宣传限制实现了传统私募发行的互联网延伸，这也同时导致自然人合格投资者范围的变化，沿用现有资产标准认定合格投资者时，需要在资产证明、检验方法方面进行适当调整。同时这一变化更加凸显出现行合格投资者的制度弊端，相比于修改合格投资者认定标准，利用大数据解决信用中介的信誉资本困局似乎是更为有效的应对措施。

第三，构建我国股权众筹的三分法框架。三分法框架中，包括了公募股权众筹、O2O 型公募股权众筹以及私募股权众筹。一方面，公募股权众筹和 O2O 型公募股权众筹面向所有投资者开放，不设置任何身份限制，故均属于公募之列。其中，公募股权众筹规则可以基本仿照《众筹条例》的逻辑体系，借鉴其中的信息披露、投资限额、中介责任、交流渠道以及失格条款等核心规则的立法经验，重点控制信息披露成本，并尝试完善交流渠道与股东电子论坛制度。而 O2O 型公募股权众筹则为投资者提供线上路演和线下实地考察的双重渠道来了解发行人,因此可以采取更为简化的信息披露方式,或交由开展业务的平台自行确定,但平台必须履行尽职调查义务,并且为项目提供信誉保障。另一方面,为实现私募股权众筹的本土化发展,需要对《私募股权众筹融资管理办法》进一步调整修正,主要包括公开宣传规则、信息披露规则、合格投资者规则以及中介平台规则四个方面。

第四,修正股权众筹的诉讼规则。由于我国《证券法》修改尚未完成,现有证券概念无法将股权众筹纳入其中,故也无法依据《证券法》规范调整,只能依循《合同法》规则解决发行人、中介平台和投资者之间的冲突。随着股权众筹定位逐渐明晰,《证券法》修改后可能出现法律适用和裁判逻辑的变化,这也是实现投资者权益保护的必然要求。在认定虚假陈述的"重大性"信息时,应采用"投资者决策"标准,根据不同股权众筹市场的投资者特征来确定。此外,为解决投资者分散和缺少证券集团诉讼制度的困境,立法可以尝试赋予中介平台代理投资者起诉的功能,设置以激励为导向的中介平台责任制度。

第五,完善证券举报人制度。在以互联网为基础的新金融时代,完善证券举报人制度能够实现金融监管杠杆扩大效应,将公民个人纳入证券执法范畴以弥补金融监管缺口,构建符合以规模小、数量多为主要特征的市场监管模式。其中,需要从举报信息制度、举报人保护制度及奖励认定制度三个方面对我国现有《证券期货违法违规行为举报工作暂行规定》进行修正。

余论：
公募股权众筹成功了吗？

一、公募股权众筹在美国

背负着金融民主化与好社会理想的公募股权众筹，在《JOBS 法案》颁布 3 年之后，才由 SEC 于 2015 年 10 月 30 日最终通过的《众筹条例》(Final Rule of Crowdfunding)确立其在美国联邦层面的合法身份。那么，公募股权众筹成功了吗？美国法律服务机构 Drinker Biddle 发布的一份研究报告(2016 年 7 月 14 日)[1]中，分析了自《众筹条例》生效之后的 50 个公募股权众筹案例，大致显示出如下结果：

1. 发行额度方面。截至 2016 年 6 月 30 日，列入统计的 50 家公司目标发行额最小值从 20,000 美元至 500,000 美元，均值为 55,000 美元。其中 49 家公司均在信息披露中表示，愿意接受超过目标融资额度或至多 1,000,000 美元的融资。相比之

---

〔1〕 Marc A. Leaf, Robert T. Esposito and Abigail Luhn, Leading the Crowd: An Analysis of the First 50 Crowdfunding Offerings, Drinker Biddle, available at http://www.drinkerbiddle.com/insights/publications/2016/07/leading-the-crowd-first-50-crowdfunding-offerings，最后访问日期：2017 年 8 月 17 日。

下，其中18家公司选择了仅发行100,000美元，而其余公司则选择了200,000美元至500,000美元的上限。因此，如果发行过程顺利，这将为首批初创企业提供6,000,000美元至30,000,000美元的总融资。

2. 发行期限方面。列入统计的公司发行期限从21天到1年，平均发行时间在6个月以内，约有半数的公司发行期限为166天至182天。

3. 注册地。上述50家公司来自18个不同的州，但其中有近一半（24家）注册在特拉华州。

4. 发行人特征。发行人往往是处于创业初级阶段的初创企业，平均设立时间只有354天，但其中有9家公司已经有5年以上的运营历史，其中最早的一家公司设立于2003年。

5. 发行证券的类型。《众筹条例》并没有限制发行人可发行证券的种类，因此列入统计的公司发行了种类多样的证券。其中最为常见的是普通股（16家）以及未来股权简单协议（Simple Agreement for Future Equity，SAFE[1]）（14家），同时也包括部分优先股等。

6. 融资分布。截至报告统计时，共有12个集资门户平台在美国金融业监管局注册，但较早成立的Wefunder平台则承担了其中26家公司的发行活动。StartEngine平台承担了8家公司的发行，剩余的则由SeedInvest、NextSeed、Flashfunders以及Venture.co.平台承揽。

从总体上看，无论是在理论还是实践层面，以群体智慧功能为基础的预设似乎并没有满足初创企业融资需求。尤其在上述第6点中，Wefunder平台之所以能够承担近半数的公司发行，在很大程度上得益于独有的投资俱乐部（Investment Club），其基本功能与AngelList平台为领投人设计的“So-

[1] “未来股权简单协议”是由Y Combinator提出的一个概念，初衷是实现投资人和创业者之间的公平交易，与可转债具有几乎相同的转换特性。参见《对企业家来说，“未来股权简单协议”是好还是坏？》，载搜狐网：http://www.sohu.com/a/156806214_114778，最后访问日期：2017年9月12日。

cial Proof”制度十分类似，实质上一种“专家建议”而非“群体智慧”。[1] 通过互联网进行证券发行已经成为现实，但其仅仅是法律上的应然状态，公募股权众筹究竟是会成为全新的常规融资手段，还是又一个“钓愚”舞台？公募股权众筹究竟应该固守“理想化”的制度设计，还是应适当做出修正？

二、妥协抑或任重道远

赋予公募股权众筹平台更为多元化的权利和更为严苛的责任，使之能够有效排除劣质发行人，则是《众筹条例》对《JOBS 法案》的重要修正。

1. 强化集资门户功能的立法态度转向

面对上述两难的困境，Darian M. Ibrahim 教授是较早主张改造公募股权众筹，强化集资门户（funding portal）功能的学者之一。[2] 实际上，这种主张也在 SEC 最终公布的《众筹条例》中有所体现。具体而言，表现在两个方面：

一是赋予集资门户拒绝发行人的权利。作为发行人和投资者之间连接纽带的集资门户，最初目的是解决平台和投资者之间的关系，而非平台和初创企业之间的关系，也即集资门户只要严格控制投资者的投资额度上限便可，而将甄别发行人信息真实性以及商业计划可行性的工作，完全交由投资者利用群体智慧来解决。按照《JOBS 法案》的最初设计，集资门户几乎处于完全被动的状态，[3] 而《众筹条例》却赋予了集资门户审核发行人提供信息的权利，以排除明显不符合条件者，[4] 这一转变对于投资者保护至关重要。

---

[1] AngelList 是基于《JOBS 法案》第二章设立的私募股权众筹网站，下文将详细论述。

[2] Ibrahim, Darian M, Equity Crowdfunding: A Market for Lemons, Minnesota Law Review, Vol. 100, 2015.

[3] 15 U.S.C. 77d(6).

[4] 17 C.F.R. § 227.301(c).《众筹条例》17 C.F.R. § 227.301(c) 规定了发行人的失格条件，主要包括两个方面内容：其一，中介平台有合理理由（reasonable basis）相信发行人或其高管具有《众筹条例（最终稿）》17 C.F.R. § 227.503 所载明的情形；其二，中介平台有合理理由相信发行人或发行人行为具有欺诈的可能性。

并且《众筹条例》中还允许集资门户持有发行人经济利益，以激励中介平台提供更好的服务。[1] 集资门户良好的信誉也传达出其能够引导初创企业发展的重要信号。

二是为集资门户提供控制欺诈的工具。《众筹条例》为集资门户提供了一套控制发行欺诈的工具，其中包括交流渠道以及相关配套制度。交流渠道制度是《众筹条例》对《JOBS 法案》立法漏洞的填补，也是群体智慧理论的实现机制，旨在确保交流信息的统一监管以控制发行过程中的欺诈。但是夸张描述发行收益和未来前景以吸引其他投资人，或在序贯决策中因初始部分投资者错误决策而引发信息瀑布的现象却难以避免。根据 SEC 的解释，通过设定转售限制规则[2]能够将投资者锁定在项目之中，控制资金短期流动，如此一来，若公司运营失败，该群体利益也难以得到保证，这能够形成足够的反向激励。

2. 强化集资门户功能的实践需求

《众筹条例》允许中介平台对发行人进行筛选，但除非注册为经纪商(broker-dealer)，否则其仍然不可以向投资者提供咨询意见，只能在平台上以客观标准突出显示。[3] 故有必要通过更多方式来保护非成熟投资者(unsophisticated investors)，以实现公募股权众筹市场的有序发展。实践中，投资者对于集资门户功能的需求却远远高于既有制度的供给。目前较为成功的公募股权众筹平台 WeFunder，在很大程度上是依靠其独有制度——投资

---

[1] 《众筹条例》17 C. F. R. § 227.300(b)的定义为："发行人的经济利益"是指"直接或间接的股权或者其他具有经济利益的证券"。在征求意见期间，SEC 收到许多提议，建议中介平台可以持有发行人的经济利益，这样可以激励中介平台提供更好的服务。但在权衡之后，SEC 部分采纳了提议内容，并规定一般情况下平台不应持有发行人的经济利益，但是当满足：发行人收取经济利益作为服务报酬并且所拥有的证券种类与发行的相同这两个条件满足时，中介可以持有发行人的经济利益。

[2] 17 C. F. R. § 227.501(a). 投资者购买的公募股权众筹证券受到为期一年的禁止转让限制，除非将其转让给发行人、合格投资者、购买者的亲属或者转让已经在 SEC 经过注册部分的证券。

[3] 17 C. F. R. § 227.402(b)(2).

俱乐部。

投资俱乐部是另一条指导非成熟投资者的路径。尽管提供了这种俱乐部服务，但 WeFunder 声称其并没有实质上管理平台发行人。在 WeFunder 平台上，投资俱乐部是由一群专业人士组成的群体，如果某一发行人的业务得到了俱乐部的投资认可，则其能够在 WeFunder 网站上获得更加靠前的排名，并且可能出现在网站主页上。[1] 目前在 WeFunder 网站上共有 8 个类似的俱乐部，每个俱乐部组织具有不同专业投资领域，且相差较大。例如，Wichita-Angels of the Plains 俱乐部专门投资当地小公司，而 Science Club 专门投资具有一定风险的科技类公司。[2] 当投资者点击"Back Club"加入俱乐部之后，他们便承诺跟随俱乐部每笔投资交易，因此，投资者几乎没有做出自我选择，而是完全遵照了俱乐部专家的意见。这种模式在本质上与 AngelList 为领投人建立的"Social Proof"制度，在功能原理上相一致，WeFunder 的成功是运用了专业人士智慧而非群体的智慧。

无论上述何种模式，前述给出投资建议的专家都可能承担美国 1940 年《投资顾问法》(Advisers Act)项下的责任。上述专家意见可能会被认定为是从事投资顾问的行为，必须承担《投资顾问法》的欺诈等责任。根据 C. Steven Bradford 教授的观点，该项责任只适用于那些成功建议他人投资者，并且至少在一定程度上是为了满足自己的财务利益或证券所有者的利益。[3] 就目前公募股权众筹的发展经验看，强化平台责任是避免其沦为"柠檬市场"的关键，如

---

〔1〕 "Investment clubs are groups of industry experts who can choose to endorse companies. If your business gets endorsed by a club, it will appear higher in the sorting algorithims on Wefunder, and be much more likely to be featured on the home page." See WEFUNDER, Why Wefunder?, available at https://wefunder.com/faq/founders，最后访问日期：2017 年 8 月 23 日。

〔2〕 八个俱乐部分别是"The Order of the Orange Hand""Wichita-Angels of the Plains""Food Future""Moon Shots""Sloan Entrepreneurs""Davis Funding Club""New England Local""Science Club"。See Wefunder, Investment Clubs, available at https://wefunder.com/clubs，最后访问日期：2017 年 9 月 3 日。

〔3〕 C. Steven Bradford, Shooting the Messenger: The Liability of Crowdfunding Intermediaries for the Fraud of Others, *University of Cincinnati Law Review*, Vol. 83, 2014.

何通过科技与法律的“规则束”来落实群体智慧的构想仍须探讨。

三、公募股权众筹的再思考

从立法实际需求看，由于公募股权众筹的发展前景尚不明晰，故可以先明确 O2O 型公募股权众筹的合法地位，等待域外更多实证数据反馈后，再进一步考虑是否在国内建立真正意义上的公募股权众筹制度。

资本市场法律移植具有理论上的正当性，也是贯穿我国资本市场立法变革的一条主线，缘起于美国的股权众筹难以脱离其本土立法环境而被单独移植，必须警醒地认识到本国现实问题及制度引进过程中的变通。为此，我们有必要重温方流芳先生在法律移植方面的深刻洞见与反思：“一个成功的（制度）引进必须首先解决一些无法回避的基本问题，诸如：我们为什么要引进外国制度？我们是否真正知晓自身面临的问题，是否真正了解我们打算引进的外国制度，是否能够确信两者之间存在某种合理联系？该项制度是否可以脱离植根其中的社会环境而被单独移植？我们是运用该项制度的原理解决自身问题还是刻意仿效，试图重演制度的演进过程？如果外国制度创制者和我们处于相当的环境，他们是否会有所变通？对本国问题懵懂无知，对外国制度一知半解就深信不疑其有包医百病的神效，这就导致了历史和现实中的一幕‘制度模仿秀’。”[1]因此，在构建我国股权众筹法律制度时，不仅需要充分理解域外相关法律制度的构成，更应当准确把握其规制的逻辑，以及与需移植规则相关的法律条文，甚至整个法律体系框架，片面地借鉴制度只会造成管中窥豹之结果。同时，提出建议的前提是对我国既有金融法律制度和规则冲突的充分理解，应准确分辨究竟是采用法律移植弥补立法空白还是对现有制度进行修正，更能达到预期的效果目的。

---

〔1〕 方流芳：《证券交易所的法律地位——反思“与国际惯例接轨”》，载《政法论坛》2007 年第 1 期。

参考文献

一、中文文献

(一)专著类

1. 傅穹:《重思公司资本制原理》,法律出版社2004年版。

2. 范健、王建文:《公司法》(第4版),法律出版社2015年版。

3. 范健、王建文:《证券法》(第2版),法律出版社2010年版。

4. 郭雳:《美国证券私募发行法律问题研究》,北京大学出版社2004年版。

5. 彭冰:《中国证券法学》,高等教育出版社2007年版。

6. 叶林:《证券法》(第3版),中国人民大学出版社2013年版。

7. 顾功耘:《公司法律评论》,上海人民出版社2015年版。

8. 蒋大兴:《公司法的观念与解释》,法律出版社2009年版。

9. 邓峰:《普通公司法》,中国人民大学出版社2009年版。

10. 刘俊海:《现代证券法》,法律出版社2011年版。

11. 刘新民:《中国证券法精要　原理与案例》,北京大学出版社 2013 年版。

12. 朱锦清:《证券法学》,北京大学出版社 2011 年版。

13. 赵薇、孟翔:《证券信息披露标准比较研究:以“重大性”为主要视角》,中国政法大学出版社 2013 年版。

14. 赖英照:《股市游戏规则——最新证券交易法解析》,中国政法大学出版社 2006 年版。

15. 施天涛、周伦军主编:《美国证券交易经典案例——内幕交易与虚假陈述》,法律出版社 2014 年版。

16. 郭莉、王丙辛、巴曙松:《香港证券市场全透视》,中信出版社 2009 年版。

17. 梁上上:《利益衡量论》,法律出版社 2013 年版。

18. 朱伟一编著:《美国证券法判例和解析》,法律出版社 2013 年版。

19. 赵万一:《证券市场投资者利益保护法律制度研究》,法律出版社 2013 年版。

20. 中国证券监督管理委员会编著:《中国资本市场二十年》,中信出版集团 2013 年版。

21. 吴伟央:《证券交易所自律管理的正当程序研究》,中国法制出版社 2012 年版。

22. 朱伟一:《金融大败局——华尔街的监管与危机》,清华大学出版社 2009 年版。

23. 魏建:《法经济学:分析基础与分析范式》,人民出版社 2007 年版。

24. 张五常:《经济解释》,中信出版社 2015 年版。

25. 冯玉军:《法经济学范式》,清华大学出版社 2009 年版。

26. 杨东、黄超达、刘思宇:《赢在众筹》,中国经济出版社 2015 年版。

27. 中国人民银行金融研究所:《新金融时代》,中信出版集团 2015 年版。

28. CCH公司编译:《美国证交会内部控制规则及配套准则》,中信出版社2009年版。

29. 许多奇主编:《互联网金融法律评论》(第1~3辑),法律出版社2016年版。

30. 王保树:《商法经济法的动与静》,法律出版社2015年版。

31. 中国证券监督管理委员会编:《中国资本市场法制发展报告-2013》,法律出版社2014年版。

32. 赵万一:《证券市场投资者利益保护法律制度研究》,法律出版社2014年版。

33. 中国证券监督管理委员会编:《美国多德—弗兰克华尔街改革与消费者保护法》,法律出版社2014年版。

34. 马国泉:《金融消费者保护研究》,法律出版社2013年版。

35. 于永宁:《后危机时代的金融监管变革之道》,法律出版社2013年版。

36. 陈洁:《证券法的变革与走向》,法律出版社2013年版。

37. 黄辉:《现代公司法比较研究——国际经验及对中国的启示》,清华大学出版社2011年版。

38. 郭峰:《金融发展中的证券法问题研究——以金融创新中的法律制度构建为路径》,法律出版社2010年版。

39. 郭峰主编:《中国资本市场若干重大法律问题研究》,法律出版社2008年版。

40. 宋晓燕:《证券法律制度的经济分析》,法律出版社2009年版。

41. 罗培新:《公司法的法律经济学研究》,北京大学出版社2008年版。

42. 朱伟一:《高盛时代:资本劫持法律》,法律出版社2010年版。

43. 沈朝晖:《证券法的权力分配》,北京大学出版社2016年版。

44. 葛伟军、张亦昆编著:《证券法一本通:中华人民共和国证券法总成》,法律出版社2015年版。

45. 中国证券监督管理委员会组织编译:《美国〈1933 年证券法〉及相关证券交易委员会规则与规章》,法律出版社 2015 年版。

46. 中国证券监督管理委员会组织编译:《美国〈1943 年证券交易法〉及相关证券交易委员会规则与规章》,法律出版社 2014 年版。

47. 中国证券监督管理委员会组织编译:《美国投资者保护经典案例选编》,法律出版社 2014 年版。

48. 刘俊海主编:《中国证券民事赔偿案件司法裁判文书汇编》,北京大学出版社 2014 年版。

49. 赵玉:《我国私募股权投资基金法律制度研究》,中国政法大学出版社 2013 年版。

50. 董安生:《多层次资本市场法律问题研究》,北京大学出版社 2013 年版。

51. 何大勇、张越、刘月:《个人金融新格局》,中信出版社 2016 年版。

52. 杨东、文诚公:《互联网 + 金融 = 众筹金融:Internet + finance = we finance:众筹改变金融》,人民出版社 2015 年版。

53. 卢现祥、朱巧玲主编:《新制度经济学》,北京大学出版社 2012 年版。

(二)译著类

1. [美]约翰 · C. 科菲:《看门人机制:市场中介与公司治理》,黄辉、王长河译,北京大学出版社 2011 年版。

2. [美]米尔霍普、[德]皮斯托:《法律与资本主义》,罗培新译,北京大学出版社 2010 年版。

3. [美]弗兰克 · B. 克洛斯、[美]罗伯特 · A. 普伦蒂斯:《法律与公司金融》,伍巧芳、高汉译,北京大学出版社 2011 年版。

4. [美]弗兰克 · 伊斯特布鲁克、[美]丹尼尔 · 费希尔:《公司法的经济结构》,罗培新、张建伟译,北京大学出版社 2014 年版。

5. [美]莱瑞 · D. 索德奎斯特:《美国证券法解读》,胡轩之、张云辉译,法律出版社 2004 年版。

6. [美]托马斯·李·哈森:《证券法》,张学安等译,中国政法大学出版社 2003 年版。

7. [美]罗伯塔·罗曼诺:《公司法基础》(第 2 版),罗培新译,北京大学出版社 2013 年版。

8. [美]艾利斯·费伦:《公司金融法律原理》,罗培新译,北京大学出版社 2012 年版。

9. [美]科斯·哈特、[美]斯蒂格利茨等著,[瑞典]拉斯·沃因、[瑞典]汉斯·韦坎德编:《契约经济学》,李风圣主译,经济科学出版社 1999 年版。

10. [美]阿道夫·A. 伯利、[美]加德纳·C. 米恩斯:《现代公司与私有财产》,甘华鸣、罗锐韧、蔡如海译,商务印书馆 2007 年版。

11. [英]维克托·迈尔-舍恩伯格、[美]肯尼思·库克耶:《大数据时代:生活、工作与思维的大变革》,盛杨燕、周涛译,浙江人民出版社 2013 年版。

12. [美]乔尔·塞利格曼:《华尔街的变迁:证券交易委员会及现代公司融资制度演进》(第 3 版),徐雅萍等译,中国财政经济出版社 2009 年版。

13. [美]萨维尔:《法律的经济分析》,柯华庆译,中国政法大学出版社 2008 年版。

14. [美]道格拉斯·G. 拜尔等:《法律的博弈分析》,严旭阳译,法律出版社 2009 年版。

15. [美]罗宾·保罗·马伊洛:《法律和市场经济》,钱弘道等译,法律出版社 2008 年版。

16. [美]理查德·波斯纳:《法律的经济分析》,蒋朝康译,法律出版社 2012 年版。

17.《美国 1933 年证券法》,张路译,法律出版社 2006 年版。

18.《美国 1934 年证券交易法》,张路译,法律出版社 2006 年版。

19. [美]路易斯·罗思、[美]乔尔·塞利格曼:《美国证券监管法基础》,张路等译,法律出版社2008年版。

20. [挪威]马德斯·安登斯、[英]弗兰克·伍尔德里奇:《欧洲比较公司法》,汪丽丽译,法律出版社2014年版。

21. [美]约翰·S. 戈登:《伟大的博弈:华尔街金融帝国的崛起》,祁斌译,中信出版社2011年版。

22. [美]罗伯特·J. 希勒:《非理性繁荣》,廖理译,中国人民大学出版社2001年版。

23. [美]欧姆瑞·本·沙哈尔、[美]卡尔·E. 施奈德:《过犹不及:强制披露的失败》,陈晓芳译,法律出版社2015年版。

24. [美]托马斯·库恩:《科学革命的结构》,金吾伦、胡新和译,北京大学出版社2013年版。

25. [美]曼瑟尔·奥尔森:《集体行动的逻辑》,陈郁、郭宇峰、李崇新译,上海三联书店2010年版。

26. [德]格茨·怀克、[德]克里斯蒂娜·温德比西勒:《德国公司法》(第2版),殷盛译,法律出版社2010年版。

27. [美]罗伯特·W. 汉密尔顿:《美国公司法》(第5版),齐东祥译,法律出版社2008年版。

28. [英]费伦:《后金融危机时代的监管变革》,罗培新、赵渊译,法律出版社2016年版。

29. [美]斯蒂芬·M. 贝恩布里奇:《理论与实践中的新公司治理模式》,赵渊译,法律出版社2012年版。

30. [法]吉斯塔夫·勒庞:《乌合之众:大众心理研究》,戴光年译,新世界出版社2010年版。

31. [英]维克托·迈尔-舍恩伯格、[英]肯尼思·库克耶:《大数据时代:生活工作与思维的大变革》,盛杨燕、周涛译,浙江人民出版社2013年版。

32. [美]克里斯·安德森:《长尾理论》,乔江涛、石晓燕译,中信出版社2009年版。

33. [美]罗伯特·希勒:《金融与好的社会》,束宇译,中信出版社2012年版。

34. [美]德隆·阿西莫格鲁、[美]詹姆斯·A.罗宾逊、[美]阿西莫格鲁:《国家为什么会失败》,李增刚译,湖南科学技术出版社2015年版。

35. [美]乔治·阿克洛夫、[美]罗伯特·席勒:《钓愚:操纵与欺骗的经济学》,张军译,中信出版社2016年版。

36. [德]茨威格特、[德]克茨:《比较法总论》,潘汉典等译,法律出版社2003年版,第46页。

(三)中文论文类

1. 郭雳:《创寻制度"乔布斯"(JOBS)红利——美国证券监管再平衡探析》,载《证券市场导报》2012年第5期。

2. 彭冰:《"诺米多"诉飞度"人人投"股权众筹合同纠纷案评析》,载《中国法律评论》2016年第2期。

3. 彭冰:《股权众筹的法律构建》,载《财经法学》2015年第3期。

4. 杨东:《互联网金融风险规制路径》,载《中国法学》2015年第3期。

5. 张杰:《金融中介理论发展评述》,载《中国社会科学》2001年第6期。

6. 杨东、黄尹旭:《中国式股权众筹发展建议》,载《中国金融》2015年第3期。

7. 毛智琪、杨东:《日本众筹融资立法新动态及借鉴》,载《证券市场导报》2015年第4期。

8. 杨东、刘磊:《论我国股权众筹监管的困局与出路——以〈证券法〉修改为背景》,载《中国政法大学学报》2015年第3期。

9. 杨东:《互联网金融的法律规制——基于信息工具的视角》,载《中国社会科学》2015年第4期。

10. 杨东、文诚公:《论互联网金融背景下金融权的生成》,载《中国人民大学学报》2015 年第 4 期。

11. 孙天承、杨东:《股权众筹监管的"连通器"效应及法律分析》,载《证券法苑》2014 年第 4 期。

12. 杨东、苏伦嘎:《股权众筹平台的运营模式及风险防范》,载《国家检察官学院学报》2014 年第 4 期。

13. 刘明:《美国〈众筹法案〉中集资门户法律制度的构建及其启示》,载《现代法学》2015 年第 1 期。

14. 刘明:《论私募股权众筹中公开宣传规则的调整路径——兼评〈私募股权众筹融资管理办法(试行)〉》,载《法学家》2015 年第 5 期。

15. 方流芳:《证券交易所的法律地位——反思"与国际惯例接轨"》,载《政法论坛》2007 年第 1 期。

16. 冯果、袁康:《社会变迁与金融法的时代品格》,载《当代法学》2014 年第 2 期。

17. 冯果、袁康:《境外资本市场股权众筹立法动态述评》,载《金融法苑》2014 年第 2 期。

18. 樊云慧:《股权众筹平台监管的国际比较》,载《法学》2015 年第 4 期。

19. 许多奇:《金融危机对于中国信息监管、遏制金融腐败的启示》,载《中国社会科学》2011 年第 4 期。

20. 涂永前:《美国金融监管的制度变迁及新改革法案的影响》,载《社会科学家》2012 年第 2 期。

21. 涂永前:《美国 2009 年〈个人消费者金融保护署法案〉及其对我国金融监管法制的启示》,载《法律科学》(西北政法大学学报)2010 年第 3 期。

22. 朱慈蕴:《论金融中介机构的社会责任:从应对和防范危机的长效机制出发》,载《清华法学》2010 年第 1 期。

23. 罗培新:《美国金融监管的法律与政策困局之反思——兼及对我国金融监管之启示》,载《中国法学》2009 年第 3 期。

24. 袁康:《资本形成、投资者保护与股权众筹的制度供给——论我国股权众筹相关制度设计的路径》,载《证券市场导报》2014 年第 12 期。

25. 袁康:《互联网时代公众小额集资的构造与监管——以美国 JOBS 法案为借鉴》,载《证券市场导报》2013 年第 6 期。

26. 吴晓灵:《从美国金融监管改革看"大而不倒"问题的处置》,载《中国金融》2010 年第 16 期。

27. 陈斌彬:《危机后美国金融监管体制改革述评——多边监管抑或统一监管》,载《法商研究》2010 年第 3 期。

28. 刘宪权:《互联网金融股权众筹行为刑法规制论》,载《法商研究》2015 年第 6 期。

29. 伍巧芳:《〈2010 年华尔街改革和消费者保护法〉述评》,载《法学》2010 年第 8 期。

30. 胡诗雪:《众筹投资者风险及风险缓解机制——对美国众筹实践的一个观察》,载《金融法苑》2014 年第 2 期。

31. 彭冰:《信息披露是注册制的核心》,载《证券法苑》2014 年第3 期。

32. 李有星、陈飞、金幼芳:《互联网金融监管的探析》,载《浙江大学学报》(人文社会科学版)2014 年第 4 期。

33. 雷华顺:《众筹融资信息披露问题探析》,载《开放导报》2015 年第 2 期。

34. 骆祚炎、乔艳:《私募股权投资效率的随机前沿 SFA 模型检验与影响因素分析——兼论中国股权众筹的开展》,载《金融经济学研究》2015 年第 6 期。

35. 万国华、王才伟:《论我国股权众筹的证券法属性》,载《理论月刊》2016 年第 1 期。

36. 董新义:《韩国投资型众筹法律制度及其借鉴》,载《证券市场导报》2016 年第 2 期。

37. 李加宁、常嵘:《境外股权众筹监管启示》,载《中国金融》2015 年第 3 期。

38. 辛欣:《境外股权众筹的发展与监管简述》,载《清华金融评论》2015 年第 3 期。

39. 余涛:《众筹规制探究——一个规范分析的路径》,载《证券市场导报》2015 年第 3 期。

40. 董竹、尚继权、孙萌:《对〈私募股权众筹融资管理办法(试行)(征求意见稿)〉的讨论》,载《上海金融》2015 年第 8 期。

41. 罗欢平、唐晓雪:《股权众筹的合法化路径分析》,载《上海金融》2015 年第 8 期。

42. 邓建鹏:《互联网金融时代众筹模式的法律风险分析》,载《江苏行政学院学报》2014 年第 3 期。

43. 孙永祥、何梦薇、孔子君、徐廷玮:《我国股权众筹发展的思考与建议——从中美比较的角度》,载《浙江社会科学》2014 年第 8 期。

44. 龚映清、蓝海平:《美国 SEC 众筹新规及其监管启示》,载《证券市场导报》2014 年第 9 期。

45. 李晗:《法经济学视野下的金融监管法正义性分析》,载《法制与社会发展》2006 年第 5 期。

46. 刘瑞瑞、刘志强:《防范金融衍生业务风险的法律规制研究》,载《当代法学》2006 年第 5 期。

47. 黄韬、陈儒丹:《金融市场风险补偿和保障机制建设的法律思考》,载《当代法学》2014 年第 4 期。

48. 侯宇、叶冬艳:《机构投资者、知情人交易和市场效率——来自中国资本市场的实证证据》,载《金融研究》2008 年第 4 期。

49. 续芹、叶陈刚:《机构投资者对上市公司作用的实证研究——依据我国 A 股市场的经验证据》,载《审计与经济研究》2009 年第 5 期。

50. 周淳:《论美国金融监管法律制度变迁的政治逻辑》,载《法学评论》2015 年第 6 期。

51. 张莹:《美国金融监管体系改革及启示》,载《中国金融》2013 年第 16 期。

52. 刘迎霜:《我国金融消费者权益保护路径探析——兼论对美国金融监管改革中金融消费者保护的借鉴》,载《现代法学》2011 年第 3 期。

53. 周卫江:《美国金融监管的历史性变革——评析〈多德 - 弗兰克法案〉》,载《金融论坛》2011 年第 3 期。

54. 陈洁:《金融投资商品统一立法趋势下"证券"的界定》,载《证券法苑》2011 年第 2 期。

55. 岳彩申:《互联网时代民间融资法律规制的新问题》,载《政法论丛》2014 年第 3 期。

56. 贝多广:《好金融与好社会:问题的提出和答案》,载《金融研究》2015 年第 7 期。

57. 黎四奇:《中国普惠金融的囚徒困境及法律制度创新的路径解析》,载《现代法学》2016 年第 5 期。

58. 宋旺、钟正生:《理解金融脱媒:基于金融中介理论的诠释》,载《上海金融》2010 年第 6 期。

59. 彭冰:《公募众筹的理论基础》,载郭峰主编:《证券法律评论》(2016 年卷),中国法制出版社 2016 年版。

60. 周文英:《英国 AIM 终身保荐人制度对我国保荐人监管的启示》,载《暨南学报》(哲学社会科学版)2013 年第 4 期。

61. 郭雳:《美国证券集团诉讼的制度反思》,载《北大法律评论》2009 年第 2 期。

62. 耿利航:《论我国股东派生诉讼的成本承担和司法许可》,载《法律科学》(西北政法大学学报)2013 年第 1 期。

63. 于莹、潘林:《优先股制度与创业企业——以美国风险投资为背景的研究》,载《当代法学》2011 年第 4 期。

64. 汪青松:《优先股的市场实践与制度建构》,载《证券市场导报》2014 年第 3 期。

65. 曾智、朱玉杰、雪莲:《我国私募股权投资中引入优先股的理论解析与现实思考》,载《山东社会科学》2014 年第 3 期。

66. 梁清华:《我国私募禁止一般性招揽制度的构建——借鉴美国证券私募发行方式》,载《政法论坛》2014 年第 1 期。

67. 张付标、刘鹏:《投资者适当性的法律定位及其比较法分析》,载《证券市场导报》2014 年第 5 期。

68. 张付标、李玫:《论证券投资者适当性的法律性质》,载《法学》2013 年第 10 期。

69. 蔺捷:《论欧盟投资者适当性制度》,载《法学评论》2013 年第 1 期。

70. 曾洋:《投资者适当性制度:解读、比较与评析》,载《南京大学学报》(哲学·人文科学·社会科学版)2012 年第 2 期。

71. 赵晓钧:《中国资本市场投资者适当性规则的完善——兼论〈证券法〉中投资者适当性规则的构建》,载《证券市场导报》2012 年第 2 期。

72. 翟艳:《我国投资者适当性义务法制化研究》,载《政治与法律》2015 年第 9 期。

73. 李安安:《资本市场法律移植的制度反思与变革》,载《证券法苑》2015 年第 1 期。

74. 彭岳:《互联网金融监管理论争议的方法论考察》,载《中外法学》2016 年第 6 期。

75. 高鸿钧:《美国法全球化:典型例证与法理反思》,载《中国法学》2011年第1期。

76. 赵金龙:《商法思维与网络技术环境下公司法律制度的创新——以电子股东论坛为例》,载《中国商法》2013年第1期。

77. 赵玉:《私募股权投资基金合格投资者规则》,载《上海财经大学学报》2012年第4期。

78. 黄辉:《中国证券虚假陈述民事赔偿制度:实证分析与政策建议》,载《证券法苑》2013年第9期。

79. 汤欣:《股票发行注册制改革笔谈》,载《证券法苑》2014年第3期。

80. 郭雳:《证券违法活动检举人的激励与保护机制——美国的相关实践及启示》,载《江汉论坛》2016年第4期。

(四)学位论文类

1. 马莲:《股权变动法律问题研究》,吉林大学法学院2014年博士学位论文。

2. 关璐:《非上市公众公司法律问题研究》,吉林大学法学院2013年博士学位论文。

3. 杨柏国:《中国私募证券法律规制研究》,华东政法大学2011年博士学位论文。

二、外文文献

(一)著作类

1. Coffee Jr J. C., Sale H., Henderson M. T., *Securities Regulation: Cases and materials*, 13 Edition, Foundation Press, 2015.

2. Thomas Lee Hazen, *Securities Regulation*, Fifth Edition, Thomson, 2005.

3. Johnson C. J., McLaughlin J., Haueter E. S., *Corporate Finance and*

the Securities Laws, Wolters Kluwer Law & Business, 2015.

4. William Bratton, *Corporate Finance, Cases and Materials*, West Academic Press, 2016.

5. Robin Hui Huang, *Securities and Capital Markets Law in China*, Oxford, 2016.

6. James Surowiecki, *The Wisdom of Crowds*, Anchor Books, 2005.

(二)英文论文

1. Verret, J. W., "Uber-ized Corporate Law: Toward a 21st Century Corporate Governance for Crowdfunding and App-Based Investor Communications", 927 *Journal of Corporation Law*, 2016.

2. Archambault, Patrick, "How the SEC's Crowdfunding Rules for Funding Portals Save the Two-Headed Snake: Drawing the Proper Balance between Integrity and Cost", 61 *Suffolk University Law Review*, 2016.

3. Isaacson, Max E., "The So-Called Democratization of Capital Markets: Why Title III of the JOBS Act Fails to Fulfill the Promise of Crowdfunding", 439 *North Carolina Banking Institute*, 2016.

4. Ocampo, Britney, "The State Answer to Flawed Federal Crowdfunding", 1 *The Crit: A Critical Studies Journal*, 2016.

5. Steinhoff, Robert H., "The Next British Invasion is Securities Crowdfunding: How Issuing Non-Registered Securities through the Crowd Can Succeed in the United States", 661 *University of Colorado Law Review*, 2015.

6. Ho, Tina H., "Social Purpose Corporations: The Next Targets for Greenwashing Practices and Crowdfunding Scams", 935 *Seattle Journal for Social Justice*, 2015.

7. Vogel, Max, "Crowdfunding Human Capital Contracts", 1577 *Cardozo Law Review*, 2015.

8. Weitz, Theodore, Halket, Thomas D., "State Crowdfunding and the Intrastate Exemption under Federal Securities Laws-Less than Meets the Eye", 521 *Review of Banking and Financial Law*, 2015.

9. Olson, Ethan, "Squalls in the Safe Harbor: Investment Advice & Regulatory Gaps in Regulation Crowdfunding", 539 *Journal of Corporation Law*, 2015.

10. Deschler, Gregory D., "Wisdom of the Intermediary Crowd: What the Proposed Rules Mean for Ambitious Crowdfunding Intermediaries", 1145 *Saint Louis University Law Journal*, 2014.

11. Heminway, Joan MacLeod, "Investor and Market Protection in the Crowdfunding Era: Disclosing to and for the Crowd", 827 *Vermont Law Review*, 2014.

12. Morsy, Sherief, "The JOBS Act and Crowdfunding: How Narrowing the Secondary Market Handicaps Fraud Plaintiffs", 1373 *Brooklyn Law Review*, 2013.

13. Stephenson, Andrew D., Knight, Brian R., Bahleda, Matthew, "From Revolutionary to Palace Guard: The Role and Requirements of Intermediaries under Proposed Regulation Crowdfunding", 231 *Michigan Journal of Private Equity & Venture Capital Law*, 2013.

14. Shekhar Darke, "To Be or Not to Be a Funding Portal: Why Crowdfunding Platforms Will Become Broker-Dealers", 183 *Hastings Business Law Journal*, 2014.

15. Hogan, Joseph, "Like Oil and Water: Equity Crowdfunding and Securities Regulation", 1091 *Lewis & Clark Law Review*, 2014.

16. Pei, Matthew A., "Intrastate Crowdfunding", 845 *Columbia Business Law Review*, 2014.

17. Cohn, Stuart R. , "The New Crowdfunding Registration Exemption: Good Idea, Bad Execution", 1433 *Florida Law Review*, 2012.

18. Ridley, David, "Will New Regulation on Crowdfunding in the United Kingdom and United States Have a Positive Impact and Lead to Crowdfunding Becoming an Established Financing Technique?", 57 *Statute Law Review*, 2016.

19. Pekmezovic, Alma, and Gordon Walker, "The Global Significance of Crowdfunding: Solving the SME Funding Problem and Democratizing Access to Capital", 347 *William And Mary Business Law Review*, 2016.

20. Ibrahim, Darian M. , "Equity Crowdfunding: A Market for Lemons", 561 *Minnesota Law Review*, 2015.

21. Hurt, Christine, "Pricing Disintermediation: Crowdfunding and Online Auction IPOs", 217 *University of Illinois Law Review*, 2015.

22. Yamen, Sharon, and Yoel Goldfeder, "Equity Crowdfunding-A Wolf in Sheep's Clothing: The Implications of Crowdfunding Legislation under the JOBS Act", 41 *Brigham Young University International Law &Management Review*, 2015.

23. Gomez, Manuel A. , "Crowdfunded Justice: On the Potential Benefits and Challenges of Crowdfunding as a Litigation Financing Tool", 307 *University of San Francisco Law Review*, 2015.

24. Hanks, Sara, Stephenson, Andrew, "The Role of Counsel in Intrastate Securities Crowdfunding", 1 *Business Law Today*, 2015.

25. Palmer, Andrew M. , "The Intrastate Crowdfunding Exemption: Gaining the Wisdom of Crowds While Avoiding Its Madness", 279 *Securities Regulation Law Journal*, 2015.

26. Mcdonough, Brian F. , Manning, Victoria A. , Gandelman, Martin B. , "Equity Crowdfunding and The Law(In New Jersey)", 63 *New Jersey Lawyer*,

2015.

27. Schwartz, Andrew A., "Nonfinancial Returns of Crowdfunding", 565 *Review of Banking and Financial Law*, 2015.

28. Schwartz, Andrew A., "Teenage Crowdfunding", 515 *University of Cincinnati Law Review*, 2015.

29. Schwartz, Andrew A., "Digital Shareholder", 609 *Minnesota Law Review*, 2016.

30. Willbrand, David J., Kapil, Medha, "Blurred Lines: Crowdfunding, Venture, Capital, and the Capitalization of Start-Ups", 505 *University of Cincinnati Law Review*, 2015.

31. Heminway, Joan Macleod, "Crowdfunding and The Public/Private Divide In U. S. Securities Regulation", 477 *University of Cincinnati Law Review*, 2015.

32. Hu Tianlong, Yang Dong, "People's Funding of China: Legal Developments of Equity Crowdfunding-Progress, Proposals, and Prospects", 445 *University of Cincinnati Law Review*, 2015.

33. Dehner, Joseph J., Kong, Jin, "Equity-Based Crowdfunding Outside The Usa, University of Cincinnati Law Review", 34 *University of Cincinnati Law Review*, 2015.

34. Groshoff, David, Nguyen, Alex, Urien, Kurtis, "Crowdfunding 6.0: Does The Sec's Fintech Law Failure Reveal The Agency's True Mission to Protect-Solely Accredited-Investors", 277 *Ohio State Entrepreneurial Business Law Journal*, 2015.

35. Bradford, C. Steven, "Shooting the Messenger: The Liability of Crowdfunding Intermediaries for the Fraud of Others", 371 *University of Cincinnati Law Review*, 2015.

36. Gabison, Garry A., "Equity Crowdfunding: All Regulated But Not Equal", 359 *Depaul Business & Commercial Law Journal*, 2015.

37. Watts, Steven R., "SEC Cracks down on Unregistered Broker-Dealers in Private Offerings", 69 *Securities Regulation Law Journal*, 2014.

38. Hemingway, John Macleod, "Business Lawyering In The Crowdfunding Era", 149 *American University Business Law Review*, 2014.

39. Hanks, Sara, Romano, Giovanni, Tonelli, Enrico, "Madness of Crowds or Regulatory Preconception: The Weak Foundation of Financial Crowdfunding Regulation in the US and Italy", 237 *European Company Law*, 2014.

40. Groshoff, David, "Kickstarter My Heart: Extraordinary Popular Delusions and the Madness of Crowdfunding Constraints and Bitcoin Bubbles", 489 *William and Mary Business Law Review*, 2014.

41. Parsont, Jason W., "Crowdfunding: The Real and The Illusory Exemption", 281 *Harvard Business Law Review*, 2014.

42. Kantor, Ryan, "Why Venture Capital Will Not Be Crowded out by Crowdfunding", 5 *UK Law Student Review*, 2014.

43. O'Connor, Sean M., "Crowdfunding's Impact on Start-up IP Strategy", 895 *George Mason Law Review*, 2014.

44. Heminway, Joan MacLeod, "How Congress Killed Investment Crowdfunding: A Tale of Political Pressure, Hasty Decisions, and Inexpert Judgments That Begs for a Happy Ending", 865 *Kentucky Law Journal*, 2014.

45. Kitch, Edmund W., "Crowdfunding and an Innovator's Access to Capita", 887 *George Mason Law Review*, 2014.

46. Hughes, Laura Michael, "Crowdfunding: Putting a Cap on the Risks for Unsophisticated Investors", 483 *Charleston Law Review*, 2014.

47. Dorff, Michael B., "The Siren Call of Equity Crowdfunding", 493

Journal of Corporation Law,2014.

48. Tomboc,Gmeleen Faye B. ,"Lemons Problem In Crowdfunding",253 *John Marshall Journal of Information Technology and Privacy Law*,2014.

49. James,Thomas G. ,"Far from the Maddening Crowd:Does the Jobs Act Provide Meaningful Redress to Small Investors for Securities Fraud in Connection with Crowdfunding Offerings", 1767 *Boston College Law Review*, 2013.

50. Ellenoff,Douglas S. ,"Making Crowdfunding Credible",19 *Vanderbilt Law Review En Banc*,2013.

51. Schwartz,Andrew A. ,"Crowdfunding Securities",1457 *Notre Dame Law Review*,2013.

52. Bradford, C. Steven, "Crowdfunding and The Federal Securities Laws",1 *Columbia Business Law Review*,2012.

53. Palmiter, Alan R. ,"Pricing Disclosure:Crowdfunding's Curious Conundrum",373 *Ohio State Entrepreneurial Business Law Journal*,2012.

54. Heminway, Joan Macleod, "What is a Security in the Crowdfunding Era",335 *Ohio State Entrepreneurial Business Law Journal*,2012.

55. Hazen,Thomas Lee,"Crowdfunding or Fraudfunding-Social Networks and the Securities Laws-Why the Specially Tailored Exemption Must Be Conditioned on Meaningful Disclosure",1735 *North Carolina Law Review*,2012.

56. Heminway,Joan Macleod,Hoffman,Shelden Ryan,"Proceed at Your Peril:Crowdfunding and the Securities Act of 1933",879 *Tennessee Law Review*,2011.

57. Pope,Nikki D. ,"Crowdfunding Microstartups:It's Time for the Securities and Exchange Commission to Approve a Small Offering Exemption",973 *University of Pennsylvania Journal of Business Law*,2011.

58. Bradford, C. Steven, "The New Federal Crowdfunding Exemption: Promise Unfulfilled", 195 *Securities Regulation Law Journal*, 2012.

59. Schwartz, Andrew A., "Rural Crowdfunding", 283 *UC Davis Business Law Journal*, 2013.

60. Oguss, Greg, "Should Size or Wealth Equal Sophistication in Federal Securities Laws", 285 *Northwestern University Law Review*, 2012.

61. Smith, Felicia, "Madoff Ponzi Scheme Exposes the Myth of the Sophisticated Investor", 215 *University of Baltimore Law Review*, 2010.

62. Lusardi A., Mitchell O. S., "The economic importance of financial literacy: Theory and evidence", 5 *Journal of Economic Literature*, 2014.

（三）法律法规类

1. Jumpstart Our Business Startups (JOBS) Act, SEC, 网址：https://www.gpo.gov/fdsys/pkg/BILLS-112hr3606enr/pdf/BILLS-112hr3606enr.pdf。

2. Proposed Rule: Crowdfunding, SEC, 网址：www.sec.gov/rules/proposed/2013/33-9470.pdf。

3. Final Rule: Crowdfunding, SEC, 网址：www.sec.gov/rules/final/2015/33-9974.pdf。

4. FAQs: Exemption from Broker-Dealer Registration in Title II of the JOBS Act, SEC, 网址：https://www.sec.gov/divisions/marketreg/exemption-broker-dealer-registration-jobs-act-faq.htm。

5. Eliminating the Prohibition Against General Solicitation and General Advertising in Rule 506 and Rule 144A Offerings, SEC, 网址：https://www.sec.gov/rules/final/2013/33-9415.pdf。

图书在版编目(CIP)数据

股权众筹法律问题研究 / 杨硕著. -- 北京 : 法律出版社, 2019
ISBN 978-7-5197-3816-7

Ⅰ. ①股… Ⅱ. ①杨… Ⅲ. ①企业融资-法律-研究-中国 Ⅳ. ①D922.291.914

中国版本图书馆 CIP 数据核字(2019)第 202574 号

股权众筹法律问题研究
GUQUAN ZHONGCHOU FALÜ
WENTI YANJIU

杨 硕 著

责任编辑 屈 瑶
装帧设计 李 瞻

出版 法律出版社
总发行 中国法律图书有限公司
经销 新华书店
印刷 北京虎彩文化传播有限公司
责任校对 郭艳萍
责任印制 陶 松

编辑统筹 学术·对外出版分社
开本 710 毫米×1000 毫米 1/16
印张 18.5
字数 238 千
版本 2019 年 10 月第 1 版
印次 2019 年 10 月第 1 次印刷

法律出版社/北京市丰台区莲花池西里 7 号(100073)
网址/www.lawpress.com.cn
投稿邮箱/info@lawpress.com.cn
举报维权邮箱/jbwq@lawpress.com.cn
销售热线/400-660-8393
咨询电话/010-63939796

中国法律图书有限公司/北京市丰台区莲花池西里 7 号(100073)
全国各地中法图分、子公司销售电话:
统一销售客服/400-660-8393/6393
第一法律书店/010-83938432/8433　西安分公司/029-85330678　重庆分公司/023-67453036
上海分公司/021-62071639/1636　深圳分公司/0755-83072995

书号:ISBN 978-7-5197-3816-7　**定价:**75.00 元
(如有缺页或倒装,中国法律图书有限公司负责退换)